# 다윗: 현실에 뿌리박은 영성

유진 피터슨 지음 | 이종태 옮김

**Ivp**

IVP(InterVarsity Press)는
캠퍼스와 세상 속의 하나님 나라 운동을 지향하는
IVF(InterVarsity Christian Fellowship)의 출판부로
생각하는 그리스도인을 위한 문서 운동을 실천합니다.

Copyright © 1997 Eugene H. Peterson
Originally published in English under the title
*Leap Over a Wall* by Eugene H. Peterson
Published by HarperCollins Publishers Inc.
10 East 53rd Street, New York, NY 10022, U. S. A.
All rights reserved.

Translated and used by permission of HarperCollins Publishers Inc.
through arrangement of KCC(Korea Copyright Inc.), Seoul, Korea.

Korean Edition © 1999, 2009 by Korea InterVarsity Press
156-10 Donggyo-ro, Mapo-gu, Seoul, 04031, Republic of Korea.

# LEAP OVER A WALL
: EARTHY SPIRITUALITY FOR EVERYDAY CHRISTIANS

EUGENE H. PETERSON

**감사의 글**　7

1. **이야기: 다윗과 예수님**　9
   삼상 16장-왕상 2장

2. **이름: 다윗과 사무엘**　27
   삼상 16:1-13

3. **일: 다윗과 사울**　47
   삼상 16:14-23

4. **상상력: 다윗과 골리앗**　63
   삼상 17장

5. **우정: 다윗과 요나단**　79
   삼상 18-20장

6. **성소: 다윗과 도엑**　95
   삼상 21-22장

7. **광야: 엔게디의 다윗**　113
   삼상 23-24장

8. **아름다움: 다윗과 아비가일**　129
   삼상 25장

9. **공동체: 시글락의 다윗**　143
   삼상 27장

10. **관대함: 브솔 시내의 다윗**　159
    삼상 30장

11. **슬픔**: 비가를 부르는 다윗　175
    삼하 1장

12. **어리석음**: 다윗과 스루야의 아들들　191
    삼하 2-4장

13. **성장**: 다윗과 예루살렘　205
    삼하 5장

14. **종교**: 다윗과 웃사　223
    삼하 6장

15. **주권적 은혜**: 다윗과 나단　243
    삼하 7장

16. **사랑**: 다윗과 므비보셋　265
    삼하 9장

17. **죄**: 다윗과 밧세바　281
    삼하 11-12장

18. **고통**: 다윗과 압살롬　301
    삼하 16-18장

19. **신학**: 다윗과 하나님　321
    삼하 22장

20. **죽음**: 다윗과 아비삭　343
    왕상 1-2장

주　365

# 감사의 글

　감사하게도, 내 주위에는 늘 이야기로 된 하나님의 말씀을 사랑하는 사람들이 있었다. 그들은 내가 다양한 방식으로 각기 다른 상황 속에서 들려주었던 이야기들에 진지하게 귀를 기울여 주었다. 메릴랜드의 벨 에어에 있는 '그리스도 우리 왕 장로교회'(Christ Our King Presbyterian Church)의 교인들, 캐나다 밴쿠버에 있는 리젠트 칼리지(Regent College)의 학생들 그리고 북미의 여러 수련회와 모임, 대학과 신학교에 모였던 다양한 사람들이 바로 그들이다. 그들은 우리 안에 영성을 형성시켜 주는 씨앗과도 같은 이 다윗 이야기에 진지하게 귀 기울였고 그 속으로 들어왔으며 거기에 반응했다. 그리고 그들의 그 열심과 기도는 역으로 이 이야기들에 더 깊은 통찰력을 불어넣어 주었다.
　그 중에서도 특별히 두 사람에게 감사를 표하고 싶다. 이 원고를 찬찬히 살펴보고 아낌없는 비평을 해준 히브리어 학자 월터 브라운(Walter E. Brown) 교수 덕분에 이 글의 주석적 정확성이 많이 향상될 수 있었다. 미술가 루이스 휘틀리(Louise Wheatley)는 이 이야기들을 가지고 멋진 예술 작품을 만들어 주었다. 직물과 그녀의 삶을 재료로 삼아서 말이다.

# 1. 이야기
## 다윗과 예수님

사무엘상 16장 - 열왕기상 2장

> 예수께서 이 모든 것을 비유(stories)로 무리에게 말씀하셨다.
> 비유가 아니고서는, 아무것도 그들에게 말씀하지 않으셨다.
> 이것은 예언자를 시켜서 하신 말씀을 이루려 하신 것이었다. "나는 내 입을 열어서,
> 비유로 말할 터인데, 창세 이래로 숨겨 둔 것을 드러낼 것이다."
> – 마태복음 13:34-35

우리 어머니는 이야기꾼이셨다. 내게 다윗 이야기를 처음 들려주신 분도 어머니였다. 보통 잠자리에서 이야기를 들었으나, 다른 기회들도 있었다. 폭풍우 치는 여름날이나 폭설이 쏟아지는 겨울날도 이야기를 듣는 시간이었다. 지금도 나는 눈이나 비가 심하게 오는 겨울날이나 여름날, 또 졸음이 밀려오는 어둑해진 시간에는 이야기 생각이 난다. 어머니는 단어 구사에도 뛰어나셨지만 **어조** 면에서도 능숙하셨다. 어머니는 이야기를 생생하게 그려 주셨을 뿐 아니라, 능란한 음색 구사를 통해 이야기 전체가 내 내면 속에서 살아 꿈틀거리게 만드셨다.

어머니는 외할아버지와 외할머니 이야기를 들려주셨다. 그분들은

노르웨이에서 열한 명의 자녀와 함께, 인구는 적지만 약속의 땅인 몬타나에 이주해 새로운 삶을 시작하셨다. 정착한 지 얼마 되지 않아, 우리 어머니와 이모가 태어나 외가댁 자녀는 총 열세 명이 되었다. 내가 태어날 때쯤, 외할아버지와 외할머니 그리고 이모와 외삼촌 몇 분은 이미 돌아가셨다. 그러나 나는 결코 그분들이 죽은 사람처럼 느껴지지 않았다. 그분들은 어머니의 이야기 속에서 살아 계셨기 때문이다. 어머니는 노르웨이의 난쟁이와 거인들 이야기도 함께 섞어서 들려주실 때가 많았기에, 나는 난쟁이 이야기와 외삼촌 이야기를 분간하지 못할 때도 있었다. 이야기 전체가 마치 장엄한 신화 같은 면모를 갖추고 있었다.

그러나 어머니는 보통 성경 이야기를 들려주셨다. 성경 이야기들 중에서도 다윗 이야기가 단연 선두를 차지했다. 모세나 엘리야나 예수님에 관한 이야기도 다 제치고서 말이다. 다윗 이야기를 들려주실 때면 어머니의 상상력이 한층 더 활발하게 작동하는 것처럼 보였다. 다윗 이야기는 인간으로서 그리고 그리스도인으로서 성장한다는 것이 무엇을 뜻하는지 배우고 이해하기 위한 기본 토대였다. 다윗 이야기 속에서는 **인간적**(human)이라는 단어와 **그리스도인다운**(Christian)이라는 단어가 동의어였다.

성장하여 스스로 성경을 읽었을 때, 나는 어렸을 적에 아주 좋아했던 몇몇 내용이 사실은 성경에 없다는 것을 발견하고는 놀랐고 조금 실망했다. 어머니는 거리낌없이 성경 이야기의 내용을 상당히 발전시켜 들려주셨던 것이다. 그러나 이제 성숙한 상태에서 어머니의 이야기 방식을 다시 평가해 볼 때 나는 어머니가 그 이야기 자체를 변질시키거나 왜곡시키신 것은 아니었음을 깨닫는다. 어머니는 신앙적 상상력을 통해 창세기부터 요한계시록까지 성경 이야기 전체를 꿰뚫는 중심과 기준이 바로 예수님이심을 파악하고 계셨다. 아무리 많은 세부적 내용을 사실과 다르게 말했다(꾸며 내었다) 하더라도, 어머니는 결코 성경 이야기의 대지를 잘못 잡지는 않으셨다. 그분은 그 이야기의 알짜 속뜻을 속속들이 파악하고 계셨고, 순종적으로 예수님을 아셨다. 그리고 몬타나 계곡에서 수십 년 동안 기도했을 때 어머니 안에 그 본문들을 새롭게 되살리셨던 성령님도 아셨다.

후에 나는 그런 식으로 교육 받은 것이 얼마나 큰 복이었는지를 깨달았다. 왜냐하면 역사적으로 기독교는 바로 그런 식으로 다윗 이야기를 사용해 왔다는 것을 알았기 때문이다. 즉 그 이야기는, **이야기를 통해**(narratively) 사고하도록 신앙적 상상력을 훈련시키고, 기도하는 상상력을 **현세**(earthiness)에 집중시키는 데 사용되었던 것이다.

### ✣ 다윗 이야기

이야기는 하나님의 계시가 주어지는 가장 주된 통로다. 이야기는 성령님이 가장 좋아하시는 문학 장르다. 우리는 이야기를, 어린아이들이나 교육 수준이 낮은 이들에게 맞는 단순하고 초보적인 형태의 말로 생각하고 우리는 그것을 넘어서 철학이나 수학 같은 좀더 정교하고 '수준 높은' 언어의 단계로 올라가야 한다고 생각해서는 안 된다. 성경은 처음부터 끝까지 그 무엇보다도 이야기 형식으로 기록되었다.

성경에는 설교, 족보, 기도, 편지, 시, 잠언 등 다른 형태의 문학 형식들도 들어 있다. 그러나 그것들 모두를 널찍하고 본래부터 복잡한 플롯 가운데 담아 내는 것이 바로 이야기다. 모세는 이야기를 들려주었다. 예수님도 이야기를 들려주셨다. 사복음서 기자들도 그들의 좋은 소식을 이야기 형태로 전달했다. 그리고 성령님은 이 모든 이야기를 하나의 거대하고 거룩한 문학적 건축물로 엮어 내어 성부요 성자요 성령으로서의 하나님을 계시하시는데, 그 계시의 방법으로 선택된 것도 바로 이야기다. 그 계시를 바로 알기 위해 우리는 그 이야기 속으로 들어간다.

이 거대한 이야기 속에서 가장 넓은 자리를 차지하고 있는 단일 이야기는 바로 다윗 이야기다. 우리는 성경에서 다른 어떤 인물보다도 다윗에 대해 가장 많이 알고 있다. 다윗 이야기를 들려줄 때나 들을 때, 우리는 하나님의 계시를 받는 가장 주된 문학 형식인 이야기의 본질을 익히고 있는 셈이다. 이야기가 우리에게 그렇게 중요한 까닭은 삶 그 자체가 바로 이야기의 형식을 취하고 있기 때문이다. 이야기에는 시작이 있고 끝이 있으며, 플롯이 있고 등장 인물이 있으며, 갈등이 있고 그 갈등의 해소가 있다. 삶은 사랑과 진리, 죄와 구원, 속죄와 거룩 같은 추상적인 개념들이 축적된 것이 아니다. 삶이란 전부 유기적으로, 개인적으로, 구체적으로 연결되어 있는 세세한 것들이 현실화된 것이다. 이름과 지문, 거리 이름과 지역 날씨, 저녁 식사용 양, 빗속에 펑크 난 타이어 등, 이런 것들이 삶을 이루고 있다. 하나님은 형이상학적인 논술이나 거창한 표현으로 자신을 계시하신 것이 아니다. 오히려 우리가 자녀들에게 그들이 누구이며 인간으로서 어떻게 성장해야 하는지를 일러 줄 때 그리고 친구들에게 우리가 누구이며 인간으로서 무엇을 느끼며 살아가는지를 말해 줄 때 사용하는 것과 같은 이야기를 통해 자신을 계시하신다. 우리가 우리의 삶을 기술하려 할 때, 또 실은 중대하지만 겉으로는 대수롭지 않아 보이는 일에 주목하고자 할 때, 또 우리의 행동과 감정에 특유의 질감을 더해 주는 색깔과 모양과 냄새의 미묘한 차이를 음미하고자 할 때, 또 직장과 가정에서 갖는 만남과 관계에 일관성을 부여하고자 할 때 그리고 이웃과 역사 가운데서 우리의 정확한 자리를 발견하고자 할 때 우리가 사용할 수 있는 가장 좋은 방법은 바로 이야기다. 이야기는 예리하고 새로운 세세한 것들을 묘사하기 좋아한다. 그러나 동시에 이야기는 그 모든 세세한 일들 이면에 깔린, 눈에 쉽게 띄지 않는 의미와 목적과 뜻 등을 발견하고 드러내 주기도 한다. 이야기 속에서는, 사소한 일과 커다란 일이 모두 똑같이 중요하게 대우받고 쉽게 동무가 되어 서로 연결되어 있다.

    초지일관 한 사람에게 초점을 맞추고 있는 이 다윗 이야기는 성경에서 너무도 많은 공간을 차지하는 이야기인지라, 우리는 이 훌륭하고 영감을 주며 위엄 있는 이야기에 자연스럽게 익숙해지고 별 무리 없이 젖어든다. 그러나 그러다가도 우리들 대부분은 성경 이야기 속에서 소위 거창한 '영적 원리'나 '도덕 지침' 혹은 '신학적 진리'를 뽑아 내려고 하는 평상시의 나쁜 습관에 다시 빠져들기 일쑤다. 그러고는 우리 삶에 경건한 모양을 부과하기 위해 억지로 그것들 속에 자신을 끼워 맞추려 한다. 자신의 상태를 개선시켜 보겠다고 하는 일이지만 참으로 무리가 가는 방식이 아닐 수 없다. 게다가 그런 시도는 복음의 방식이 아니다. 복음의 방식은 다름 아니라 이야기다. 이야기는 우리 삶에 무리를 주지 않는다. 도리어 이야기는 우리를 그 이야기의 삶 속으로 초대한다. 이야기 속으로 들어가 상상력을 가지고 거기에 참여할 때 우리는 더 넓고 더 자유로우며 더 정연한 세계에 있음을 알게 된다. 이런 일이 일어나고 있는 줄 전에는 몰랐다! 그 모든 의미도 전혀 깨닫지 못했다! 진실한—성경은 진실함 그 자체다—이야기는 우리를 덜 실제적인 세계가 아니라 더 실제적인 세계로 인도하고, 우리의 지평을 넓혀 주며, 우리의 시각과 통찰력을 예리하게 한다. 이야기는 세상이 무엇인지 그리고 세상 속에서 인간으로서 살아간다는 것이 무엇인지를 배우는 가장 주된 수단이다. 그러니 우리가 처음 말을 배우기 시작할 때부터 이야기를 들려 달라고 조르는 것도 당연하다. 그럴 때 종종 어른들은, 최소한 그리스도인들과 유대인들은 다윗 이야기를 들려주곤 했다.

### ✜ 다윗과 하나님

다윗 이야기를 통해 온전하고 충만한 삶에 대해 무엇을 배울 수 있는가? 무엇보다도 온전하고 충만한 삶이란 하나님과 관계를 맺는 삶이라는 것을 배운다. 물론 우리가 관계를 맺어야 할 것은 그 외에도 많다. 위험, 부모, 적, 친구, 연인, 자녀, 아내, 교만, 창피, 거절, 형제자매, 병, 죽음, 성(性), 정의, 두려움, 평화 등. 기저귀, 팩스, 아침 식사, 교통 혼잡, 막힌 하수관, 부도난 수표 같은 것도 물론 포함된다. 그러나

이 모든 상황과 사건과 사람들의 전면과 후면에는 하나님이 계시다. 우리는 항상 하나님과 관계가 있다. 그러므로 하나님 문제는 단순히 천국 전문가들이 살균 처리된 신학 연구실에서만 다룰 문제가 아니라 바로 이 땅 위에서 다루어져야 할 문제다. "…하늘에서 이루어진 것과 같이, **땅에서도**…." 이 땅과 이 땅의 상황—날씨, 소화, 가족, 직업, 정부—이 우리가 하나님과 관계를 맺고 있는 상황을 정의한다.

다윗 이야기는 현세적인 이야기인 동시에 경건한 이야기다. 온전한 삶을 추구하려 할 때 흔히, 아마도 가장 흔히 저지르는 오류는, 어떤 모델을 선택해서 열심히 모방하는 것이다. 그 모델은 우리가 따라야 할 본보기와 추구해야 할 완전을 보여 준다. 그러나 그것은 또한 계속해서 우리에게 "너는 아직 덜 되었다", "너는 아직 멀었다"는 것을 보여 준다. 그러나 이런 식의 모델 모방을 얼마간 시도해 본 후, 우리들 대부분은 그것에 더 이상 별다른 매력을 느끼지 못하게 되기 일쑤다. 우리의 모델이었던 이들은 박물관에서 높은 자리를 차지하고 있고 그들 중 어떤 이들은 사진사들을 위해 포즈를 취해 주고 잡지에 사진을 실으면서 많은 돈을 버는 듯이 보이지만, 우리가 한 인간으로서 성숙하는 방법을 배우는 데는 별다른 도움이 되지 못한다. 성경에는 특이할 정도로 그런 모델이 별로 없다. 대신 성경은 이야기로 가득 차 있다. 바로 다윗 이야기 같은 이야기로.

대부분의 다른 성경 이야기들처럼, 다윗 이야기 역시 우리가 추구해야 할 가공된 이상(ideal)이 아니라, 인간됨이 형성되는 장(場)인 있는 모습 그대로의 실재(actuality)를 제시한다. 다시 말해, **현세/인간의** 상황 속에서의 **하나님**의 임재를 보여 주는 것이다. 다윗 이야기 속에 들어가는 것은, 인간 영혼의 가장 깊은 내면으로부터 인간 상상력의 가장 높은 경지에 이르기까지, 인간됨의 영역 전체를 모두 포함하는 하나의 실재 속으로 잠겨 들어가는 것이다. 하나님 앞에 살아 있는 존재로─하나님을 인식하고 하나님께 반응하는 존재로─살아가는 한 인간이 갖는 경험의 높이와 깊이와 넓이와 길이의 여러 차원을 이 정도까지 보여 주는 성경 이야기는 없다. 모름지기 인간은 하나님과 관계를 맺고 있을 때 가장 살아 있다. 어떤 의미에서는, 하나님과 관계를 맺기 전까지 인간은 [인간으로서 '살아 있다'(alive)는 독특한 의미로 볼 때] 전혀 살아 있지 않다고도 말할 수 있다. 다윗은 하나님과 관계를 맺는다. 인간 다윗으로만 볼 때 그는 별로 대단하지 않다. 성공적인 삶을 사는 법에 대해서는 그로부터 배울 것이 거의 없다. 그는 불행한 아버지였고 신실하지 못한 남편이었다. 또 순전히 역사학적 관점에서만 본다면, 그는 시적인 재능을 지녔던 미개한 족장이었을 뿐이다. 하지만 다윗이 중요한 것은, 그의 도덕성이나 탁월한 전투 능력 때문이 아니라 바로 하나님과 관계를 맺었던 그의 체험과 증언 때문이다. 그의 전 생애는 하나님과의 대면이었다.<sup>1)</sup>

우리는 하나님 없이 인간다울 수 없다. 이것이 바로 그리스도인들이 믿는 바이다. 우리는 삶이란 하나님이 주신 커다란 선물이며, 삶의 모든 부분이 하나님이 계획하신 것이기에 다 의미가 있으며, 모든 부분이 하나님의 복을 받았기에 우리가 다 즐길 수 있으며, 모든 부분에 하나님이 함께하시므로 우리가 수고할 가치가 있다고 믿는다.

우리는 하나님을 피할 수 없다. 우리가 좋아하든 아니든, 알든 모르든 상관 없이 그분은 존재하신다. 우리는 하나님과 관계 맺기를 거부할 수 있다. 우리는 하나님이 우리의 창조자요 공급자요 우리와 언약을 맺으신 분이 아닌 것처럼 행세할 수 있다. 그러나 그렇게 거부할 때 우리는 부족한 존재가 된다(we're less). 근본적인 인간다움이 부족한 것이다. 우리의 삶은 그만큼 좁아지고 빈궁해진다.

바로 이 **부족함**(lessness)에 대한 의식이야말로 인간을 이해하는 데 중요한 단서를 제공해 준다. 인간은 자신에게 무언가 필요하고 무언가 부족한 것이 있다는 사실을 늘 인식한다. 우리는 완전하지 못하다. 우리는 충분히 인간답지 못하다. 누구나 갖고 있는 이러한 미완성 의식은 인간 고유의 독특성에 대해 많은 부분을 설명해 준다. 그래서 우리는 교육을 더 받거나 돈을 더 벌거나 다른 장소로 가거나 다른 옷을 사거나 새로운 체험을 추구함으로써 우리 자신을 완성시키고자 한다. 그러나 기독교의 복음은, 우리의 이러한 모든 불완전함의 중심과 저변과 사면에 바로 하나님이 자리잡고 계시다고 말해 준다. 우리에게는 바로 하나님이 필요하다. 하나님을 향한 갈망, 하나님을 향한 갈증은 인간 안에 있는 가장 강력한 욕구다. 이는 성, 권력, 안정, 명성을 향한 욕구를 전부 합한 것보다도 훨씬 더 강한 욕구다.

다윗 이야기는 이러한 하나님 차원(God-dimensioned)의 인간성, 하나님이 그분의 영광을 위해 인간성을 형성하는 데 쓰시는 평범한 일상을 아주 세밀하게 묘사해 준다. 이야기가 전개되어 감에 따라, 우리는 우리 삶의 모든 것과 하나님이 서로 깊숙이 통하고 있음을 발견한다.

따라서 우리의 상상력은 확장되고, 우리는 참여하도록 초대받은 모든 세세한 것 속에서 하나님의 은혜와 아름다움을 인식하며, 더 넓게 사는 것이 어떤 것인지 배우게 된다.

### ✣ 예수님 이야기

그러나 성경이 들려주는 제일 가는 이야기는 다윗 이야기가 아니라 예수님 이야기다. 예수님 이야기는 하나님의 계시에서 회전축 역할을 한다. 다시 말해, 예수님 이야기는 다른 모든 이야기를 그 궤도로 끌어들여 그 중심이 되며, 그 이야기들에 전체적인 일관성을 부여한다. 예수님 이야기의 중심성은 네 가지 이야기로 표현된다(각 이야기가 예수님 이야기의 중심성에서 한 면씩을 차지한다). 네 명의 이야기꾼은 모두 같은 이야기를 각자의 독특한 방식을 통해 들려준다. 마태, 마가, 누가, 요한은 예수님 이야기를 들려주면서 그것이 인간 예수님을 통해 자신을 계시하신 하나님에 관한 이야기임을 분명히 한다. 즉 **하나님**이 **우리**의 역사 속에서 구체적 이름을 가진 **인간**을 통해 자신을 계시하셨다는 것이다. 요한은 단도 직입적이며 진지한 어조로 이렇게 말한다. "그 말씀은 하나님이셨다.…말씀이 육신이 되어 우리 가운데 사셨다"(요 1:1, 14).

이 이야기 읽기와 관련하여 놀라운 점은, 수세기에 걸쳐 그리스도인들은 대개 이 이야기에 나오는 신적인 요소보다는 인간적인 요소를 있는 그대로 받아들이는 데 더 어려움을 겪었다는 사실이다. 예수님이 인간이셨음을 믿는 것이 예수님이 하나님이셨음을 믿는 것보다 더 어려웠다. 수천 년 동안 지구 어디서나 인간들은 수없이 많은 신을 가지고 있었다. 우리는 그 신들에 익숙해 있다. 신성과 초자연성은 우리에게 오래된 가구만큼이나 익숙하다. 그러나 인간성은 신비다. 우리는 여성이 된다는 것이 무엇인지, 남성답게 행동한다는 것이 무엇인지 모른다. 그래서 한 개인 안에서 신성과 인성이 하나가 되었다는 이야기를 접하면, 그 인성을 축소시키거나 제거해 버린 뒤 그것을 순전히 하나님 이야기로만 읽음으로써 우리가 쉽게 받아들일 수 있는 이야기로 고친다. 우리는 우리를 둘러싸고 있는 신들에 대한 이야기를 들려주기를 아주 좋아한다. 그러나 구체적인 이름을 가지고 역사적으로 존재하시며 살과 피를 가진 인간으로서 우리 이웃으로 오신 하나님은, 글쎄, 그런 하나님은 불편할 정도로 너무 가까이 오신 하나님이다.[2]

우리에게 하나님을 계시해 주시는 예수님은, 제우스의 머리로부터 걸어 나온 아테나 여신처럼 완전히 성장하여 위엄을 다 갖춘 모습으로 별안간 신기하게 우리 앞에 등장하지 않으셨다. 예수 그리스도의 계시는 이천여 년의 유대 역사를 통해 그 전조와 징후와 예기와 준비와 예언과 약속이 나타났다. "기한이 찼을 때에, 하나님께서는 당신의 아들을 보내셔서, 여인에게 나게 하시고…"(갈 4:4)라는 바울의 인상적인 표현은 바로 이러한 수세기에 걸친 '임신 기간'을 두고 한 말이다. 우리는 하나님이 우리와 함께하시는 방식, 하나님이 말씀하시는 방식, 하나님이 행동하시는 방식에 대해 이미 충분히 자세한 사전 교육을 받았다. 단순히 하나님이 말씀하시고 행동하신다는 **사실**에 대해서뿐만 아니라 그분이 말씀하시고 행동하시는 **방식**에 대해서 그리고 하나님의 말씀과 행동이 하나가 된 절정이신 예수 그리스도에 대해서 말이다. 이 모든 사전 교육을 통해 분명히 배울 수 있는 것은, 하나님의 방식은 바로 역사 속에 자신을 잠기게 하시며, 인간들이 그분의 길에 자유로이 참여하도록 초대하시는 것이라는 점이다. 하나님은 이야기의 바깥에 서 계신 채 그 속에다 번개를 던지시는 분이 아니다. 이 이야기 속에서 인간은 엄청나게 존귀한 존재로 대우받는다. 인간이란 단순히 하나님이 너그럽게 봐주는 존재 정도가 아니라 놀랍도록 존엄한 존재다. 조금 다르게 표현하자면, 하나님을 성부, 성자, 성령—세 거룩한 신비! 세 신성한 무한!—으로 계시하는 성경에서, **인간**(human)이라는 말은 결코 깎아내리거나 무시하는 말이 아니다. 오히려 그것은 명예로운 호칭으로 쓰인다. 하나님 앞에서 말이다! 그러나 우리는 성경이 말하는 인간에 대한 이러한 긍정을 받아들이는 데 거북함을 느낀다. 왜냐하면 우리 인간들의 경험에 따르면 **인간은** 비열하고 사악하고 부족하고 어리석은 존재일 때가 너무 많기 때문이다. 인간성에 대한 좋지 않은 경험들로 인해 인간됨에 대해 경의를 갖거나 인간 조건을 용납하기가 어렵게 되었다. 그보다는 소위 '영적인' 일에 집중적으로 파고들어 '신들같이' 되는 일에 매진하는 것이 더 쉬워 보이고 훨씬 더 매력적으로 보인다. 그것이 바로 인간이 애당초 이 모든 곤궁에 빠져들게 된 이유라는 사실을 망각한 채 말이다[참고 "뱀이 여자에게 이르되… 너희가 그것(선악과)을 먹는 날에 너희 눈이 밝아 '신들같이' 되어…"(창 3:4-5, KJV)—역주]. 수세기에 걸쳐 그리고 지금까지도 인류는 신들이니 종교니 하는 것들에 열심히 투자를 해 왔지만, 이를 통해 인간다움이 함양되었다는 증거는 없다. 오히려 반대의 효과는 있었다. 종교 활동을 열심히 하면 할

수록 오히려 인간다움에서 멀어졌던 것이다.

복음서 기자들은 하나님의 계시가 예수님 안에서 완성되고 예수님에게 집중되고 있다는 사실을 보여 주면서, 우리로 하여금 그분의 인성을 놓치지 않도록 하기 위해 특별한 수고를 들인다. 그들은 예수님이 진짜 태어나셨으며 진짜 죽으셨고 평범한 빵을 드셨으며 평범한 단어들을 사용하셨음을 분명히 한다. 그렇지만 예수님의 인성을 꼭 붙들고 있기란 쉽지만은 않다. 왜냐하면 그 출생은 동정녀 탄생이었고, 죽음 뒤에는 영광스러운 부활이 뒤따랐으며, 초자연적이라고 할 수밖에 없는 일들이 그 이야기의 매우 자연스러운 일부를 이루고 있기 때문이다. 예수님의 인성은 **단순한** 인성이 아니었다.

물론 복음서 기자들의 첫째 사명은 예수님이 우리와 함께하시는 하나님이요, '우리와 우리의 구원을 위해 하늘로부터 내려오신 분'[39]이라 증언하는 데 있다. 그리고 그들은 그 사명을 다한다. 그리스도인으로서의 삶은 예수님을 "살아 계신 하나님의 아들 그리스도"(마 16:16)로 고백할 때 시작된다. 하나님은 초자연적 존재이시다. 요한은 다른 복음서 기자들을 대변하면서 "그런데 여기에 이것이나마 기록한 목적은, 여러분으로 하여금, 예수가 그리스도요 하나님의 아들이심을 믿게 하고, 또 그렇게 믿어서 그의 이름으로 생명을 얻게 하려는 것이다"(요 20:31)라고 결론적으로 진술한다. 그러나 우리를 그 지점까지, 즉 우리가 예수님 안에서, '하늘과 땅을 만드셨고' 우리를 구원하시는 하나님과 관계를 맺는 것임을 머리로 깨닫고 마음으로 믿는 지점까지 우리를 데려간 **다음에**, 복음서 기자들은 이러한 일을 행하실 때 하나님이 사용하시는 실제 재료는 바로 우리의 인간됨임을 분명히 깨닫도록 해야 했다. 복음서 기자들은 우리로 하여금 예수님 안에서 **하나님**을 알도록 한 뒤에, 이제 예수님 안에서 **우리**가 누구인지―**인간**으로서의 우리 자신―를 알도록 하기 위해 최선의 노력을 기울인다. 하나님은 우리의 문제 많은 인간됨을 그냥 우회해 가는 천국행 지름길을 취하지 않으신다. 우리 역시 그러지 말아야 한다.

복음서 기자들이 그 일을 눈에 띄지 않게 그러나 대단히 효과적으로 해 내는 방법 중 하나는 예수님을 계속해서 '다윗의 자손'으로 소개하는 것이다. 이 칭호는 별 뜻 없는 족보 언급이 아니라 중요한 신학적 진술, 즉 **하나님**에 관한 진술이다. 다윗 이야기는 예수님 이야기를 예기한다. 예수님 이야기는 다윗 이야기를 전제한다. 다윗. 왜 하필 다윗인가? 대답이 될 만한 여러 이유들 중 가장 두드러진 것은 바로 다윗의 현세성(earthiness)이다. 그는 두드러질 정도로 너무도 인간적이다. 싸우고 기도하고 사랑하며 죄를 짓는 다윗, 야만적인 철기 시대 문화의 도덕과 관습의 제한을 받는 다윗, 여덟 명의 아내를 둔 다윗, 분노하는 다윗, 빗나가는 다윗, 마음씨 좋은 다윗, 춤추는 다윗 등. 하나님이 우리 삶 속에 구원과 거룩을 가져오시는 일에 사용하실 수 없거나 사용하시지 않는 것은 아무것도, 절대적으로 아무것도 없다. 우리가 예수님 이야기로부터 최대의 유익을 얻어 내려면, 먼저 다윗 이야기 속에 우리의 상상력이 흠뻑 젖어들게 해야 할 것이다.

몇 년 전 나는 다윗 이야기에는 단 한 번의 기적도 없다는 사실을 깨닫고 굉장히 놀랐던 적이 있다. 단 한 번도 기적이 없다. 하나님이 그 이야기 플롯의 중심부에 계시며 그 모든 세세한 사건 속에 언제나 (비록 대개 침묵하고 숨어 계시지만) 현존하고 계시다는 사실은 의심할 여지가 없다. 그러나 그 이야기는 결코 일상적이고 평범한 것들을 그냥 우회해 지나쳐 가지 않는다. 이야기 내부에서 조용하고 꾸준하게 숨어서 작용하는 소재는 바로 다윗의 인간됨이다. 다윗 이야기는 우리의 인간됨의 현세성에 뛰어드는 것이다.

예수님을 따르며 구원의 삶을 살아가는 동안 우리는 일상적이고 평범한 길을 부인하거나 피하거나 경시하게 하는 여러 가지 유혹을 자주 받는다. 우리는 기적이나 황홀경 혹은 번드르르한 초자연적 능력 과시 등을 열을 내며 추구한다. 이러한 영역을 처음 접한 사람들은 지금 얼마나 위험한 살얼음판을 걷고 있는지 깨닫지 못하지만, 여기에는 위험이 도사리고 있다. 물론 기적과 황홀경과 초자연적 능력 역시 명백히 그리스도인의 삶의 일부다. 하지만 그런 것들이 결코 인간됨으로부터의 도피처나 인간됨을 우회해 가는 지름길이 될 수는 없다. 일반적으로 그런 일들 역시 우리의 인간됨 **내부에 있는** 일이다. 오스틴 패러(Austin Farrer)가 말했듯이, 예수님이 목수로 일하실 때 구부러진 못을 펴는 데 성령의 능력을 사용하셨을 것이라고 생각하는 사람은 없을 것이다.[4] 성육신의 참된 의미는 하나님이 우리를 구원하시기 위해 우리의 인간 조건 속으로 **들어오시고** 그것을 받아들이시며 우리가 있는 곳으로 오신다는 것이다.

우리는 다윗 이야기를 통해, 일상 속에 숨어 있는 기적과 자연을 뒤덮고 있는 초자연을 알아보고 받아들이고 참여하는 법을 훈련받을 수 있다. 다윗을 통해 철저하게 훈련될 때, 우리는 예수님이 물 위로 걸으시고 오천 명을 먹이신다는 사실에 쉽게 흥분되어—그것이 '더 깊은' 혹은 '더 차원 높은' 영적 생활의 방식이라고 생각하고—구명조끼를 벗어 던지거나 식사 준비를 그만두지는 않게 될 것이다.

## ✣ 현세를 사는 영성

평소 나는 내가 명명한 바 '액세서리'(boutique) 영성에 대해, 그리고 헨리 제임스(Henry James)가 "성당 건물과 안락한 사회적 편의 시설 이상이 못 되는" 것이라고 평한 '그저 좋은'(nice) 종교에 대해 반감을 가졌다." 그리고 이전에 수많은 사람이 그랬던 것처럼 나 역시, 다윗 이야기야말로 거룩으로 넘쳐흐르는 '현세를 사는 영성'(earthy spirituality)을 회복시키는 데 중요한 도구로 사용될 수 있음을 발견했다. 나는 다윗 이야기를 (그보다 더 거룩으로 넘쳐흐르는) 예수님 이야기를 위한 입문서로 사용한다.

전에는 이 다윗 이야기를 길로 삼는 사람들이 많이 있었지만, 지금 시대에는 이 길을 찾는 이가 적다. 대신 수많은 심리학자, 정치인, 경제학자, 인간 관계 전문가, 철학자, 물리학자, 생물학자 등이 저마다 새로운 길을 제시하며 그 길을 통해 자기 이해, 새로운 삶, 그리고 '영성'에 이르라고 말하고 있다. 우리 나라의 모든 분야 전문인이 다 영성 권위자가 될 판이다! 물론 그러한 길들을 통해서도 배울 점이 있긴 하다. 하지만 다윗/예수님 이야기와 비교해 볼 때, 그것들은 단지 좁은 뒷골목 내지는 돌아가는 길에 불과하다. 또 그 중에는 결국 막다른 골목에 이르는 길도 적지 않다.

오늘 도시의 거리와 교회의 의자에는 축 늘어진 남자들, 생기 없는 여자들로 가득하다. "흐늘흐늘한 영혼들이 너무도 많다"고 블랙머(R. P. Blackmur)는 말한다.[6] 나는 나로 하여금 하나님이 창조하셨고 예수님이 구원하셨고 성령으로 충만한, 참된 삶을 살아갈 능력을 높여 주고 깊게 해주는 사람들과 사귀고 싶다.

여기서 다윗의 열정, 힘, 전심 전력하는 자세, 오로지 하나님께만 집중하는 태도는 분명 우리의 관심을 끈다. 멋진 시편 18편의 중간에서 그는 이렇게 외치고 있다.

> 참으로, 주께서 나와 함께 계셔서 도와주시면,
> 나는 날쌔게 내달려서 적군도 뒤쫓을 수 있으며,
> 높은 성벽이라도 뛰어넘을 수 있습니다(시 18:29).

성벽을 훌쩍 뛰어넘는 다윗의 모습이 나의 주의를 끈다. 달리다가 돌 벽을 만날 때는 주저없이 뛰어넘고 다시 길을 가는 다윗. 골리앗을 향해 달려가고, 사울을 피해 달아나고, 하나님을 추구하고, 요나단을 만나고, 길 잃은 양들을 모아들이며, 무엇을 하든 여하튼 계속 달려가는 다윗. 그리고 뛰어넘는 다윗. 그는 결코 어슬렁거리거나 빈둥거리지 않는다.

다윗 이야기는 진정 정열로 들끓는 이야기다. 바로 현세를 사는 영성이 그의 삶의 특징이며 그러한 정열의 이유다.

## 2. 이름
### 다윗과 사무엘

사무엘상 16:1-13

그러므로 너희는 가서, 모든 민족을 제자로 삼아서,
아버지와 아들과 성령의 이름으로 세례를 주고
- 마태복음 28:19

    사무엘은 턱수염이 무릎까지 내려온 노인이었다. 내게 이 이야기를 처음 들려주셨던 어머니는 그를 그렇게 묘사하셨다. 그는 뚱뚱한 체격의 옹골차 보이는 인물이었고, 멀리서 보면 하얀 머리카락이 마치 머리로부터 흘러내리는 분수 같았다.
    그는 천천히 심지어 느긋하게 걸어가고 있었다. 자신이 할 일이 무엇이고, 자신이 지금 어디로 가고 있으며, 자신이 지금 무슨 일을 하고 있는지를 아는 사람에게서 풍겨 나오는 유유한 느긋함이었다. 자신이 누구인지를 분명히 아는 사람은 서두를 필요가 없다.
    그는 베들레헴을 향해 가는 길이었다. 베들레헴은 우리 가족이 살

왔던 동네처럼, 당장이라도 들짐승이 튀어나올 듯이 울창한 숲으로 둘러싸인 작은 마을이었다. 화살촉을 주우러 들판에 나왔던 세 명의 아이가—그 해에는 가나안족이 흘리고 간 화살촉을 주워 보물처럼 소장하는 일이 아이들 사이에서 큰 유행이었다—사무엘을 알아보고 동네로 뛰어 들어가 그 사실을 급히 알렸다. 그 소식은 빠른 속도로 퍼졌다. 하나님의 선지자가 이 마을에 오고 있다! 그 전설적인 사무엘 선지자, 그 이름 높고 불 같은 성미의 사무엘 선지자가 말이다. 사람들은 모두 두려움에 사로잡혔다. 우리가 무언가 잘못한 것은 아닐까? 누가 죄를 지었나? 사무엘은 그저 별 뜻 없이 이곳 저곳 돌아다니는 사람이 아니었다. 그의 고명한 일생을 통해 보건대, 그는 그저 시시콜콜한 이야기나 하러 이 마을 저 마을 다닐 인물이 아니었다. 대체 베들레헴이 어떤 끔찍한 잘못을 저질렀기에, 저 선지자가 그것을 듣고 여기까지 방문하는 것일까?

그러나 불안은 곧 기대감으로 바뀌었다. 사무엘은 흥겨운 예배를 인도하고 사람들을 모아 하나님 앞에서 축제를 벌이기 위해 여기에 왔다고 밝혔다. 소식은 곧 퍼져 나갔다. 마을 분위기는 순식간에 죄책감에서 흥겨움으로 바뀌었다. 어린 암소를 잡고 바베큐 파티가 벌어졌다. 이내 마을 전체가 마치 우리 동네 장날 같은 분위기에 휩싸였다. 매년 여름 8월 첫 주에 시작되는 최고의 구경거리, 장터 말이다.

어머니는 철기 시대 베들레헴 이야기를 하시면서 놀이용 탈것이나 큐피 인형, 솜사탕이나 핫도그 냄새 같은 것을 말씀하시지는 않았다. 그러나 거기까지 뻗어 가는 내 상상력을 막지도 않으셨다. 나는 그 이야기 속에 완전히 젖어 들어가기 위해 필요한 모든 세세한 내용을 나 스스로의 상상력으로 채워 넣었던 것이다. 송아지 줄매기 경기, 황소 타기 경기, 기름기 좔좔 흐르는 돼지, 각종 놀이 기구, 집에서 키우는 짐승을 끌고 나온 친구들, 장식이 달린 셔츠와 빛나는 부츠 차림으로 수 킬로미터 떨어진 곳에서 온 멋진 카우걸과 카우보이들 등등.

■ ■ ■

나중에 밝혀진 일이지만, 사무엘이 그 마을을 방문한 데는 마을 사람 전체를 모아 예배 축제를 벌이는 것 이상의 목적이 있었다. 사무엘은 이새라는 이름의 그 마을 농부와 여덟 명의 아들에게 특별한 관심이 있었다. 사람들은 사무엘이 왜 그들에게 그렇게 관심을 갖는지 알 수 없었다. 아마 축제 분위기에 너무 들떠 있어서 그 선지자가 이새 가족에게 특별한 관심을 갖는다는 사실조차 알아차리지 못했을 가능성도 크다. 사실 그 축제의 주목적은 바로 거기에 있었는데도 말이다. 그러나 **나는** 사무엘이 왜 그들에게 관심을 갖는지 알고 있었다. 이 이야기를 들려준 이야기꾼이 내게만 그 이유를 살짝 털어놓았기 때문이다. 나는 내부 소식통을 가졌던 셈이다. 그에 따르면 사무엘은 지금 사울 왕을 대신하여 왕이 될 사람을 찾고 있었다.

이새와 그의 아들들이 있는 곳을 찾아간 사무엘은 그들 각자를 차례로 면담하며 자세히 살폈다. 나는 그 장면을 상상해 보았다. 장터 마당에 마련된 특별석 중앙에 사무엘이 마치 재판관처럼 위엄 있는 모습으로 앉아 있다. 이새는 아들들을 하나씩 차례로, 마치 포획한 짐승을 굴레에 씌워 끌고 오듯이, 사무엘 앞으로 데리고 온다. 특별석에는 사람들이 빽빽하게 모여 이 장면을 구경하고 있다.

맨 먼저 거드름을 피우는 장남 엘리압이 나왔다. 그 우람한 체격 하며 다부진 생김새는 사람들의 주목을 끌지 않을 수 없었다. 사무엘은 깊은 인상을 받았다(누구인들 그렇지 **않을** 수 있겠는가?). 엘리압은 모든 일을 완력으로 처리하는 데 익숙한 야성적인 사나이였다. 빗질을 해 본 적도 없는 검은 머리에, 코는 멈출 곳을 찾지 못한 듯 시원스럽게 얼굴 아래로 쭉 뻗어 있었고, 항상 작업복 차림에 투박한 부츠를 신고 다녔으며, 양말도 갈아 신지 않았다. 그런 그의 외모가 사람들에게 호감을 주는가 반감을 주는가 하는 것은 그다지 중요한 문제가 못 되었다. 그들 모두는 엘리압 앞에서 **위압감**을 느꼈기 때문이다. 분명 이 사나이야말로 재목이로다. 그 지역 사람들과 마찬가지로 사무엘은 그의 외모에 마음이 끌렸다. 그러나 사무엘은 곧 그간 하나님으로부터 훈련받은 예언자적 안목을 발휘해 엘리압의 겉모습 속에 있는 내면을 들여다볼 수 있었다. 거기에는 특별한 것이 전혀 없었다. 그 속에는 왕이 될 만한 자질이 들어 있지 않았던 것이다.

두 번째로 나온 아비나답은 지적인 체하는 속물이었다. 깡마른 체격에 키가 큰 그는 비웃는 듯한 표정과 거만한 자세로 사무엘 앞에 섰다. 그는 형제들 중 대학에 간 유일한 인물이었다. 그는 기회만 생기면 학식을 과시할 목적으로 어려운 용어를 남발하곤 했다. 그는 사팔뜨기 눈에다 두꺼운 돋보기 안경을 쓰고 있었다. 사무엘은 손짓으로 그를 물러가게 했다.

시므아라고도 하는 삼마가 세 번째로 나왔다. 삼마는 캘빈 클라인 청바지에 악어 가죽 카우보이 부츠를 신고 잔뜩 멋을 부린 인물이었다. 그는 베들레헴 촌구석의 삶을 혐오했다. 그의 눈에는 시골 사람들이 다 한심하게 보였다. 상스런 놀이와 천한 오락을 즐기는 저급한 인간들과 섞여 산다는 것이 그에게는 말할 수 없는 고통이었다. 그는 지금 사무엘이 무엇을 생각하고 있는지 알 수 없었으나, 그것이 어쩌면 더 고상한 생활―교양 있는 문화 생활―로 올라갈 기회일지도 모른다고 생각했다. 그러나 사무엘은 고개를 저어 그 또한 물러가게 했다.

성경은 세 번째 아들 다음부터는 이름을 밝히지 않는다.[1] 나는 여러 해가 지난 다음에야 그 사실을 알게 되었다. 왜냐하면 어머니의 이야기에서는 그들 모두에게 이름이 있었기 때문이다. 어머니가 지어 낸 이름들은 유대인 이름과는 상당히 거리가 멀었지만, 크게 중요하지 않았다. 그 이름들은 어머니의 목적과 나의 상상력을 충족시켜 주기에 충분했기 때문이다. 네 번째 아들 이름은 올레(Ole)였고, 그 다음은 검프(Gump), 그 다음은 클러그(Klug), 마지막은 처거(Chugger)였다(모두 우스꽝스런 뉘앙스를 풍기는 이름이다―역주). (훗날 스스로 성경을 읽을 때, 나는 종종 그 부분이 본문에서 빠져 있다는 데 놀라곤 했다. 성령님이 이렇게 훌륭한 구절들을 누락시키셨다니!) 아들들은 이새의 으스대는 소개와 함께 차례로 사무엘 앞에 섰다. 그리고 한 사람 한 사람 차례로 불합격될 때마다 긴장이 점점 더 고조되었다―분명 이 아들은 선택될 것이다. 그러나 결국 아무도 뽑히지 못했다.

구경거리는 끝났다. 이새는 보기 딱할 정도로 실망했다. 일곱 명의 아들이 다 수치를 당한 것이다. 특별석과 일반 관람석에 떼지어 앉아 있던 사람들이 동요하기 시작했다. 마치 사기를 당한 기분이었다. 돈을 환불해 달라고 요구하는 사람도 있었다. 그들은 대 예언자 사무엘이 출연한다기에 상당한 돈을 내고서 여기에 들어왔다. 공연의 앞부분은 아주 좋았다. 숙련된 솜씨로 모든 사람의 관심을 집중시키면서 점점 절정에 도달해 갔다. 그런데 어떻게 된 일인가? 결국, 결국 **아무것도 아니었다.**

사무엘은 몹시 당황했다. 혹시 하나님의 메시지 중에서 아주 중요한 부분을 놓쳐 버린 것은 아닐까? 이제 예언자로서의 영력(靈力)이 다한 것은 아닐까? 혹시 엉뚱한 마을을 찾아온 것은 아닐까? "여기 분명 베들레헴 맞소?" 혹시 집을 잘못 찾아온 것은 아닐까? "당신 분명 이새 맞소?"

분명 맞다. 그렇다면 틀림없이 또 다른 아들이 있을 것이다.

■ ■ ■

나중에 밝혀진 일이고 또 지금은 온 세상이 다 알고 있듯이 또 다른 아들이 있었다. 바로 다윗이었다. 그러나 그는 이름도 밝혀지지 않은 채 이 이야기에 등장한다. 그의 아버지는 그를 막내—히브리어로 '하카톤'(haqqaton)—라고 불렀다. "막내가 남아 있기는 합니다만, 지금 양떼를 치러 나가고 없습니다"(삼상 16:11). 만일 당신이 여덟 형제 중 막내라면 집에서 어린애 이상으로 대우받기를 기대하기 힘들 것이다. '하카톤'이란 단어는 하찮고 그다지 중요하지 않은 사람이라는 뉘앙스가 깔린 말로서, 중요한 자리에는 나서지 말고 **빠져야** 할 인물이다.

그저 집안 꼬마에 불과한 것이다.

그의 아버지가 (아마도 형제들도 같이) 그를 얕잡아 본다는 사실은 그가 집안에서 할당받은 일을 보면 분명해진다. '양치기.' 이는 농장 일 가운데 가장 힘이 덜 드는 일이요, 또 잘하지 못해도 별 해를 불러오지 않는 일이다. 지금 시대로 말하자면, 이웃집 아이를 돌보는 일이나 슈퍼마켓에서 장보는 일 등에 해당될 것이다.[2]

다윗은 양치기 일을 하느라 먼 곳에 가 있었고 또 평소 업신여김을 받았기에, 그 날 그를 베들레헴으로 데리고 와야 한다고 생각한 사람은 아무도 없었다. 그러나 다윗이 선택되었다. 선택되고 기름부음을 받았다. 사람의 안목에 의해 선택된 것이 아니었다. 아버지나 형제, 심지어 사무엘의 안목도 아니었다. 오직 하나님의 안목에 의해 선택되었다. 그는 그렇게 선택되고, 이제 하나님의 영광을 위해 살도록 하나님에 의해 사무엘을 통해 기름부음을 받았다.[3]

이런 경우에 흔히 그렇듯이, 실제 일어난 일과 사람들이 기대했던 바가 너무 달랐기에 그 날 베들레헴 사람들 중에 그 기름부음을 '주목해서 본' 사람은 아마 아무도 없었을 것이다. 나중에 그 날을 회상할 때, 그들은 어떤 중요한 일을 맡기는 자리에서 이새의 멋진 아들들이 불합격 판정을 받았다는 사실과, 또 늘 그랬듯이 다윗이 늦게야 거기에 나타났다는 사실 정도는 기억했을 것이다. 그러나 그런 기억들은 금세 잊혀졌을 것이다. 곧 그 일곱 형제는 다시 거드름을 피우며 마을을 활보하고 다녔을 것이고, 다윗은 여전히 양을 지키느라 멀리 나가 있어서, 시야에서도 멀어지고 마음에서도 멀어졌을 것이다.

그러나 나는 잊지 않았다. 어린 시절 내내, 이 이야기를 들려주시는 어머니 앞에서 나는 다윗이 되었다. 나는 항상 다윗이었다. 지금도 여전히 나는 다윗이다. 이 이야기를 읽고 듣는 사람으로 하여금 자신에게 무언가 다윗과 같은 면이 있음을 —"비록 보잘것없고 양이나 지키는 무명의 신세지만 나는 선택된 사람이다" —깨닫도록 해주는 것이 바로 이 성경 이야기꾼의 의도요 기술이다.

### ✣ 평범한 사람

성경에 나오는 다른 어떤 이야기보다도 더 많은 플롯과 사건, 더 많은 인물과 배경을 제시하며, 우리에게 온전히 하나님 앞에서 하나님께 응답하며 살아가는 삶이 무엇인지 보여 주는 다윗 이야기의 주인공이 평범한 사람이었다는 사실은, 쉽게 간과되기는 하지만 참으로 의미 심장하다. 다윗은, 흔히 깔보며 낮추어 부르는 말로 '단순한' 평신도에 불과했다. 그의 아버지가 빠뜨리고 사무엘에게 소개하지도 않았을 정도였다. 아마 소개할 생각 자체가 아예 들지 않았을 것이다. 형제들에게도 그는 있으나마나한 존재였다. 게다가 그의 족보를 조사해 보면, 좋지 않은 피가 섞여 있는 가문 출신임을 알 수 있다. 증오와 멸시를 받았던 모압 족속의 피가 섞여 있는 가문이었던 것이다.[4]

꼬마 목동이었던 다윗이 하나님의 선택을 통해 기름부음 받아, 인간의 삶과 역사 속에서 활동하시는 하나님의 현존의 표지와 전형이 되었다는 이야기는 분명, 모든 평범한 남녀, 이름 없는 서민들, 별 볼일 없는 이들, 변변치 못한 사회적 지위와 신분의 사람들—다시 말해,

이 오래된 행성 지구 위에 살았던 사람들 대다수—에게 힘을 불어넣어 주는 이야기다. 하나님의 일을 위해 뽑히는 것은 일반 투표에 의해 결정되지 않는다. 그것은 또한 입증된 능력이나 유망한 가능성에 달린 것이 아니다.

지금 우리는 각종 전문가들을 지나칠 정도로 중시하는 문화 속에 살고 있다. 그 결과, [전문가가 아닌] 일반인은 거의 바보로 취급당하며, 전문가에게 조언을 구해서 마땅히 그에 따라야 하는 사람으로만 여겨진다. 그 결과는 그리 고무적이지 않다. 우리는 몸을 돌보는 일을 의료 전문가들에게 내맡겼다. 그 결과 어떻게 되었는가? 개인의 건강 수준은 계속 악화되었을 뿐이다. 우리는 학습 책임을 교육 전문가들에게 내맡겼다. 그 결과 어떻게 되었는가? 스스로 사고할 줄 모르고, 인류의 문화 유산과 역사에 대해 무지하며, 광고와 정치의 조롱 섞인 조작 행위에 대해 무방비 상태인 대중을 만들어 놓았다. 우리는 대인 관계를 계발하고 회복할 책임을 심리학 전문가들에게 내맡겼다. 그 결과 어떻게 되었는가? 친밀감을 경험하는 일은 여전히 저조하고, 정서적 건강은 놀라우리만치 좋지 않으며, 우정은 드물고, 결혼과 가족 생활은 황폐하다. 우리는 신앙에 대한 책임을 종교 전문가들에게 내맡겼다. 그 결과 어떻게 되었는가? 범퍼 스티커와 TV 유명 인사들이 대중 기독교의 정체성을 지배하고 있으며, 일반 그리스도인들은 종교 공연 구경과 영양가 없는 종교 상품 구매에만 강박적으로 빠져 있을 뿐이다. 종교 메시지의 전달과 종교 상품 판매는 인류 역사상 과거 어느 때보다도 더 활발해졌다. 이로 인해 종교 전문가들은 많은 돈을 벌고 있지만, 어렸을 때부터 전문가에게 의존하도록 훈련받아 온 일반 평신도들은 여전히 믿음과 기도, 원수 사랑과 낯선 이를 환대하는 일에 무기력하고 무능력하다. 요한일서 4:8의 원칙("사랑하지 않는 사람은 하나님을 알지 못합니다.")을 가지고 시험해 본다면, 소위 기독교 국가라는 미국의 학점은 아마 C 마이너스 정도 나올 것이다.

믿음으로 사는 인간에 대한 성경의 중심 이야기가 평신도를 주인공으로 삼고 있다는 사실은 참으로 중요한 의미를 갖는다. 다윗은 제사장으로 임명받지 않았다. 그는, 흔히 하는 말로, '사역으로' 부름받지 않았다. 그는 '단순한' 평신도, '하카톤'에 불과했다. 그러나 이 이야기 속에서, 그렇기에 그가 부적절하다는 암시는 찾아볼 수 없다. 대신 이 이야기가 보여 주는 인간은, 약동하는 생동감을 가지고, 대담 무쌍하게, 창조적이고 예술적으로 사랑하고 기도하며 일하는 인간이다.

다윗의 삶은 성경에서, 흔히들 말하는 '만인제사장주의'에 대한 제일 가는 실례다. 종교개혁 때 루터는 만인제사장주의를 열심히 주창했지만, 이것은 그가 만들어 낸 사상이 아니다. 신앙 공동체에는 다양한 직분—예언자, 사제, 현인, 장로, 사도, 집사, 주교 등—이 있지만, 교회 전체를 통틀어 가장 중요한 사람은 다름 아니라 일반 **평신도**다. 모든 직분/직무의 취지는 사람들로 하여금 단순한 종교 문화 소비자 집단이 아닌 하나님의 백성이 되도록 돕고 격려하며 섬기기 위한 것이다. 종들을 따로 세운 목적은, 교회가 무기력하고 무미 건조한 집단으로 퇴화하는 것을 막기 위한 것이다. 그런데 천성적으로 다른 이들보다 똑똑하고 정력적인 사람들 중에 어떤 이들은 전문가가 되어서 자신의 특권과 권력을 내세우기도 한다. 그러나 신앙 공동체에서는 이러한 '2층 구조'(bilevelism)가 용납될 수 없다. 성경을 보면 이에 대한 전쟁이 끊임없이 계속되는 것을 볼 수 있다. 교회 역사 속에서 간헐적으로 전쟁이 중단되기도 했지만 지금도 여전히 전쟁 중이다. 건강한 기독교 공동체에서는, '작은 사람들'이 결코 추종자나 소비자 정도로 무시되거나 외면당하지 않는다. 오히려 사제와 목사들, 집사와 주교들, 친구와 이웃들이 **그들을** 섬길 때 그들은 주도적이며 독창적인 사람들이 된다.

이집트에서의 비참한 삶으로부터 구출된 지 얼마 되지 않았을 때, 다윗의 조상들은 그들 민족의 정체성을 규정하는 선언적 말씀을 들었다. "너희의 나라는 나를 섬기는 제사장 나라가 되고, 너희는 거룩한 민족이 될 것이다"(출 19:6). 이 말씀을 처음 듣는 순간, 그들은 분명 도무지 이해할 수 없다는 놀라움으로 반응했을 것이다. 이집트에서의 경험으로 인해, 그러한 정의를 받아들일 수 있는 준비가 전혀 되어 있지 못했던 까닭이다. 이집트에서는, 몇몇 제사장이 나일 강 주변에 세워진 거대한 사원에 살면서 모든 권력을 쥐고 종교 의식을 지배하며 나라의 업무를 관장했다. 화려한 예복을 입고, 굽실대는 종들의 호위를 받으며 다녔던 그들은 특권과 권위를 갖춘 상류 계층이었다. 그러한 제사장 앞에서 일개 평신도는 형편없는 초라함만을 느낄 뿐이었다. 카르나크(Karnak), 아부 심벨(Abu Simbel), 테베(Thebes) 등지에 서 있는 거대한 조상들 앞에서—삼천 년이 지난 오늘날 남아 있는 잔재들만 해도 그 장엄함이 현기증을 일으킬 정도인데—누가 감히 **제사장**이 되겠다고 꿈이나 꾸었겠는가! 슈퍼마켓 계산대 점원이 심장 절개 수술을 해 보겠다고 나서지는 않듯이, 트럭 운전사가 747 비행기를 운전해 보겠다고 나서지는 않듯이 말이다.

그런데 그런 그들에게 이 말씀이 들린 것이다. "너희의 나라는 나를 섬기는 제사장 나라가 되고, 너희는 거룩한 민족이 될 것이다." 광야에 있는 그들에게 성전이라야 간이 텐트 정도였고, 생존하기에도 버거운 광야 생활에서는 조잡한 평등 사회를 이룰 수밖에 없었다. 그런 그들이 제사장을 **두라는** 말씀이 아니라 제사장이 **되라는** 말씀을 들었다. 예복도, 성전도, 성직 훈련도, 위계 질서도 없는 제사장 말이다.[5] 초대 그리스도인들 역시 같은 정체성을 부여받았다. 예수 그리스도께서 그들을 죄로부터 자유롭게 하셨을 때 그들은 다른 정체성들과 더불어 바로 이러한 제사장 정체성을 부여받았다(벧전 2:5, 9; 계 1:6; 5:10; 20:6).

아무도 감히 생각지 못했던 부름을 받았는지라, 그들은 도대체 제사장이란 어떤 존재인가에 대해 새롭게 곰곰이 생각해 보지 않을 수 없었다. 제사장은 어떤 옷차림을 해야 하는가, 제사장은 어떤 성전을 관리해야 하는가, 제사장은 어떤 의식을 관장해야 하는가, 제사장은 어떤 비밀스런 지식을 가져야 하는가 같은 문제가 아니라, "도대체 제사장이란 어떤 존재인가?" 하는 문제에 대해서 말이다.

이 질문에 대한 답은 분명하다. 제사장이란 하나님 앞에서 사람을 나타내고 사람 앞에서 하나님을 나타내는 존재다. 제사장이란 하나님과 인간의 관계를 귀로 듣고 눈으로 보게 만들어 주는 사람이다. 제사장이란 하나님께 인간들의 소원을 말씀드리고, 사람들에게 하나님의 말씀을 제시하는 존재다. 하나님과 인간은 어떤 점에서, 아니 **모든** 점에서 서로 관계를 맺고 있다. 제사장이란 바로 그러한 실재를 말과 행동으로 드러내는 사람이다.

유대인들은 서로가 서로에 대해 제사장 역할을 하는 공동체가 되었다. 모든 이는 '하나님의 형상'으로서의 정체성을 배워 갔다. 각자가 하나님께 귀 기울이고, 그분의 은혜를 받으며, 그분의 계명에 순종하고, 그분의 약속을 받으며 살아가는 엄정한 신앙 생활을 훈련받았다. 이집트를 빠져 나와 홍해를 건너온 그들은 이제 자신과 주변의 모든 것을 하나님의 현존 및 활동과 연관지어 이해할 수밖에 없었다. 바로 이러한 인식이 있었기에 그들은 잘 하든 못 하든 상관 없이, 이미 제사장으로서의 **자격**을 갖추었던 것이다.

우리는 우리를 구원하시는 하나님을 너무 쉽게 잊어버리고, 우리와 함께하시는 하나님에게서 너무 쉽게 마음이 떠나가기에, 하나님을 기억나게 해주고 우리 앞에 하나님을 들이미는 역할을 해주는 제사장이 필요하다. 그것도 많은 수의 제사장이 필요하다. 바로 이러한 우리의 필요를 아시기에, 하나님은 우리를 제사장 나라에 두신 것이다. 그러나 그 제사장들의 대부분은 겉으로 보기에는 제사장처럼 보이지 않고 제사장 분위기를 풍기지 않으며 제사장처럼 차려 입지 않고 제사장처럼 말하지 않는다. 그러나 그럼에도 불구하고 그들은 분명 틀림없는 **제사장들**이다.

다윗이 바로 그러한 제사장이었다. 그는 단 한 번도 제사장이라고 불린 적이 없었다. 평생 동안 그는 우리가 낮추어 부르는 말로, **단순한** 평신도에 불과했다. 그러나 그의 평생 동안 주변 사람들은 그의 삶과 일을 통해 그들에게 전달된 하나님의 다스림과 은혜와 자비를 느낄 수 있었다. 다윗 이야기를 통해, 우리는 '**단순한**'이라는 형용사로 평신도를 과소 평가하는 관례에 대해 성경으로부터 준엄한 질책을 받는다.[6]

### ✤ 체트 엘링슨(Chet Ellingson)

신앙이라는 모험을 감행한 사람들 대부분은 평신도다. 그런데 왜 평신도들은 신앙 문제에 관해 꼭 공인된 전문가들―성직자들―의 지배 밑으로만 들어가려 하는지 모를 노릇이다. 목사인 나의 지도만 무작정 따르려 하는 이들을 대할 때마다, 나는 놀라움과 유감을 금치 못한다. 그 그리스도인들은 분명 '그리스도 안에서 새로운 피조물들'이며 그들 안에는 (막 거듭난 사람들이 보여 주는 보편적 특징인) 스스로 주님의 선하심을 맛보아 알고자 하는 갈망이 있다. 그런데 그들은 도대체 어디서 그처럼 스스로를 낮추어 보는 자기 이해를 얻게 된 것일까? 분명 성경이나 복음으로부터는 아니다. 그들은 바로 문화―세속 문화든 교회 문화든―에서 그러한 자기 이해를 얻게 된 것이다. 전문가로서의 특권과 힘에 애착을 갖고 있는 지도자들의 거창한 허세로 인해 그들은 그만 겁을 집어먹고, 그리스도 안에 있는 새로운 피조물로서 마땅히 누려야 할 영광을 포기하고 그저 가련한 소비자 신세로 전락한 것이다. 소비자는 그저 수동적인 존재일 뿐이다. 교회 장의자에 또 텔레비전 스크린 앞에 수동적으로 잠자코 앉아, 종교적으로든 세상적으로든 온갖 착취와 농락의 대상이 될 뿐이다.

그래서 나는 이런 문제에 관심이 있는—이미 세상을 떠난 사람도 있고 지금 살아 있는 사람도 있다—수많은 성직자들과 평신도들과 더불어 기독교 공동체에서의 전문가/일반인 구분을 철폐하는 일을 평생의 과업으로 삼기로 굳게 마음먹었다. 이를 이루는 데 있어서 내가 발견한 한 가지 중요한 방법은 주위에 있는 그리스도인들로 하여금 능동적이고 기도하는 상상력을 가지고 다윗 이야기 속으로 들어가 보게끔 만드는 것이었다. 그럴 때 그들은 모든 신앙 문제에서 평신도의 중요성과 중심성에 다시 눈뜰 수 있게 되었다.

■ ■ ■

어느 날 몇몇 친구들과 같이 저녁 식사를 한 적이 있다. 간단한 저녁이었다. 우리는 갓 구운 빵 냄새가 그윽한 방에서 푸짐한 토마토 수프와 나물로 맛과 멋을 낸 샐러드를 함께 들었다. 우리는 모두 그리스도인이었다. 식사 후 커피를 마시는 시간에 우리를 초대한 친구가 말했다. "자, 각자 돌아가면서 자신의 인생을 달라지게 만든 사람에 대해 이야기하는 시간을 갖는 게 어때? 그 사람의 말과 행동이 자신의 영성 형성에 어떤 영향을 끼쳤는지 말이야." 모두들 자신에게 그런 영향을 준 사람을 쉽게 떠올릴 수 있었다. 이내 이야기꽃이 활짝 피었다. 내 차례가 왔을 때, 나는 친구들에게 체트 엘링슨에 대해 이야기해 주었다. 그는 사춘기 시절에 내게 중요한 영향을 끼친 사람이었다.

체트 엘링슨은 나보다 열 살 정도 위였고 우리가 사는 도시에서 사업을 했으며 우리 부모님과 잘 아는 사이였다. 그 역시 그리스도인이었다. 하지만 교회에서는 늘 주변을 맴돌았다. 왜냐하면 그는 이혼한 경력이 있었고, 우리 교회 분위기상 이혼한 사람은 영향력 있는 지도자 위치에 올라가지 못했기 때문이다. 그는 종종 같이 사냥하러 가자고 나를 초대했다. 아직 어둑어둑한 가을 새벽, 그가 탄 뷰익(Buick)의 헤드라이트가 도착 신호를 알리면 나는 잽싸게 집 밖으로 뛰어나가 그의 차에 올라탔다. 우리는 30분 정도 차를 타고 간 후, 플래트헤드 강 습지의 사냥꾼 잠복 장소에 숨어서 청둥오리가 나오기를 기다렸다. 12구경 라이플 총을 들고 추위에 몸을 떨며 청둥오리가 나오기를 기다리면서 이야기를 나누는 동안 나는 마치 내가 어른이라도 된 듯한 기분을 느꼈다. 체트는 아직 어린 나에게 어른 대접을 해주었다. 아직 그런 대접을 받을 만하지 못했는데도 불구하고, 그는 나를 한 사람의 책임 있는 성인으로서 존중해 주었다. 우리들의 대화에는 '기독교적인' 색채가 깔려 있었다. 비록 교회에서 쓰는 말을 사용하지는 않았지만, 우리는 추위 속에서 예수님, 성령, 성경 등에 관해 지극히 자연스럽게 대화를 나눴다. 내가 기억하는 바로는 그는 단 한 번도 내게 훈계나 충고를 하려 하지 않았다. 아랫사람과 상대해 준다는 식의 태도나 권위주의적인 자세도 전혀 없었다. 우리가 함께 무슨 대화를 나누든 무슨 일을 하든, 거기에는 신앙이 깔려 있었다. 함께 총을 쏘고 노를 젓고 사냥감을 모을 때, 아니면 일을 할 때나 예배를 드릴 때나, 혹은 길에서 만나 가벼운 이야기를 주고받을 때조차도 말이다. 지금 생각해 보면 그는 미리 정해진 목적 의식을 가지고 나를 대하지 않았다. 나를 위해 무언가를 해야겠다는 생각도 갖고 있지 않았다(사실 그는 그가 내게 어떤 영향을 끼치고 있는지 전혀 인식하지 못했다). 그러나 그는 내가 미성숙에서 성숙으로 옮겨 가는 길에 그리고 "…온전한 사람이 되어, 그리스도의 충만하심의 경지에까지"(엡 4:13) 이르는 길에 다리가 되어 주었다. 비록 당시에는 내가 그런 말로 표현할 수 없었지만 말이다. 나는 그를 통해 '그리스도인다움'과 일치하는 성인다움을 접촉할 수 있었다. 사춘기의 혼란스럽고 불안정한 시기에 그와의 교제를 통해 스스로도 인식하지 못하는 사이 성인다운 그리스도인이 되어 가고 있었던 것이다.

각자 돌아가며, 신앙을 받아들이고 지속하는 일에서 자신에게 커다란(때로는 결정적인) 영향을 끼친 사람들에 대해 이야기하기를 다 마쳤을 때, 나는 그 이야기들 중 목사나 교수, 선교사 혹은 복음 전도자에 대한 이야기는 하나도 없다는 사실을 발견했다. 신앙을 갖게 하고 성장하게 하는 일에서 공식적으로 지도자로 인정받는 사람들—신앙 전문가들—이 우리들의 이야기에는 단 한 번도 등장하지 않았던 것이다. 아마 체트와는 달리 그들에게는 우리와 함께할 '시간'이 없었으리라. 우리 이야기에 등장한 사람들이 우리에게 해준 일은 다름 아니라 바로 지도자 역할이었다. 그들은 우리에게 동기를 부여해 주었고 길을 인도해 주었으며 교훈을 주었다. 그러나 그들 중 자신을 지도자로 인식한 사람은 아무도 없었다. 우리도 당시에는 그들을 그런 식으로 생각하지 않았다. 나중에 돌이켜보고 나서야 비로소 그들이 우리의 영성 형성에 끼쳤던 영향력을 깨닫게 된 것이다.

그 날 저녁에 나누었던 대화와 이야기들, 또 그와 같은 여러 다른 이야기들은 우리로 하여금 깊은 생각에 잠기게 한다. 그런 이야기에 목사와 전문가, 복음 전도자와 선교사가 전혀 등장하지 않는 것은 아니다. 그러나 조용히 삶을 돌이켜볼 때, 나는 내 인생 행로가 조금씩 바뀌어 왔던 계기는 사실 숱한 일상적인 만남들이었으며, 별 뜻 없이 나눈 대화들이 내게 새로운 통찰력을 주었으며, 사람들이 별다른 의도 없이 보여 주었던 태도와 행동들이 나로 하여금 우유부단함을 버리고 과감한 결단으로 나아가게끔 도와주었던 사실을 발견한다. 여기에 대한 실례들은 끝도 없이 많다. 예수님의 이름으로, 또 예수님을 위해 믿고 기도하며, 사랑하고 소망하며, 돕고 인내하며, 순종하고 희생하는 일상적인 신앙 생활에서 지금껏 내가 받아 왔고 또 지금 받고 있는 도움과 격려와 지혜의 대부분은, 사실 그런 일에서 비전문가로 여겨지는 사람들로부터 얻은 것이다.

그리고 나는 그러한 이야기들―그러한 **삶들**!―을 다윗 이야기라는 배경 속에 놓고 바라볼 때 그것들이 전에 없던 의미와 영적인 힘을 갖게 됨을 거듭 발견한다. 왜냐하면 다윗 이야기는 우리를 일상 속에 던져 넣어 담그는 이야기이기 때문이다. 성령님이 **우리들의** 구원 이야기를 쓰고 계신 장(場)인 우리의 일상 속으로 말이다.

### ✣ 이름

다윗의 선택과 기름부음에 관한 이 이야기에서 다윗이라는 이름은 끝에 가서야 비로소 제시된다(13절). 그로 인해 그 이름은 특별히 부각된다. 다윗이라는 이름이 이제 우리의 역사 속으로 들어온 것이다. 그 이름은 구약 성경에서 600번 이상, 신약 성경에서 60번 이상 반복되어 나타날 것이다.

개인의 이름은, 발아해서 장차 개인적인 이야기로 자라나는 씨앗과 같다. 이렇게 하여, 조용히 말하는 방식인 이야기는 모든 진리는 개인적이며 관계적이라고 주장한다. 하나님은 개인과 관계를 맺으신다. 즉 하나님은 **구체적인 이름을 가진** 개인들과 관계를 맺으시지, 결코 일련 번호나 추상적 개념이나 목표나 계획과 관계를 맺으시지 않는다. 이름 짓기와 이름 부르기는 언어가 최고로 순수하게 사용되는 형태다.[7]

다윗을 최초로 소개하는 이 이야기의 대미를 장식하는 것은, 그의 역할이나 지위에 대한 언급이 아닌, 바로 그의 이름이다. 우리 각자의 이름은 우리의 정체성에서 가장 공통적인 요소인 동시에 가장 개별적인 요소다. 우리 모두 이름을 갖고 있다. 하지만 각자는 오로지 자신에게만 해당되는 이름을 갖고 있다. 태어날 때나 세례 받을 때 우리는 일련 번호가 아닌 각자의 이름으로 불린다. 이름을 부른다는 것은 존중한다는 것이다. 이름을 부른다는 것은 선택한다는 것이다. 무시당하고 초대받지 못한 인물이었던 한 목동이 예언자와 성령에 의해 기름부음을 받은 후 마침내 이름으로 불리게 되었으니, 그 이름이 바로 **다윗**이다. 이야기는 여기서부터 시작된다.

# 3. 일
## 다윗과 사울

사무엘상 16:14-23

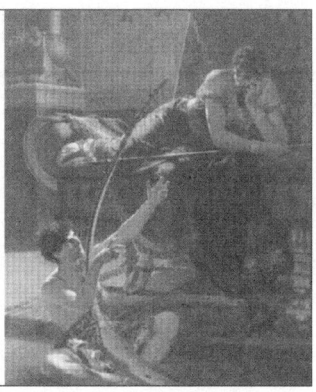

> 내가 진정으로 진정으로 너희에게 말한다.
> 나를 믿는 사람은 내가 하는 일을 할 것이요,
> 그보다 더 큰 일도 할 것이다.
> 그것은 내가 아버지께로 가기 때문이다.
> — 요한복음 14:12

사울 왕의 삶은 황폐해졌다. "사울에게서는 주의 영이 떠났고, 그 대신에 주께서 보내신 악한 영이 사울을 괴롭혔다"(삼상 16:14). 그의 정신과 정서는 혼돈에 빠져들었다. 사울이 처음 성경 이야기에 등장할 때의 모습은 굉장했다. 그는 엄청난 장신(長身)에다가 사랑스런 겸손을 지닌 인물이었다. 사무엘이 그에 대해 한 말은 결코 과장이 아니었다. "주께서 뽑으신 이 사람을 보라. 온 백성 가운데 이만한 인물이 없다." 백성들은 이 말에 동의하는 뜻으로 열광적인 함성을 질렀다. "임금님 만세!"(삼상 10:24) 모든 것이 밝은 내일을 약속하는 듯했다.

시작은 모든 것이 다 좋았다. 이스라엘의 첫 번째 왕으로 선택된 영예와 책임에도 불구하고 사울은 자만하지 않았다. 그는 여전히 늘 하던 농부 일을 계속했다. 사울이 '왕'을 어떻게 이해했는지는 몰라도 특권의 자리로 여기지 않았음은 분명하다. 그는 왕이라고 해서 노동에서 면제된다고 생각하지 않았다. 바야흐로 그의 통치 기간 중에 첫 번째 위기가 찾아왔고, 사울이 백성들에게 군사 원정을 통해 길르앗 야베스를 구하자고 소리를 높였을 때, 백성들은 한 사람도 우물쭈물하지 않고 일사 불란하게 그에 응했다. 즉위식 때 보여 주었던 충성심 그대로 어떠한 위험 속이라도 그를 따르겠다는 각오를 보여 준 것이었다. 첫 번째 군사 활동, 즉 암몬으로부터 길르앗 야베스를 구해 내는 일은 대단한 성공을 거두었다. 그리고 암몬에 이어 블레셋 족속을 패배시키는 일이 이어졌다.

시간이 지남에 따라, 사람들은 점차 사울이 장군으로서 탁월할 뿐 아니라 한 사람의 **인간**으로서도 훌륭하다는 사실을 알게 되었다. 첫 번째 승리 직후, 열광적인 충성심으로 사울을 추종하던 무리는 전에 그가 왕으로 뽑힌 것에 대해 못마땅하게 생각했던 '쓰레기 같은 놈들'을 다 쓸어 버리자고 소리를 높였다. 그러나 사울은 은혜와 관용의 정신으로 권력을 행사하는 사람이었다. 그는 그 제안을 거절했다.

사울은 어떤 적과 싸우든 그들보다 우월했고 연승을 거두었다(삼상 14:47). 하지만 모든 것이 그렇게 좋지만은 않음을 암시하는 징후들이 서서히 나타나기 시작했다. 사울이 잔인한 블레셋 족속과 야비한 아말렉 족속을 얼마나 멋지게 대파했는지를 말해 주는 이야기에서, 우리는 사울이 비록 지도력과 매력을 겸비했지만 하나님에 대해서는 그다지 관심이 없는 인물이었음을 보여 주는 표지들을 발견한다. 그는 점점 일에 빠져들기 시작했다. 일 자체는 잘 풀려 갔다. 믹마스에서 블레셋과, 그리고 시내산 지역에서 아말렉과 붙었던 전투는 완벽하고도 만족스러운 성공을 거두었다. 그러나 각각의 경우에 사울은 일을 수행하는 과정에서 하나님께 불순종을 저질렀고, 사무엘은 이를 지적하며 사울과 맞섰다(삼상 13:13; 15:19). 사실 겉으로 보기에 그 두 번의 불순종은 죄가 아니었다. 부도덕하거나 부정한 일을 저지른 것이 아니었기 때문이다. 게다가 군사 전략적인 측면에서 본다면 그 두 번의 행동은 모두 지극히 사리에 맞는 행동이었다. 사실 그 두 행위는 모두 군사 전략적인 사고에서 비롯된 것들이었다.

여기서 흥미롭고도 대단히 중요한 사실은, 그 두 번의 불순종이 모두 예배와 관련되어 있다는 점이다. 블레셋과의 싸움에서 저지른 불순종은 사울이 사람들을 단결시키고 전투를 준비시킬 목적으로 임의로 하나님께 예배를 드린 것이었고, 아말렉과의 싸움에서 저지른 불순종은 사울이—아말렉과 그 모든 소유물을 완전히 파괴하라는 하나님의 명령을 받았음에도 불구하고—하나님께 예배드릴 때 쓰려고 가장 좋은 짐승들은 죽이지 않고 남겨 두도록 허락했던 것이다. 그들이 정말로 그 짐승들을 희생 제사용으로 썼는지는 잘 모르겠다. 아마 아니었을 것이다. 중요한 것은, 사울이 백성들에게 부화 뇌동하면서 그들이 하나님의 뜻이 아니라 그들 나름의 뜻대로 하나님을 예배하도록 놔두었다는 사실이다. 겉으로 보기에는 하나님께 예배드리겠다는 마음이 그런 행동의 동기였던 것처럼 보이지만, 사실 사울의 우선적인 관심은 하나님이 아니라 사람이었음을 드러내는 행동이었다. 첫 번째 동기는, 사람들을 결속시키고 단합시키려는 것이었고, 두 번째 동기는 그들의 비위를 맞추려는 것이었다. 사울의 눈에는 하나님보다 사람이 더 크게 보였던 것이다. 사울은 일을 잘 하려고 노력했고, 일을 잘 하고 좋은 왕이 되는 방편으로 하나님을 끌어들인 것이다. 그러나 '하나님을 끌어들이는 것'은 완전히 본말이 전도된 행동이다. 사울은 하나님을 하나의 수단으로, 하나의 방법으로 대우했다. 하지만 하나님은 결코 인간에 의해 이용당하시는 분이 아니다.

사울은 하나님께 기름부음 받은 자로서의 일을 통해 하나님의 주권을 표현했어야 했다. 하지만 어느 때인가부터 스스로 주권을 책임지는 것이 그의 일이 되어 버렸다. 왕으로서 정치하는 일에만 빠져서 예언자로서의 사명을 완전히 망각하기에 이른 것이다. 그의 행동이 보여주듯, 그에게 예배와 일은 별개의 활동이 되어 급기야 후자가 전자를 부리게 되었다. 즉 일을 위해 예배가 도구화되는 지경까지 이른 것이다. 이는 치명적인 결과를 낳았다(반대로 예배를 위해 일을 도구화하는 것 역시 마찬가지로 치명적인 결과를 낳는다). 우리가 추구해야 할 것은 일과 예배, 예배와 일이 완전히 일치를 이룬 삶이다. 하나님이 모든 것의 주권자시다. 인간의 일은 일하시는 하나님으로부터 나온 것이다.

### ✢ 일하시는 하나님

성경에서 가장 먼저 만나게 되는 하나님의 모습은 일하시는 하나님, 창조자로서의 하나님이다.[1] 태초에 하나님은 일에 착수하셨다. 엿

새 동안 일하고 마지막 날 예배하는 삶은 피조 세계의 전체 영성을 이루는 기본 틀로서, 일하시는 하나님에게서 기원한 것이다(창 1:1-2:2). 두 번째 창조 이야기를 보면, 하나님은 남자와 여자를 동산에서 일할 일꾼으로 부르셨다(창 2장). 일은 영성 생활의 기본적인 환경이다. 아이들의 놀이란 대개 어른들의 일을 연습하는 놀이다. 우리는 놀이를 통해 어른들의 일을 배워 간다. 우리가 하는 놀이는 일종의 도제 과정인 셈이다. 영성 생활은, 우리에게 일거리가 주어지고 우리가 그 일에 착수할 때 비로소 시작된다.

따라서 우리는 일할 때 성령의 기름부음을 통해 하나님의 일에 참여하는 것이다. 예수님은 나사렛 회당에 서서, 이제 일을 시작하실 것이며 어떤 일을 하실 것인지 선언하시면서 이렇게 말씀하셨다. "주의 영이 내게 내리셨다.…내게 **기름을 부으셔서**…"(눅 4:18).

성경에서 기름부음을 받는다는 것은 하나님에게서 일거리를 받는다는 의미다. 즉 고용된다는 것이다. 이는 사실상 이런 말이다. "해야 할 일이 있다. 그것을 네게 맡기겠다. 그리고 너는 그 일을 **할 수 있다**." 기름부음은 우리의 일을 하나님의 일과 연결시켜 준다. 기름부음은 하나님의 일과 우리의 일을 이어 주는 성례전적(sacramental) 연결이다. 하나님은 일하는 분이시고 창조자이시다. 하나님은 무언가를 하신다. 그분은 **존재하시는** 분일 뿐 아니라 또한 **일하시는** 분이다. 더욱이 우리가 그분이 어떤 분인지를 알게 되는 것은 다름 아니라 그분이 하시는 일을 통해서다.[2]

다윗이 기름부음을 받고 나서 가장 먼저 한 것은 일하러 가는 것이었다. 그는 사울의 궁정에 들어가서 그의 심복이 되었다(삼상 16:21). 다윗이 어떻게 일했는지에 대한 이야기는 사울이 어떻게 일했는지에 대한 이야기를 배경으로 제시되고 있다. 사울은 기름부음을 받은 사람이긴 했지만 더 이상 그에 맞게 행동하지 않는다. 즉 기름부음에 맞추어 자신의 일을 하지 않는다. 이제 다윗이 기름부음을 받았다. 같은 일을 두고 두 명이 서로 비교되고 있는 셈이다.

**성령이…기름을 부으시고…**. 일은 그 기원이 하나님의 말씀과 행동에 있으며, 따라서 인간이 너무도 쉽사리 하나님처럼 될 수 있는 장이기 때문에, 인간에게 위험한 유혹의 장도 된다. 우리는 일을 잘 하거나 좋은 일을 할 때 정말 신과 같은 존재가 된다. 그래서 급기야 우리는 자신을 신이라고까지 생각하게 되기 쉽다. 자신을 신이라 생각하면 하나님이 필요 없게 된다. 적어도 하나님을 그다지 필요로 하지 않게 된다. 사울은 좋은 일을 하는 와중에 죄를 지었다. 사울은 하나님이 맡기신 일을 수행하는 와중에 그만 하나님께 기름부음을 받은 왕의 신분에서 몰락하고 말았다. 일은 성(性)보다 훨씬 많이 사람들을 유혹에 빠뜨린다. 다윗 이야기의 후반부에 가면 다윗이 성적인 유혹에 빠져 간음하는 사건이 나온다. 그러나 성과 관련된 다윗의 죄보다는 일에 관련된 사울의 죄가 더 파괴적이었다.

### ✣ 정육점의 제사장

나는 일과 예배가 사실상 구별되지 않았던 환경에서 자란 것을 늘 감사히 여긴다. 내게는 일과 예배가 한 세계의 다른 두 양상이었다. 내게 일의 세계는 곧 거룩한 장소였다.

아버지는 정육점 주인이셨다. 우리는 작은 마을에 살았는데, 우리 집은 아버지 가게에서 걸어서 얼마 걸리지 않는 거리에 있었다(사실 마을 전체가 걸어서 갈 수 있는 거리에 있었다). 나는 아버지가 일하시던 일터를 떠나서는 나의 과거를 회상할 수 없다. 나는 늘 아버지 곁에 있었고 아버지와 함께 일했다. 아주 어렸을 때는 직접 일을 하지는 않았다. 말하자면 나는 그 가게의 마스코트였다. 손님들은 나를 번쩍 들어올려 이리저리 흔들기도 하고 장난도 치면서 즐거워했다. 어쨌든 나는 그 일하는 **장소**에 있었고 그 곳의 일부였다.

우리가 예배드리던 장소는 우리가 일하는 장소와 그다지 다른 것이 없었다. 가게에서 늘 보던 똑같은 사람들이 모여 마찬가지로 넉넉한 마음으로 우애를 나눴다. 우리 교회는 작은 독립 교회였는데, 대개 노동자들과 사회의 주변인들로 구성되어 있었다. 마치 몬타나 주가 한쪽으로 기울어져서, 사회에 뿌리를 내리지 못하고 주변을 맴도는 사람들이 다 이 작은 마을로 쏠려 내려온 것 같았다.

나는 언제나 아버지를 제사장으로 생각했다. 아버지는 하얀 작업용 앞치마를 두르고 암소와 돼지를 잡아 내장을 뽑아 내고 고기를 자르셨다. 아버지는 늘 웃는 얼굴이셨고 가게에 들어오는 손님들마다 이름을 부르며 반갑게 맞이하셨다. 아버지 밑에서 고기 자르는 일을 하는 사람이 보통 두세 명 정도 있었는데, 어린 시절 나는 (서로를 '형제님', '자매님'이라고 불렀던 우리 교회 사람들과 마찬가지로) 그들도 진짜 우리 가족인 줄 알았다.

내가 네 살이 되자, 어머니는 아버지의 것과 똑같은 모양의 작업용 앞치마를 만들어 주셨다. 그리고 해마다 커지는 내 몸집에 맞추어 새로운 앞치마를 만들어 주셨다. 나는 어머니 한나가 실로의 성소에서 엘리 제사장과 함께 일하며 자라는 아들 사무엘을 위해 해마다 만들어 주었던 옷이 꼭 이런 디자인이었을 거라고 생각했다. 아버지는 우리 정육점의 제사장이셨고 나는 아버지의 제사장 일을 돕는 사람이었다. 우리 정육점은 축복의 장소였다.

우리는 그 곳에서 열심히 일했다. 해마다 힘이 더 세지고 성숙해 감에 따라 나는 그에 맞는 새로운 역할을 배우며 적절한 임무를 수행했다. 그리고 일의 존엄함과 일을 통해 얻는 만족을 배워 갔다.

우리가 다녔던 교회는 이야기를 들려주는 교회였다. 몇 년 동안 우리 교회에 계셨던 한 목사님은 성막, 성전, 유대인의 제사 제도에 도통하신 분이었다. 나는 그런 종류의 예배 세계를 이미 알고 있었다. 나는 짐승이 도살되고 바쳐지는 광경과 소리, 갓 흘린 피 냄새, 파리들이 날아다니는 소리 등을 경험하며 자랐다. 실로의 제단에 황소가 바쳐지는 모습은 중심가에 위치한 우리 가게 도마 위에 뿔 짧은 암소가 올려지는 모습과 크게 다르지 않았을 거라고 생각했다. 우리 가게는 염소를 잡지 않았고 또 비둘기 대신 그와 가장 가까운 종류인 닭을 잡았을 뿐이지만, 우리 가게에서 매일같이 드려졌던 예배는 유대인들의 예배처럼 신체의 오감이 총동원되고 자극되는 예배였다. 예배는 결코 말쑥하게 차려입고 점잔빼는 세계가 아니었다.

그런데 이상하게도 우리 가게에 어울리지 않았던 유일한 사람은 바로 우리 교회 목사님이었다. 목사님은 단골 손님은 아니었지만, 마을에 순회 전도자나 선교사가 오면 꼭 우리 가게를 방문했다. 그리고 아버지를 한쪽 구석으로 불러 내서 어깨에 팔을 얹고는 기도할 때 늘 내는 '영적인' 목소리로 말했다. "딘 형제, 주님이 내 마음에 말씀하신 것인데, 주님은 요즘 제대로 먹지 못한 그 가난한 종을 형제 가게의 좋은 스테이크 한 점으로 위로해 주기를 원하고 계신다네." 그러면 마음씨 좋은 아버지는 목사님에게 스테이크 두 점을 드리곤 했다. 아버지는 결코 불평하시지 않았지만, 점원 아저씨들은 서로 윙크를 하며 뭔가 안다는 듯한 표정을 지었다. 목사님이 이 신성한 일터에 너무도 어울리지 않아 보인다는 사실에 난 어리둥절해졌다.

그 후 25년이 지나고 이제 목사가 된 나는, 예배 장소에 들어오면 어떻게 처신해야 할지 모르는 사람들을 대하게 되었다. 그들은 바깥 세상에서 사용하던 어휘의 최소한 50퍼센트는 남겨 두고 예배당에 들어온다. 그들은 전혀 다른 어휘를 사용한다. 그들은 조금 긴장하기도 한다. 물론 모든 사람이 그런 것은 아니다. 그러나 그런 사람들이 많다는 것을 보고, 나는 그들에게 그들이 일할 때 쓰는 언어로 하나님의 말씀을 전하는 것이 내가 할 일임을 깨달았다. 만일 내가 그들에게 '교회에서 쓰는 말'로만 이야기한다면 그들이 어떻게 예수 그리스도의 복음을 제대로 듣고 이해할 수 있겠는가? 스테인드 글래스와 오르간 반주 분위기만 접한다면 그들이 어떻게 베들레헴의 말구유, 갈릴리의 고기잡이 배, 베드로의 욕설, 마리아의 눈물을 실감할 수 있겠는가? 골고다의 십자가는 말할 것도 없다. 체내 아드레날린 수치를 마구 증가

시켜 놓은 화요일의 사업 거래, 배우자에게 배신당한 것을 알게 된 수요일의 혐오감, 금요일 오후의 지루한 권태. 그리스도께서는 바로 이러한 일들을 재료로 삼아 구원 사역을 행하신다는 사실을 그들이 어떻게 깨달을 수 있겠는가? 만일 그들이 하나님의 말씀을 듣고 깨닫는 일차적 장소를 예배당이라고 생각하고 있다면 말이다. 물론 예배당은 반드시 필요하다. 하지만 우리가 매일 우리의 영성, 즉 성령님이 우리 안에 형성해 가시는 그리스도의 생명을 성장시키고 실천할 일차적 장소는 예배당이 아니다.

나는 여전히 목사로서, 사람들에게 하나님을 경험하고 예수님께 순종하며 성령을 받는 영성 생활의 일차적 환경은 바로 일의 세계라는 사실을 말하고 보여 주는—주장하는!—일을 계속하고 있다. 그리고 나는 이 일이 결코 쉽지 않다는 것을 늘 절감한다.

### ✣ 왕업

하나님께 기름부음 받은 다윗은 일의 세계로 들어갔다. 기름부음을 받기 전에 그는 목자로 일했다. 이는 복음을 표현하는 데 배경과 은유로서 많이 사용되는 직업이다. 그러나 이제 다윗의 일은 하나님이 맡기시고 하나님이 정해 주셨음이 분명히 보이는 일이 되었다. 이제 다윗이 하는 일은 왕업(kingwork)이었다.

다윗의 선택과 기름부음 사건 이후에 바로 이어지는 첫 번째 이야기는, 바로 그가 일터에서 일하는 이야기다. 현세를 사는 다윗의 영성은 이 첫 번째 직업과 함께 시작된다.

나는 모든 진정한 일을 나타내는 말로 **왕업**이라는 단어를 사용하고 싶다. 이 단어를 사용하는 이유는, 일 자체가 가진 본연의 존엄성에 대해 주의를 환기시키고, 우리의 일이란 본디 하나님의 일과 같은 종류의 일이라는 점을 강조하기 위해서다. 모든 참된 일, 모든 진정한 일은 왕업에 포함된다. 또 나는 진짜 일과 가짜 일을 구분하기 위해 이 단어를 사용한다. 인간을 파괴하고 기만하는 '일'은 가짜 일이다. 어떤 목적을 위해 힘을 기울였다고 해서 그 행동이 일이 될 수 있는 조건을 갖춘 것은 아니다.

일이란, 일을 통해 자신의 주권을 표현하시는 주권자 하나님에게서 비롯된 것이며 그 하나님을 나타내는 활동이다. 주권자는 혼돈에서 질서를 이루어 내며, 사물과 사람들의 존엄성을 지키기 위해 싸우며, 부정과 불행과 비참함에서 희생자들을 구해 내며, 정죄받고 저주받은 이들에게 용서를 베풀며, 병든 자들을 치유하며, 그 임재를 통해 대지와 사람들에게 존엄성과 영예를 부여하는 일 등을 한다. 하나님의 주권은 추상적인 것이 아니다. 하나님의 주권은 일하는 주권이며 일을 통해 표현되는 주권이다. 본디 인간이 하는 모든 일은 주권자 하나님이 하시는 일의 연장이요 거기에 참여하는 활동이어야 했다.

시편 기자가 하나님의 창조물 가운데서 인간이 얼마나 고유한 위치를 차지하고 있는지 사색하면서 주목하도록 선별해 낸 것은, 다름 아니라 인간이 하는 일이었다. "주께서는 사람을 하나님보다 조금 못하게 지으시고…주께서 손수 지으신 만물을 사람이 다스리게 하시고, 모든 것을 사람의 발 아래에 두셨습니다"(시 8:5-6). 하나님이 일하시니 우리도 일한다. 우리는 이러한 상관 관계를 우리의 일터에서 인식한다. 왕업은 본질적인 일로서 주권을 나타낸다.

찰스 윌리엄스(Charles Williams)의 소설 「황홀경의 그림자」(Shadows of Ecstasy)에 이런 이야기가 나온다. 주인공들은 폭도들로부터 한 아프리카인을 보호하고 있었는데, 알고 보니 그 아프리카인은 왕이었다. 하나님께 기름부음 받은 일의 세계, **왕업** 곧 "공허한 말에 지나지 않던 것을 생생한 실제로 만드는 일"은 그들에게 낯선 것이었다. 그런 그들에게 왕의 힘이 미친 것이다. "몇 분 동안 검은 피부의 낯선 왕이 방에 모습을 드러냈고 사람들은 줄루 족장의 강한 힘과 확신에 압도당했다." 그러나 한 사람, 로자몬드만은 "갑자기 위엄과 권위를 지닌 인물—스스로를 대단히 신뢰하며 그녀 가까이에서 활동하는—을 의식하게 되자 당혹스러워했다." 그녀는 자신의 집에 왕이 있는 것이 싫었다. 그녀는 시시한 잡담이나 나누는 편안한 생활로 돌아가고 싶었다. 그러나 이 아프리카 왕 앞에서는 모든 것이 예전 같을 수 없었다.[3]

일에는 존엄성이 깃들여 있다. 일에는 왕업으로서의 위엄이 깃들여 있다. 거룩한 소명으로서의 일을 회복하는 것은 우리 그리스도인들에게 맡겨진 주된 임무다. 모든 그리스도인의 직업은 거룩한 직분이다.[4]

## ✣ 왕을 섬기는 왕

다윗 이야기는 또 다른 이야기 가운데서 시작되고 있다. 이야기란 원래 그렇다. 배경 이야기 없이 시작되는 인생 이야기는 없다. 우리가 앉은 자리에는 이미 낙서가 있고 잉크가 묻어 있고 커피 쏟은 흔적이 남아 있다. 사울은 모든 것을 엉망으로 만들어 놓았다. 그야말로 엉망진창이었다. 그는 받은 사명을 망쳐 버렸다. 다윗은 사울이 망쳐 놓은 그 일을 바로잡으라는 임무를 부여받았다.

다윗은 사무엘에 의해 왕으로 기름부음을 받았지만, 그 후 20여 년 동안 왕으로서 인정받지 못했다. 그 20년 동안 그는 왕 같아 보이지 않는 왕이었던 것이다.

다윗이 왕으로서 한 첫 번째 일은 나쁜 왕을 섬기는 일이었다. 그는 기름부음을 받은 후 사울 왕의 궁전에 들어가 종이 되었다. 그러나 그의 경우에, 종이 되는 것과 왕이 되는 것은 반대가 아니었다. 그에게는 종으로서의 섬김이 단순히 왕으로서의 통치를 위한 **도제 과정**이 아니었다. 즉 이는 어떤 회사의 총수의 아들(따라서 차기 총수)로 하여금 회사가 어떻게 돌아가는지를 배우게 하기 위해 회사의 가장 밑바닥 일부터 해 보도록 하는 경우와는 달랐다. 다윗에게, 종으로서 섬기는 일은 그 자체가 이미 왕으로 통치하는 일이었다. 그는 종인 동시에 왕이었다. 사울의 궁정에서 다윗은 왕을 섬기는 왕이었던 셈이다. 우리가 왕으로 경배하는 예수님도 인생의 대부분을 목수 일을 하며 보내셨다.

이처럼 모든 진정한 일에는 섬김과 통치라는 두 요소가 하나로 결합되어 있다. 통치는 우리가 하는 일의 내용이며, 섬김은 우리가 그 일을 하는 방식이다. 모든 선한 일은 참된 주권적 통치의 발현이다. 그리고 그 주권을 가장 바르게 행사할 수 있는 길은 바로 섬김이다.

좋은 일을 맡았다고 해서 좋은 일을 하게 되지는 않는다. 우리가 맡은 옳은 역할이 우리가 옳다는 것을 보장해 주지는 못한다. 예를 들어, 사울은 이스라엘의 첫 번째 왕이라는 좋은 일을 맡았지만 그 일을 감당하는 데 실패했다. 우리의 일이나 지위가 의롭다고 해서 우리가 의로운 것은 아니다. 사울과 다윗은 둘 다 하나님의 영으로 기름부음 받아 정체성을 부여받았다. 그들은 둘 다 좋은 일을 맡았다. 그러나 좋은 일을 맡았다는 것이 곧 좋은 일을 하게 된다는 뜻은 아니다. 똑같은 일을 수행하는 데 사울은 실패했고 다윗은 성공했다. 직업은 중요하다. 일은 중요하다. 하지만 이 세상에 일 자체만으로 하나님의 목적을 완벽하게 이루는 경우는 하나도 없다. 소명을 따라 사는 삶의 열쇠, 즉 '하나님의 부르심'을 받고 성령의 기름부음을 받아 사는 삶의 열쇠는, 어떤 직업이나 일을 맡았느냐가 아니라 어떤 환경에 있든지 우리가 그 일을 왕업으로 행하느냐이다.

왜 우리는 처음 만난 사람에게 먼저 직업을 묻는가? "무슨 일을 하십니까?" 이는 우리가 서로를 알고자 할 때 늘 던지는 질문이다. 그 이유는 이렇다. 직장, 직업, 하는 일 등은—보통 동시에—두 가지 역할을 하기 때문이다. 우선, 우리가 하는 일은 우리 자신의 본질을 드러내 준다. 즉 우리의 가치관을 표현해 주고, 우리의 도덕관을 드러내며, 하나님의 형상대로 창조된 인간다운 삶이 무엇인지에 관해 우리가 어떤 신념을 갖고 있는지 보여 준다. 그러나 반대로 일은 우리의 진정한 정체성을 감추는 역할을 하기도 한다. 일은 우리가 다른 사람들이 우리에게서 보고 우리에 대해 믿기를 바라는 무언가를, 그러나 실제로 우리는 그렇게 되는 데 관심도 없는 무언가를 선전하는 간판으로도 사용될 수 있다. 우리들 대부분에게 직업은 이러한 두 가지 역할을 동시에 한다. 즉 드러내기/표현하기와 감추기/위장하기 역할을 동시에 하고 있다. 우리는 상대를 알고자 할 때 그의 직업이 진정한 그 자신을 숨기는 역할을 하는지 아니면 그를 정직하게 표현하는 역할을 하는지 알고 싶어한다.

다윗이 왕으로서 했던 첫 번째 일은 음악 연주를 통해, 혼돈에 빠진 사울의 정신과 감정에 다시 하나님의 질서를 세우려고 시도하는 것이었다. 혼돈 가운데 질서를 세우는 일이야말로 왕업의 기초다. 왕업을 하는 이들이 갖는 가장 기본적인 경험은 아마 음악일 것이다. 음악—리듬과 화음과 조화를 만들어 내는 일—은 모든 일의 핵심이다. 왕업을 행하는 사람들은 어떤 직업에 종사하든지 휘파람을 불며 일한다.

# 4. 상상력
## 다윗과 골리앗

사무엘상 17장

> 예수께서 그들에게 대답하셨다. "내가 진정으로 너희에게 말한다.
> 너희에게 겨자씨 한 알 만한 믿음이라도 있으면,
> 이 산더러 '여기에서 저기로 옮겨 가라!' 하면 그대로 될 것이요,
> 너희가 못할 일이 없을 것이다."
> – 마태복음 17:20

나는 이 믿기 어려운 놀라운 광경을 숨죽이고 지켜보고 있다. 시냇가에 무릎을 꿇고 있는 다윗. 그는 무릎을 꿇고서 매끄러운 돌 다섯 개를 골라 하나씩 촉감과 무게와 크기를 가늠해 보고 있다. 그는 엘라 골짜기의 가운데 있다. 골짜기의 양편에 각각 군집해 있는 블레셋 군대와 이스라엘 군대로부터 훤히 보이는 지점인 그 시냇가에서 그는 아무런 은폐물도 없이 노출된 채 무릎을 꿇고 있는 것이다. 그는 가냘픈 어린 목동에 불과했다. 그는 완전히 무방비 상태다. 그 계곡은 온통 적대감으로 가득 차 있다. 모두가 창을 들고 있거나 칼을 갈고 있고 당장이라도 상대를 쳐죽일 태세를 갖추고 있다. 엘라 골짜기는 두려움과

증오와 오만이 부글부글 끓고 있는 도가니였다. 당장이라도 피바다로 변할 것 같은 분위기였다. 그런데 다윗은 위험은 생각하지도 않는 듯 긴 창과 번득이는 칼이 숲을 이루고 있는 것에도 아랑곳하지 않고 시냇가에서 무릎을 꿇었다. 시냇가 주변 풀밭에는 미나리아재비 꽃이 피어 있다. 나비 한 마리가 수선화 위에 가만히 앉아 있다. 꿀벌 한 마리가 민들레에서 달콤한 음료를 빨아 마시고 있다. 태양 빛이 반짝반짝 부서지는 시냇물 위로 수염도 나지 않은 주근깨투성이인 다윗의 얼굴이 비친다. 믿을 수 없게도 그의 입가에는 엷은 미소마저 감돌고 있다.

이 얼마나 기이하고 놀라운 광경인지! 계곡의 양쪽에 서 있는 두 거인—블레셋 쪽의 골리앗, 이스라엘 쪽의 사울—사이에서 다윗은 지금 무릎까지 꿇고 있는 것이다. 사울은 진짜 거인은 아니지만 몸집이 상당히 컸다. 성경이 말하기를 그는 다른 사람보다 어깨 위나 더 컸다고 했다.

### ✣ 가장 위대한 동화

다윗과 골리앗 이야기는 어린이들이 가장 좋아하는 이야기 중 하나다. 이 이야기는 다윗에 대한 첫 번째 본격적인 이야기이자 가장 기억에 남는 이야기다. 다윗 이야기를 아는 사람이라면 누구나 골리앗과의 싸움 이야기를 알고 있다. 성경을 읽어 본 적이 없는 사람들이나 성경이란 것이 있다는 말도 제대로 들어 보지 못한 사람들도 다윗과 골리앗 이야기는 알고 있다.

다윗과 골리앗 이야기는 위대한 동화다. 이 이야기는 중대한 의미를 담고 있다. 딱히 무어라 말로 정의할 수는 없지만, 세상을 잘 헤쳐 나가기 위해 모든 어린이가 반드시 배워야 할 의미가 이 이야기 속에 담겨 있다.

그러나 우리가 한 번 이 이야기를 배우고 그 안에 담겨 있는 의미를 내 것으로 동화시켰다고 해서, 이 이야기가 필요 없어지는 것은 아니다. 이야기를 배우는 것은 구구단을 배우는 것과는 다르다. 일단 3×4=12라는 것을 배웠다면, 우리는 그 식을 배운 것이고 그것이 전부다. 그 사실은 변하지 않는다. 그 정보는 우리 기억 속에 저장되어 필요할 때 이용할 수 있다. 그러나 이야기는 가만히 고정되어 있지 않다. 이야기는 시간이 지남에 따라 자라나고 깊어진다. 그 의미가 달라지지는 않지만 더 성숙해진다. 예를 들어, 사랑의 의미를 한 번 배웠다고 해서, 이제 사랑에 대해서는 다 배웠으니 컴퓨터 과학 같은 다른 과정으로 넘어가야겠다고 생각하는 사람은 아무도 없을 것이다.

그렇다. 우리는 계속해서 같은 옛날 이야기를 반복해서 들려준다. 이는 구구단을 반복하는 것과는 다르다. 이야기는 계속해서 새로운 상황에 맞게 새로운 통찰을 가져다 준다. 우리가 이야기 속에 새로운 경험과 통찰을 가져오면, 그 이야기는 그만큼 더 풍성해져서 신선한 이야기가 되어 다시 우리 삶에 풍성함을 가져다 준다.

그러므로 다윗과 골리앗 이야기는 어린이들에게 중요한 만큼 성인들에게도 중요하다. 많은 성인의 삶을 매우 빈곤하게 하는 요인 중 하나는 어린이 이야기의 부재, 즉 더 이상 동화를 읽지도 않으며 들려주지도 않으며 듣지도 않는 것이다.

## ✣ 성인 이야기로서의 동화

나는 모든 위대한 이야기는 동화에서 출발한다고 주장한다. 아동기는 세계의 근본(ground)을 알아 가는 시기이기 때문이다. 우리는 그러한 기본에 기초해 살아간다. 아무리 나이를 많이 먹고 성숙해도 우리는 결코 그 기본으로부터 졸업하지 못한다. 동화는 우리로 하여금 먹고 자며, 걷고 뛰며, 놀고 일하며, 싸우고 사랑하며, 욕하고 축복하며 살아가는 우리 삶의 근본에 접근하게 만든다.

나이가 들면서, 키가 땅/근본(ground)에서 조금씩 높아짐에 따라, 우리는 그 땅/근본을 조금씩 덜 의식하게 된다. 우리는 기본에 익숙해지고 능숙해짐에 따라 그것을 덜 의식하게 된다. 그러나 그렇다 해도 결코 그 기본으로부터 독립할 수 없다. 이는 존재의 모든 영역에 적용되는 사실이다. 물질의 기본은 공기와 물, 흙과 불이다. 영성의 기본은 신뢰와 사랑, 소망과 자비다. 정서의 기본은 두려움과 기쁨, 평화와 불안이다. 지능의 기본은 묻기와 말하기, 이름짓기와 숫자 매기기다.

우리는 결코 그러한 기본에서 벗어날 수 없다. 하지만 그에 대한 감각은 잃어버릴 수 있다. 처음 그러한 기본을 경험할 때는 그것을 듣고 보며 느끼는 우리의 감각이 강렬했다. 그러나 시간이 지나고 다른 관심사들이 생겨남에 따라 우리의 지각은 둔해졌다. 그러나 그럼에도 불구하고 기본은 여전히 기본이다.

어린 시절의 우리는 모두 탐험가이고 모험가다. 모든 어린이가 콜럼버스, 마르코 폴로, 갈릴레오 그리고 다윗이다. 세상은 너무도 넓고 놀라움으로 가득 차 있다. 보고 맛보고 들을 것이 너무도 많다. 우리는 바위와 동물, 풀잎과 꽃을 발견한다. 우리는 둥근 것과 네모난 것, 거대한 것과 작은 것 등의 여러 다양한 생김새를 보고 마냥 신기해한다. 손가락으로 거친 것과 부드러운 것, 마른 것과 젖은 것을 만져 본다. 혀와 코는 단 맛과 쓴 맛, 순한 냄새와 톡 쏘는 냄새가 무엇인지 배운다.

부모들은 이러한 탐구와 발견을 북돋우기 위해 아이들에게 장난감을 사 준다. 장난감은 아이들이 안전하게, 최소한 길거리나 숲 속을 헤매는 것보다는 안전하게 세상을 실험해 볼 수 있게끔 해주는 수단이다. 우리는 두 살 먹은 아들을 소방서로 보내 소방차에 올라타서 여러 가지 질문으로 소방관 아저씨들을 괴롭히게 하기보다는, 작은 소방차 장난감을 사 주어 아이가 식탁 아래 앉아서 사람들을 구출할 수 있게 해준다. 세 살 먹은 딸아이를 곰이나 오소리를 찾아 숲으로 가게 하기보다는, 동물 인형을 사 주어 그 아이가 동물들에게 잡아먹히지 않고도 그것들을 만져 볼 수 있게끔 해준다.

우리는 이러한 탐구의 과정에서 세상에는 크기와 모양, 색깔과 질감 이상의 무엇이 있음을, 즉 의미와 목적, 선과 악이 있음을 배우게 된다. 모든 것의 표면 뒤에는 무언가가 감추어져 있다. 보이지 않고 들리지는 않지만, 우리가 보고 듣고 만질 수 있는 것들만큼, 아니 어쩌면 그것들보다 더 실제적인 무언가가 감추어져 있다. 이야기는 우리가 이처럼 표면의 뒤와 무대 이면에 감추어져 있지만, 오감을 통해 파악되는 것들만큼 사실적이고 현실적인 실재들을 탐구할 때 사용하는 주된 수단이다. 이야기는 장난감만큼이나 우리에게 중요하다.

이야기는 선과 악, 사랑과 미움, 용납과 거절 사이의 긴장을 알아

보고 탐구하는 상상력을 성장시킨다. 세상은 위험하고 무시무시한 곳이다. 골디락스 이야기(Goldilocks, 곰 세 마리가 사는 집에 들어간 금발 소녀의 이야기-역주)는 그러한 어두운 실재를 잘 알게 해준다. 가장 가까운 사람들이라 하더라도 종종 우리의 진면목을 알아보지 못한다. 신데렐라 이야기는 존재하는지도 몰랐던 나의 가능성이 펼쳐지는 이야기다. 무엇이 좋고 무엇이 싫은지에 대해 언뜻 내리는 판단은 그릇된 것일 때가 많다. 쥬스(Seuss) 박사의 「녹색 달걀과 햄」(Green Eggs and Ham)은 무엇이 좋고 무엇이 싫은지에 대한 예측이 놀랍게도 실상과는 정반대일 때가 있을 수 있음을 알도록 해준다. 분명 우리에게 세상의 의미를 들려주는 이야기들은 세상이 어떻게 움직이는지 보여 주었던 장난감들만큼이나 우리가 성장하는 데 필수적이다.

### ✣ 하나님께 사로잡힌 상상력

다윗 이야기의 주제는 인간이 되는 것이다. 인간이라는 것, 인간이 **되어 간다**는 것, 진정한 여자, 진정한 남자가 된다는 것은 무엇을 의미하는가? 진짜 나 자신이 되고 성장하기 위해 우리가 해야 할 일은 무엇인가? 앞에서 살펴본 첫 번째 이야기, 즉 베들레헴을 방문한 사무엘이 이새의 여덟 아들 중 새로운 왕을 선택한 이야기에서 우리가 배운 것은, 스스로 생각해 보아도 또 가족과 친구들이 생각하기에도 도무지 있을 법하지 않은 일이지만 놀랍게도 우리 자신은 하나님이 그분의 목적을 위해 선택하고 뽑으신 존재라는 사실이었다. 두 번째 이야기에서 다윗은 사울의 궁정에서 하는 일의 세계로 뛰어들었다. 하나님의 목적이 우리 삶 가운데 펼쳐지는 장소는 바로 우리가 왕업을 수행하기를 배우는 우리의 일터다. 이제 세 번째 다윗 이야기에서 우리는 우리의 상상력이 골리앗에게 사로잡히는 대신 하나님께 사로잡히기를 택해야 하는 문제에 직면한다. 이 세 이야기는 함께 모여 마치 삼각대와 같은 밑판 역할을 한다. 나머지 다윗 이야기들은 모두 이 밑판 위에 얹히게 된다.

다윗이 에베스담밈에 도착해 엘라 골짜기에 위치한 사울의 진지에 들어갔을 때 그 곳을 온통 압도하고 있던 존재가 있었다. 바로 골리앗이었다. 2.1미터 정도 되는 그 거인은[1] 11킬로그램이 넘는 창을 마치 치어 리더용 지휘봉인 양 가볍게 휘둘렀고, 사람들은 그 모습에 오금이 저렸다. 이스라엘인들은 날마다 계곡 건너편에서 들려오는 조롱과 위협에 조금씩 더 움츠러들고 있었다. 골리앗—그의 체구, 야만성, 잔인성—이 그 계곡의 중심이었다. 모든 사람은 다 골리앗 주위에 움츠리고 있는 존재에 불과했다.

골리앗에게 압도당한 타락한 상상력은 다윗을 보잘것없게 여겼다. 골리앗을 경외하는 사람들은 다윗을 멸시했다. 형들은 빵 열 덩어리와 치즈 열 덩어리를 들고 찾아온 다윗을 무시하고 우습게 여겼다. 골리앗을 쳐다보느라 그들의 상상력이 너무나 피폐해졌기에, 그들은 동생의 우애조차도 보지 못하고 반길 줄 몰랐던 것이다.

악에 의해 우리의 상상력이 지배당하고 우리의 사고 방식이 좌우되며 우리의 반응이 결정되는 순간, 우리는 선한 것과 참된 것과 아름다운 것을 볼 수 없게 된다.

그러나 다윗은 골리앗에게 사로잡힌 상상력이 아니라 하나님께 사로잡힌 상상력을 가지고 엘라 골짜기에 등장했다. 그는 사람들이 그 이교도 거인 앞에서 웅크리고 있는 것을 도무지 이해할 수 없었다. 아니, 이들은 살아 계신 하나님의 군대가 아니었던가? 다윗이 보기에 그가 관계를 맺어야 할 실재는 오직 하나님뿐이었다. 다윗이 알고 있는 세계, 그 진짜 세계에서는 거인 같은 것은 대수롭지 않은 존재였다.

다윗은 베들레헴 언덕과 풀밭에서 아버지의 양을 돌보면서, 하나님이 얼마나 위대하시고 또 가까이 계신 분이신지를 깊이 체험할 수 있었다. 그는 양을 지키며 사자와 곰과 싸우는 과정에서 하나님의 능력을 경험할 수 있었다. 하나님의 임재를 철저히 연습해 온 그에게는, 들리지 않는 하나님의 말씀이 들리는 사자의 포효보다 훨씬 더 실제적이었다. 평상시 늘 하나님의 장엄하심을 경배해 온 그에게는, 보이지 않는 하나님의 사랑이 보이는 곰의 사나움보다 훨씬 더 실제적이었다. 기도하고 노래하며, 묵상하고 찬미하는 가운데 형성된 그의 상상력 속에는 양, 곰, 사자를 모두 압도하는 더 크고 거대하며 강한 무언가가 자리잡고 있었다. 바로 하나님이었다.

그는 철저히 하나님께 사로잡힌 상상력을 갖고 있었기에 에베스담밈에서 벌어지고 있는 광경을 도무지 이해할 수 없었다. 골리앗이 무섭다니! 골리앗 공포증이라니! 골리앗이 무서워 맥을 못 추고 있는 사울과 그의 군대는 다윗이 보기에 끔찍한 영혼의 병, 콜레라보다 더 심한 병에 걸려 있었던 것이다.

## ✥ 시냇가에서 무릎 꿇기

나는 상상해 본다. 다윗이 던질 돌을 고르며 시냇가에서 무릎을 꿇고 있다. 본문은 그가 무릎을 꿇었다고는 말하지 않고, 다만 시냇가에서 "돌 다섯 개를 골랐다"(삼상 17:40)고만 말한다. 그러나 그는 돌을 고르기 위해 분명 무릎을 꿇었을 것이다. 나는 그가 무릎을 꿇고 있는 모습을 상상한다. 시냇가에서 무릎을 꿇고 있는 다윗. 다윗은 그 날 건강한 영혼을 가진 유일한 인물이었다.

다윗은 전에 이 시냇가에 와 본 적이 없다. 그는 전에 엘라 골짜기에 와 본 적이 없다. 그는 전에 거인을 본 적이 없다. 그는 전쟁터에 나가 싸워 본 적도 없다. 그런데 그는 어떻게 자신이 무엇을 해야 할지 알았을까? 그리고 왜 그는 이 특별한 자세를 취했을까? 시냇가에서 **무릎을 꿇는** 자세말이다. 어떻게 그는 그 날 그 자리에 전혀 적합하지 않은 행동을 서슴지 않고 할 수 있었을까? 무릎을 꿇은 사람은 걷거나 뛸 수 없다. 무릎을 꿇은 사람은 무방비 상태가 된다. 무릎을 꿇은 사람은 주변 상황을 제대로 파악할 수 없다.

골리앗은 무릎을 꿇은 다윗을 경멸한다. 그는 이스라엘 사람들 앞에서 다윗을 '막대기'라고 부르며 우습게 여기고 조롱한다. "막대기를 들고 나에게로 나아오다니, 네가 나를 개로 여기는 것이냐?"(삼상 17:43). 그는 계곡 맞은편을 향해 욕설을 퍼부었다. 온갖 추하고 고약한 잡신들의 이름으로 퍼부어 대는 그 욕설들은 마치 박격포 소리와 같이 다윗과 이스라엘 군대의 귀를 강타했다.

계곡 왼쪽의 사울 왕은 무릎을 꿇고 있는 다윗이 걱정스럽다. 그는 나름대로 도움을 주기 위해 조금 전 다윗에게 자신의 갑옷을 입혀 주기도 했다. 그는 다윗의 머리에 구리 투구를 씌우고 철 갑옷을 입히고 자신의 칼을 주었다. 다윗은 그 칼을 가죽끈으로 허리에 매었다. 다윗은 전에 그런 옷차림을 해 본 적이 없었다. 처음에는 너무도 좋은 생각 같았다. 사울의 갑옷을 입는다니! 임금님의 무기를 든다니! 그 막중한 임무를 수행할 사람을 위해 이보다 더 적절한 장비는 없는 듯했다. 그런 차림을 하는 것을 최고의 영광으로 여기지 않을 이스라엘인이 어디에 있겠는가? 그러나 다윗은 그런 차림을 하고는 도무지 몸을 움직일 수가 없었다. 거추장스런 철 갑옷의 무게에 눌려, 그는 둔하고 어색하게 뒤뚱거리며 걷게 되었다.

### ✣ 사울의 갑옷

사울이 좋은 의도로 그렇게 한 것임에는 틀림없다. 다윗을 돕고 싶은 마음에 자신이 아는 최선의 방법을 제시한 것이다. 그 최선의 방법이란, 갑옷을 껴입고 중무장을 하고 성능이 입증된 무기를 드는 것이었다.

이런 일은 엘라 골짜기, 즉 어떤 아마추어가 전문가들이 주름잡는 영역에 들어가고자 할 때 흔히 일어나는 일이다. 주변 사람들은 모두 걱정하며 우리를 돕겠다고 나선다. 갑옷을 입혀 주고, 임무를 위해 필요하다고 생각되는 온갖 장비를 가져다 준다(정작 그들 자신에게도 별 도움이 되지 못했던 것처럼 보이는데도 말이다). 그리고 충고를 해준다. 지침을 준다. 우리를 훈련 워크숍에 보낸다. 또 책을 한 아름 안겨 준다. 이들은 진정으로 우리를 염려해 주는 사람이며 우리는 그런 애정에 감동을 받고 그 지식과 경험을 존경해 마지않는다. 그래서 우리는 그 조언에 귀를 기울이고 그들이 하라는 대로 해 본다. 그러고 나면 우리는 얼마 못 가 도무지 움직일 수 없게 된 자신을 발견하게 된다.

그 날 다윗의 행동은 쉬운 일만은 아니었다. 다윗은 사울 왕을 사랑했다. 그는 사울 왕을 존경해 마지않았다. 그는 사울 왕의 시중을 드는 자였다. 사울은 화려하고 강력한 왕이었다. 사울 왕은 다윗을 사랑했고 최선을 다해 그를 도우려 했다.[2] 그러나 이 모든 호의에도 불구하고 다윗은 투구를 벗고 칼을 풀고 갑옷을 벗어 버렸다. 전문가의 도움을 거절한다는 것은 결코 쉬운 일이 아니었다. 그러나 만일 그가 사울의 갑옷을 입고 골리앗과 싸우러 나갔다면, 끔찍한 재난을 초래했을 것이다. 다른 사람에게 빌린 무기는 늘 그런 재난을 초래한다. 다윗에게 필요했던 것은 그 자신에게 맞는 무기였다.

나는 이 장면에서 큰 감동을 받았다. 다윗은 자신에게 맞지 않는 방법으로(사울의 무기를 이용해서) 일을 하라는 제안을 거절할 만큼 참으로 신중했고 참으로 대범했다. 그는 목동 시절에 자신이 익숙하게 다루었던 무기(물매와 돌멩이들)만을 사용할 만큼 참으로 신중했고 참으로 대범했다. 마침내 그는 거인을 쓰러뜨렸다.

우리가 하는 일만큼이나 그 일을 하는 방식도 중요하다. 방법 역시 우리의 기도와 신조에 맞고 일치해야 하며 어울려야 한다. 퀘이커 교도 아이작 페닝톤(Isaac Pennington)은 이렇게 외치곤 했다. "당신을 인도해 줄 무언가가 당신 가까이 있다. 그러니 부디 그것을 기다리라. 그

4. 상상력 _ 다윗과 골리앗

리고 꼭 붙들라."³⁾

다윗은 사울의 갑옷을 벗어 던졌다. 그리고 간단한 차림으로 발걸음도 가볍게 큰 소란을 벗어나 엘라 골짜기로 걸어갔다. 그리고 시냇가에서 무릎을 꿇었다.

그 순간 시냇가에 무릎을 꿇고 있는 다윗의 모습은 우리에게 절대적으로 중요한 무언가를 보여 준다. 우리는 풍부한 상상력을 지니고서 우리의 무릎으로 살 것인가, 아니면 그저 관습적으로 남들을 따라 살 것인가? 나는 하나님이 창조하시고 성령님이 기름부으시고 예수님이 구원하신 존재로서 살 것인가, 아니면 사실은 별 볼일 없는 전문가들에게나 기대고 의지하며 살 것인가? 골리앗 공포증과 하나님, 둘 중의 무엇이 우리 삶의 행로를 결정짓게 할 것인가? 사울을 올려다보며 살 것인가, 아니면 하나님을 바라보며 살 것인가?

### ✤ 위기의 순간

그 순간은 다윗뿐만 아니라 믿음 없는 형들—엘리압, 아비나답, 삼마 등—과 사울, 이스라엘 전체 그리고 지금 우리 모두까지 포함한 하나님의 백성 전체에게 위기의 순간이었다. 이유는 이렇다. 당시 이스라엘의 신앙 전통은 파괴되고 그 영성은 무용지물이었다. 위대한 족장들, 출애굽, 광야 전통은 모두 유목 문화를 배경으로 발달한 것들이다. 그러나 이제 하나님의 백성은 농사를 짓고 도시에 사는 문화 속에 살고 있다. 하나님의 권능을 받은 사사들이 찬란한 빛을 발하던 시대가 가고, 이스라엘은 무정부 상태로 와해되었다. 군주제를 통해 그러한 혼돈으로부터 다시 질서를 세워 보려 했던 노력도 이미 실패로 기울었다. 다윗이 시냇가에 있었던 그 때, 이스라엘은 블레셋에 의해 자신의 정체성을 상실하게 될 위기에 처해 있었던 것이다.

아브라함, 모세, 여호수아, 사무엘에 이르기까지 이스라엘은 영광스러운 역사를 가졌다. 그러나 제아무리 영광스러운 것이라 해도, 역사 자체는 그 누구도 구원할 수 없다. 신앙의 길은 각자가 처음부터 배워야 하는 것일 뿐이다. 우리는 말을 배우고 걸음마를 배우듯이 하나님 믿기를 배운다. 그리고 하나님을 믿는 일은 말하고 걷는 것만큼 중요하며, 가장 개인적이고 가장 의미 있으며 가장 **인간적인** 일이다. 동시에 그것은 가장 공적이며 가장 사회적이며 가장 정치적인 일이기도 하다.

세상은 변한다. 정치적 동맹 관계도 변한다. 부자와 가난한 자도 바뀐다. 사회의 도덕성 역시 강해지기도 하고 약해지기도 한다. 하나님은 이런 세상에서 말씀하시고 자신의 뜻을 계시하시며 자신의 백성을 택하신다. 듣는 자 누구인가? 알아보는 자 누구인가? 반응하는 자 누구인가? 당시 이스라엘에는 그렇게 듣고 보고 반응하는 사람이 많지 않았다. 한두 세기 동안 계속된 정치적 혼란과 결부된 도덕적 타락의 결과, 이제 이스라엘은 역사를 접하는 것도, 하나님의 백성으로서의 정체성도, 삶의 의미와 중심인 구원을 붙드는 것도 잃어버릴 위기에 직면했던 것이다.

다윗은 바로 이런 시대에 이 백성 가운데서 그들을 위해 건강하고 거룩한 신앙적 삶을 회복시키기 위해 선택되었다. 비록 알아보는 자는 없었지만, 다윗 안에는 새로운 지도력이 형성되고 있었다. 그는 아직 왕위에 오르지 않았고, 또 그렇게 인정받기까지는 앞으로 수년이 더 걸릴 것이었다. 그는 아직 주변 인물이다. 마치 우리 그리스도인—특히 소위 평신도 그리스도인—이 지금 그렇듯이. 그러나 그의 중요성은 남들의 인정 여부가 아니라 그의 온전함과 하나님을 향한 그의 신앙에 달려 있다.

다윗이 시냇가에서 무릎을 꿇고 있던 그 시간에 세상은 오만하고 사나운 블레셋 민족과 불안에 떠는 타락한 이스라엘 민족, 이렇게 양편으로 갈라져 있었다. 시내의 북쪽에는 힘은 있지만 멍청한 거인이, 시내의 남쪽에는 기름부음을 받았지만 심한 결함을 가진 왕이 서 있었다. 한 젊은이가 시냇가에서 돌을 고르고 있었을 때, 사람들은 그것이 얼마나 의미 심장한 행동인지 전혀 예측할 수 없었다.

다윗이 엘라 골짜기에 걸어 들어와 그 시냇가에서 무릎을 꿇기 전까지 우리에게는 으르렁대는 힘 아니면 불안에 떠는 의, 이 둘 중 하나를 선택할 수밖에는 없는 듯 보였다. 둘 중에 선택하라. 포악한 골리앗인가, 아니면 불안에 떠는 사울인가?

그러나 시냇가에서 느긋하고 평온하게 무릎 꿇은 다윗은 우리에게 또 다른 대안을 제시해 주었다. 하나님, 하나님의 길, 하나님의 구원이 바로 그것이다. 제대로 정신이 박힌 사람이라면 '보이지 않는 것을 볼 수 있게' 하는, 하나님이 주신 축복된 상상력을 통계 수치 따위와 바꾸려 하진 않을 것이다. 그러나 바꿔 버렸다손 치더라도, 시냇가에서 무릎을 꿇고 있는 다윗은 우리를 회복의 길로 인도해 준다.

## ❖ 달려가는 다윗

이제 다윗은 더 이상 무릎을 꿇고 있지 않다.[4] 다윗은 갑자기 뛰기 시작했다. 도망쳐 뛰어가는 것이 아니라 거인을 향해 돌진해 가는 것이었다. 다윗의 형들은 눈앞에서 벌어지는 광경을 믿을 수 없었다. 온 군대 앞에서 벌이는 막내의 주제넘은 행동에 당혹스러움을 느꼈다. 사울 왕은 자신이 아끼는 어린 음악가가 자살 행위를 저지르는 광경에 걱정이 되어 죽을 지경이었다. 육중한 발걸음으로 쿵쿵 걸어오던 블레셋인은 순간 흠칫 놀라서 섰다. 도무지 전에 없던 광경이었고 또 너무도 순식간에 일어난 일인지라, 지켜보던 블레셋 군인들과 이스라엘 군인들은 어리둥절할 뿐이었다. 다윗의 물매가 두세 번 빙빙 돌더니, 다섯 개의 매끄러운 돌 중 한 개가 세차게 날아가 블레셋인의 이마에 깊숙이 박혀 들어갔다. 거인은 정신을 잃고 쿵 하고 땅바닥에 쓰러졌고 곧 목숨을 잃었다.

그 날 현실을 완전히 직시한 유일한 사람은 바로 다윗이었다. 그 날 엘라 골짜기에서 정말로 인간다웠던 유일한 인간은 바로 다윗이었다. 현실은 대개 우리 눈에는 보이지 않는 것들로 이루어져 있다. 인간다움은 대개 신문에는 나오지 않는 문제다. 오직 기도에 흠뻑 젖어 있는 상상력만이 그 날 엘라 골짜기에서 있었던 그 거룩한 역사를 알아본다. 다윗을 하나님의 실재 안에 온통 잠겨 있게 한 것 그리고 다윗의 인간됨이 강력하게 발휘될 수 있게 한 것이 바로 그 상상력이다.

# 5. 우정
## 다윗과 요나단

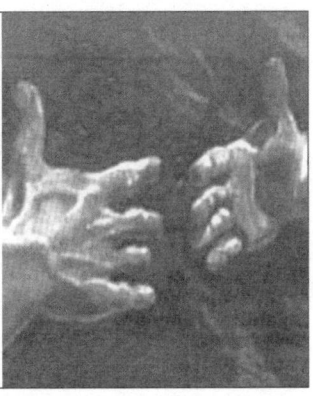

사무엘상 18-20장

> 사람이 친구를 위해 목숨을 버리면 이보다 더 큰 사랑은 없다.
> 내가 너희에게 명한 것을 다 행하면 너희는 내 친구다.
> – 요한복음 15:13-14

모든 사람이 우리를 좋아하지는 않는다는 사실은 언제나 충격으로 다가온다. 세상에 막 태어났을 때, 우리들 대부분은 사람들로부터 포옹과 사랑과 보살핌과 귀여움을 받았다. 우리는 너무도 **사랑스러운** 존재였다! 사람들은 우리를 사랑했다. 그러나 곧 사정은 달라진다. 심지어 처음 기저귀를 가는 순간부터 대우가 달라지는 경우도 있다. 우리는 폐를 끼치는 존재나 라이벌, 심지어 적으로까지 여겨진다.

다윗도 그랬다. 다윗은 적대감을 경험했다. 그리고 그런 경험은 그의 삶의 형태에 커다란 영향을 끼쳤다. 다윗의 영성—그의 기도 방식, 그가 살아간 방식—의 많은 부분은, 우리가 다윗이 그 적대감을 경험하고 대처한 방식을 이해할 때에야 비로소 설명이 된다.

사랑, 특별히 하나님의 사랑은 이 세상의 기초다. 사랑은 그 밖의 모든 것이 펼쳐지는 기본 배경이다. "하나님이 세상을 이처럼 사랑하셔서…"는 우리의 안과 밖에서 일어나는 모든 것을 이해하고 해석하기 위한 기본이 되는 말씀이다.

그러나 현실에서 우리는 자주 적대감을 경험하는 상황에 처한다. 우리는 사람들로부터 비판, 조롱, 무시, 공격, 비난, 버림, 욕, 저주, 박해, 타박, 중상 모략, 동네북 취급, 칭찬을 가장한 조소 등을 받는다. 우리가 이 모든 것을 다 당하는 것도 아니고 또 언제나 이런 것들만 경험하는 것도 아니지만, 모든 사람이 우리를 하나님처럼 잘 대해 주지는 않는다는 사실을 깨달을 수 있을 만큼은 충분히 겪고 있다.

### ✤ 적: "다윗을 벽에 박아 버리겠다"

다윗이 적대감을 경험하는 주된 원천은 사울 왕이었다. 사울은 다윗을 증오했고 여러 번 그를 죽이려 했다. 다윗이 경험했던 적대감은 항상 우리를 어리둥절하게 만드는 적대감, 바로 선에 의해 유발된 적대감이었다. 사울은 다윗이 선했기 때문에 그를 증오했다.

첫 번째 살해 시도는 다윗이 사울을 위해 악기를 연주하고 있을 때 일어났다. 다윗이 처음 사울의 관심을 끈 것은 그의 연주 실력 때문이었다. 하나님이 선택하신 왕으로서의 자질상 결함을 드러낸 사건들 이후에, 사울은 어두운 기분과 악령의 출현에 사로잡히게 되었다. 마음과 정신이 악의 구렁텅이에 빠져 버렸다. 이 때 다윗과 그의 연주는 사울에게 치유 효과가 있었다. 그런데 어느 날 치유 대신 증오심이 생겨났다. 사울은 갑자기 "다윗을 벽에 박아 버리겠다"고 중얼거리며 그에게 창을 냅다 던졌다(삼상 18:11). 곁눈으로 사울을 살피던 다윗은 즉시 몸을 피했다. 창은 다윗의 머리를 살짝 빗나가 벽에 박혔다. 사울은 또다시 창을 던졌고 이번에도 다윗은 몸을 피했다.

이렇게 불 같고 비이성적이며 살인적인 광기는, 점점 침착하고 치밀하게 계산된 살인 음모로까지 발전했다. 사울은 다윗에게 전쟁에서 수훈을 세우고 돌아오면 딸 메랍과 결혼시켜 주겠다고 약속했다. 다윗을 계속해서 위험한 전쟁터로 내몰아 결국 블레셋인들의 손에 죽게 할 속셈이었던 것이다. 그러나 다윗이 블레셋과의 전투에서 살아 돌아와 결혼할 자격을 갖추자, 사울은 성급히 메랍을 다른 사람―므홀랏 사람 아드리엘―과 결혼시켜 버렸다. 그는 다윗을 사위로 삼을 마음이 전혀 없었던 것이다.

그 후 사울은 딸 미갈이 다윗을 사랑한다는 사실을 알고, 이것을 이용해 다시 한 번 다윗을 없앨 악랄한 음모를 꾸몄다. 그는 다윗에게 블레셋 사람 포피 백 개를 가져오면 미갈과 결혼시켜 주겠노라고 약속했다(백 번 중에 한 번은 다윗이 당하지 않겠는가!). 다윗은 이같이 잔인한 요구에도 아랑곳하지 않고 기쁘게 나아가 정해진 수의 두 배나 되는 블레셋인을 죽여서 그 역겨운 지참금 곧 블레셋 사람 포피 이백 개를 왕 앞에 내놓았다. 이번에는 결혼이 성사되었다. 미갈은 다윗의 아내가 되었다.

그러나 다윗에 대한 미갈의 사랑은 사울의 증오심을 더 악화시킬 뿐이었다. 마침내 다윗이 궁정에서 달아나 광야의 도망자 신세가 되게 한 사건이 일어났다. 사울이 암살단을 보낸 것이다. 사울은 암살단에게 다윗의 집을 지키다가 아침이 되면 그를 죽이라고 명령했다. 이 음모를 알아차린 미갈은 그 날 밤 창문을 통해 다윗을 피신시키고, 남편의 침대에는 인형을 누이고 그 머리에 염소 털로 짠 가발을 씌웠다. 아침이 되어 군인들이 오자 미갈은 남편이 지금 병상에 누워 있어서 나올 수 없노라고 말했다. 그 군인들 세계에서는 무방비 상태의 환자는 죽이지 않는다는 암묵적인 결투 예법이 있었던 것으로 보인다. 그들은 침실로 뛰어들어가 다윗을 간단히 해치우려 하지 않고 그냥 사울 왕에게 돌아가, 다윗이 지금 병상에 누워 있어 죽일 수가 없다고 보고했다. 분노가 머리끝까지 치솟은 사울은 자신이 직접 죽일 터이니 다윗을 침대 채로 들고 오라고 명령했다. 그러나 그들이 다윗의 집에 도착해 보니, 침대에는 염소 털 가발을 쓴 인형이 누워 있을 뿐이었다.

■ ■ ■

사울이 다윗을 죽이려 했을 때 다윗은 바른 일만 행하고 있었다. 그는 블레셋 거인을 죽여서 이스라엘의 난국을 해결했고, 불안정하고 고통스러워하는 사울의 영혼에 안정과 치유를 가져다 주었다. 그야말로 이스라엘이 필요로 하는 사람이요 또한 왕이 필요로 하는 사람이었다. 그리고 그는 이 모든 일에 대해 겸손했고 결코 오만함이나 거들먹거리는 자세를 보이지 않았다. 그렇게 좋은 일을 하고도 그는 거의 죽을 뻔했던 것이다.

좋은 일을 했는데도 비난을 받거나 최선을 다했는데도 느닷없이 심한 반대를 겪는 일은 언제나 혼란스럽다. 잘못한 일에 대해 벌을 받는 일 역시 그다지 유쾌하지는 않지만, 그것 때문에 당혹스러워 하지는 않는다. 응분의 벌이니 마땅하다고 느낀다. 우리는 잘못한 일에 대해서는 벌을 예상한다. 그러나 잘한 일에 대해서는 그렇지 않다. 그래서 우리는 다윗이 요나단에게 항의한 내용을 여러 가지 형태로 되풀이한다. "내가 무슨 못할 일을 하였느냐? 내가 무슨 몹쓸 일이라도 하였느냐? 내가 자네의 아버님께 무슨 잘못을 저질렀기에, 아버님이 이토록 나의 목숨을 노리시느냐?"(삼상 20:1).

시편 7편은 시편에서 이러한 억울한 심정을 격하게 토로하는 첫 번째 기도다.

> 주 나의 하나님,
> 내가 주께로 피합니다.
> 나를 뒤쫓는 모든 사람에게서
> 나를 구원하여 주시고, 건져 주십시오
> 그들이 사자처럼 나를 찢어 발기어도,
> 나의 목숨 건져 줄 사람이 없을까
> 두렵습니다.
>
> 주 나의 하나님,
> 내가 이런 일을 했다면,
> 내가 불의한 뇌물을 받았거나,

화해한 다음에 모질게 앙갚음을 했거나,
내 적대자라고 하여
까닭 없이 그를 약탈했다면,
원수들이 나를 뒤쫓아와서,
내 생명 덮쳐서 땅에 짓밟고,
내 영광 먼지 속에 뒹굴게 하여도,
나는 좋습니다.

주님, 일어나셔서 진노하시고,
내 대적들의 오만을 꺾어 주십시오
하나님, 깨어나셔서,
판결을 내려 주십시오
민족들을 주님 앞으로 모으시고,
그 높은 법정으로 돌아오십시오
주께서는 민족들을 재판하시는 분이시니,
내 의와 내 성실함을 따라
나를 판단해 주십시오

악한 자의 악행을 뿌리뽑아 주시고
의인에게는 마땅한 보상을 해주십시오
주님은 의로우신 하나님,
사람의 마음속과 뱃속까지 낱낱이

살피시는 분이십니다.

하나님은 나를 지키시는 방패시요,
마음이 올바른 사람에게
승리를 안겨 주시는 분이시다.
하나님은 공정하신 재판장이시요,
언제라도 악인을 벌하시는 분이시다.
뉘우치고 돌아오지 않으면,
칼을 갈고 활을 당기셔서,
심판을 준비하신다.
살상 무기를 준비하시고,
화살 끝에 불을 붙이신다.
악인은 악을 잉태하여
재난과 거짓을 낳는구나.
구덩이를 파고 또 파지만,
제가 만든 구덩이에 제가 빠진다.
남을 해친 재난이 저에게로 돌아가고,
남에게 휘두른 폭력도
제 정수리로 돌아간다.

나는 주께서 행하시는 의를 감사하고
가장 높으신 주의 이름을 노래하련다.

### ❖ 친구: 다윗에게 마음이 끌린 요나단

이렇게 악랄한 살인 음모가 펼쳐지는 이야기지만 그 속에는 다윗과 요나단의 비범한 우정 이야기도 함께 섞여 들어가 있다. 광기와 발광, 비열함과 증오를 겪는 와중에서도, 다윗은 요나단과의 우정을 통해 흔치 않은 사랑을 경험할 수 있었다. 그 둘은 함께 대화하고 기도하며 사울을 이해하려고 했다. 하지만 쉬운 일이 아니었다.

사울이 다윗을 대하는 방식은 전에 그가 하나님을 대했던 방식을 그대로 재현한 것이었다. 자만으로 가득찬 사울에게 하나님은 단지 소모품으로서 이용할 대상이었지 순종할 대상이 아니었다. 마찬가지로 그에게 다윗은 단지 음악적 재능과 용맹함 때문에 잠시 이용 가치가 있었을 뿐이다. 그러나 다윗의 매력과 인기가 자신의 왕권에 위협이 되자, 그는 곧 불 같은 질투와 증오에 사로잡힌 것이다. 사울은 점점 더 다윗을 두려움과 증오로 채색된 안경을 통해 바라보게 되었다. 그 색안경 너머로는 자신에 대한 위협만이 보일 뿐이었다. 그리하여 그가 보는 유일한 해결책도 다윗을 죽이는 길밖에 없었다. 이따금 영적인 눈이 뜨일 때면 다윗에게서 자신이 마땅히 갖추었어야 했을 왕다운 자질을 발견한 순간도 있었을 것이다. 그러나 그런 순간에도 그는 자신을 돌아보며 회개할 생각은 하지 않고 오히려 그 증거를 말살해 버려야겠다는 결심만 더 굳혔을 뿐이다. 화려한 왕의 도포와 궁중 의식으로 가린 자신의 영적 부패를 대조적으로 두드러지게 만드는 밝은 선을 아예 제거하기로 한 것이다.

다윗과 요나단은 둘 다 어떻게 해서든 사울 왕을 위하려고 했다.

그러나 날이 갈수록 사울의 반복되는 격노와 질투심이 이제는 확고한 결심과 계산된 행동으로 발전했음을 보여 주는 증거들이 쌓여 갔다. 두 친구는 어떻게든 사울을 좋게 생각하려 애쓰면서 그러한 결론을 내리기를 주저했다. 그러나 결국 더 이상 의심할 여지가 없는 지경에까지 이르렀다. 마침내 "요나단은 자기 아버지가 다윗을 죽이려고 단단히 벼르고 있다는 것을 알아차렸[고]"(삼상 20:33), 다윗이 도망가도록 도왔다.

■ ■ ■

다윗에 대한 요나단의 우정은 마치 대괄호처럼, 다윗을 죽이려는 사울의 거듭된 시도—충동적인 것에서부터 계획적인 것까지—를 막았다. 앞의 대괄호는 다음과 같이 시작된다. "요나단은 다윗에게 마음이 끌려, 마치 제 목숨을 아끼듯, 다윗을 아끼는 마음이 생겼다.…요나단은 제 목숨을 아끼듯이 다윗을 아끼어, 그와 가까운 친구로 지내기로 굳게 언약을 맺고"(삼상 18:1, 3). 18장 나머지부터 20장까지는 사울이 여섯 번에 걸쳐 다윗을 없애려고 한 일을 자세히 다루고 있다. 세 번은 창을 던져서 죽이려 했고, 두 번은 처음에는 메랍과 그 다음에는 미갈과 결혼시켜 주는 조건으로 블레셋인들의 손에 죽을 것이 거의 확실한 상황으로 몰아넣었으며, 한 번은 암살단을 보냈다. 이러한 여섯 번의 시도가 실패하자, 이제는 대대적으로 병력을 동원해 다윗을 없앨 참이었다. 요나단이 다윗을 탈출시킬 때 뒤의 대괄호가 나온다. "요나단이 다윗에게 말하였다. '잘 가게. 우리가 서로 주의 이름을 걸고 맹세한 것은 잊지 않도록 하세. 주께서 나와 자네 사이에서뿐만 아니라, 나의 자손과 자네의 자손 사이에서도, 길이길이 그 증인이 되실 걸세'"(삼상 20:42). 우정이 악을 막고 저지시켰다.

우정은 영성에서 매우 과소 평가 받는 측면이다. 우정은 사실 우리의 영성에 기도나 금식과 다를 바 없이 중요하다. 성례에서 물과 떡과 포도주가 사용되는 것처럼, 우정은 평범한 인간 경험을 취하여 거룩한 것으로 변화시킨다. 다윗과의 우정으로 인해 요나단은 커다란 대가를 지불해야 했다. 그는 아버지의 미움을 받을 위험을 무릅썼으며, 왕이 될 자신의 미래도 기꺼이 희생했다. 그러나 어떤 위험이나 희생도 그의 우정을 막지 못했다. 그는 다윗의 친구가 되었고 끝까지 그 우정을 지켰다. 다윗에게 요나단의 우정은 없어서는 안 되는 것이었다. 요나단의 우정이 없었더라면 다윗은 아마 사울에 대한 충성을 끝까지 지키지 못했을 것이다. 아버지와 너무도 달랐던 요나단은 다윗 안에서 하나님을 알아보았고, 기름부음 받은 자로서의 위험과 어려움을 이해했으며, 그와 우정의 언약을 맺었다. 요나단의 우정은 다윗의 영혼을 점령했다. 사울의 증오심이 결코 점령하지 못했던 곳을 말이다.

■ ■ ■

힘겨운 상황이었지만 요나단은 다윗과 맺은 우정의 언약을 끝까지 지키며 살아갔다. 그 언약 덕분에 다윗을 향한 하나님의 뜻은 이루어졌지만, 요나단은 감정적인 보상조차 거의 혹은 전혀 받지 못했다. 사울에게서 다윗을 도피시킨 이후 요나단은 두 번 다시 그를 보지 못했다. 그러나 다윗을 적대시하는 환경 속에서도 그는 끝까지 우정의 언약을 지키며 살아갔다. 남은 생애 동안 그는 사울의 궁정에서 충성했고, 아버지와 함께 블레셋과의 전투에 참가했으며, 아마 다윗을 추격하는 길에도 아버지와 동행했을 것이다. 그러나 그러한 상황이 언약을 무효화시키지는 못했다. 오히려 그 언약은 하나님이 그러한 상황을 변화시키시는 도구로 이용되었다.

많은 경우, 우리도 '사울의 궁정' 곧 사랑의 언약을 지키기 어렵게 만드는 결혼, 가정, 직장, 문화 환경에서 우정의 언약을 지켜 낸다. 그러나 결국 승리하는 것은 우리가 처한 환경이 아니라 우리가 맺은 언약이다.

■ ■ ■

생애 동안 많은 적대감에 부딪혔고 그것을 극복했던 위대한 유대인이자 하나님의 사람 마르틴 부버(Martin Buber)가 펜실베니아에 위치한 퀘이커 학교인 하버포드 대학에 초청을 받아 북미를 방문한 적이 있다. 그는 더글라스 스티어(Douglas Steere)라는 사람의 집에서 열린 퀘이커 집회에 참석했다. 집회 중에 한 사람이 침묵을 깨뜨리고 언어와 인종과 종교적 장벽을 초월하여 만남을 갖는 위대한 경험과, 그러한 장벽들을 넘어 다른 사람과 사귈 수 있다는 경이와, 낯선 이를 친구로 변하게 하는 사귐에 대해 말했다. 그러자 부버가 자리에서 일어나 입을 열었다. (부버를 본 사람들은 한결같이, 그의 강인해 보이는 얼굴과 모든 것을 꿰뚫는 듯한 눈빛에 대해 말하곤 한다. 그는 마치 예언자와 같은 인상을 풍겼다.) 부버의 말인즉, 다른 사람을 만나는 것이 위대한 경험이긴 하지만 가장 위대한 경험은 아니라는 것이었다. 우리가 다른 사람을 위해 할 수 있는 가장 위대한 일은 그 사람의 가장 깊은 내면에 있는 것을 굳게 다져 주는 것이다. 즉 시간을 들여서, 상대의 가장 깊은 내면에 있는 가장 그 사람다운 것이 무엇인지를 찬찬히 알아보고, 인정과 격려를 통해 그것을 굳게 다져 주는 일이다.[1]

우리는 우리의 겉모습만 보는 사람을 수없이 많이 만난다. 그들은 우리를 보면서, 우리가 어떤 이용 가치가 있을지 그리고 우리에게서 무엇을 얻어낼 수 있을지 계산하기 시작한다. 우리는, 우리를 쓱 훑어 보고 즉석에서 판정을 내린 다음 어떤 범주에 포함시켜 버리는 사람을 많이 만난다. 그들은 우리 각자를 한 사람의 인간으로 대하려 하지 않는다. 그들은 우리를 우리 이하의 존재로 대우한다. 그런 사람들과 계속해서 같이 있을수록 우리는 점점 우리 이하의 존재가 **되어 간다**.

그런데 우리 삶에 이와는 다르게 들어오는 사람이 있다. 그는 우리를 이용할 목적으로 바라보지 않고, 넉넉한 마음으로 우리 내면의 진실에 대해 관심을 가지며, 우리의 약점을 잡거나 우리에게 흠집을 내려 하지 않고, 우리의 속 생각을 알아주며, 내적 신념을 따르려는 삶의 어려움을 이해해 주고, 우리의 내면 가장 깊은 곳을 굳게 다져 준다. 그는 바로 친구다.

요나단이 되는 일은 위대한 일이다. 요나단이 없었다면, 다윗은 자신의 소명을 포기하고 단순한 목동 생활로 돌아갔거나, 아니면 자신의 선의를 짓밟은 자에 대해 복수의 칼날을 갈게 되었을 위험이 크다.

그러나 다윗은 두 길 모두에 빠져들지 않았다. 그는 요나단의 우정을 받아들였다. 그것은 이전에 사무엘로부터 받았던 왕업에 대한 기름부음을 굳게 다져 주었다. 그리고 노래와 이야기 가운데 하나님의 영 안에서 하나님의 영을 따라 살아갈 수 있게 해주는 하나님께 사로잡힌 상상력을 굳건하게 해주었다.

친구가 말로 우리를 굳게 다져 주지 않는다면 우리의 가장 유망한 시작은 실패한다. 친구가 함께 있으면서 우리를 굳게 다져 주지 않는다면 우리의 가장 용감한 모험은 무산된다. 우리가 굉장한 일을 하는 것은 특이한 것이 아니다. 우리가 선한 일을 하는 것도 특이한 일이 아니다. 그러나 그것을 계속하고 유지하는 것은 **특이한** 일이다. 대개 어려움은 외적인 것이 아니라 내적인 것이다. 즉 그러한 노력을 지속시킬 수 있는 힘과 비전을 발견하는 것이 어렵다. 선해지고 선한 일을 하는 것이 제대로 보상받는 경우는 드물다. 오히려 그것들은 종종 우리를 곤경에 빠뜨린다. 세상과 육신과 사탄은 기독교적 방식을 격렬하게 반대한다. 그리고 아름답게 출발한 수많은 사람의 삶을 파선시킨다.

■ ■ ■

윌리엄 버틀러 예이츠(William Butler Yeats)가 이런 주제에 대해 숙고하며 쓴 시가 한 편 있다. 한 노인이 지금까지 살아온 시간들을 되돌아 보았는데, '시작처럼 좋게 끝난' 일은 단 하나도 발견하지 못했다. 그는 제물낚시(fly-fishing) 실력이 뛰어났던 젊은이가 결국 알코올 중독에 걸린 기자가 되어 버린 일, 단테처럼 섬세한 영성을 지녔던 소녀가 결국 어느 멍청이의 아기를 임신해 버린 일, 한때 더 나은 세상에 대한 높은 이상을 품었던 아름다운 여자가 결국 가두 연설대에서 당의 표어나 바락바락 외쳐대는 사람으로 전락한 일 등을 회상했다. 그러면서 그는 이러한 냉소적인 시구(詩句)를 적었다.

> 어떤 사람들은, 운명의 여신이 선한 사람은 굶기고
> 악한 사람은 번창하게 하는 것을 당연한 일로 생각한다.[2]

이러한 냉소주의는 세상에 대해 뭔가 아는 듯한 냄새를 풍기기는 한다. 하지만 그러한 세상의 '지혜'는 참 현실과 부합하지 않는다. 그러한 인생관에는 요나단이 없다. 따라서 다윗도 없다. 성경은 우리의 삶의 이야기를 이보다 더 진실하게 이야기한다.

살아 남아 계속 전해지는 이야기들을 보면 그것들은 인간이 된다는 것이 무엇이며 어떤 의미인지를 결정지어 준다. 그리고 이러한 이야기를 주의 깊게 들여다보면, 거기에는 시작과 끝을 묶어 하나님의 언약 목적에 통합시키도록 도와준 우정의 언약이 있다.

## ✣ 선의 마력

사무엘상 20장은, 좀 괴이하긴 하지만 참된 이야기로 끝난다. 이해하기 어려운 구절도 몇 군데 있지만 이야기의 대지만큼은 분명하다. 사울이 여섯 번째 다윗의 목숨을 노리자 다윗은 라마에 있는 사무엘 선지자에게로 도망갔다. 라마에는 사무엘의 통솔하에 있는 선지자 학교가 있었다. 상상해 보건대 아마 수도원 같은 곳으로서, 선지자들이 모여 매일같이 기도와 예언에 파묻혀 사는 곳이었을 것이다. 다윗이 어디로 갔는지 알아낸 사울은 부하들을 보내 그를 데려오게 했다. 그러나 영적 기운이 충만한 그 곳에 도착하자, 그들은 하나님의 영에 압도되어 영적인 황홀경에 사로잡히고 말았다. 두 번, 세 번 부하들을 보냈으나 마찬가지로 상황이 여의치 않자 도저히 참을 수 없게 된 사울은 마침내 스스로 라마를 찾아갔다. 살기 등등해서 그 곳에 도착했으나, 결국 사울도 전에 보냈던 부하들처럼 하나님의 영에 저항할 재간이 없었다. 하나님의 영에 완전히 사로잡힌 그는 하나님의 임재 속에서, 왕의 도포며 옷이며 다 벗어 던지고 하루 밤낮을 사무엘 앞에 엎드려 있었다. 월터 브루그만(Walter Brueggemann)은 이 모습을 "한때 위인이었으나 지금은 키만 클 뿐 더 이상 위대하지 않은,…자기 통제력을 잃고 체면도 잃은 채 무력하게 복종의 자세를 취하고 있는" 사울이라고 묘사했다.[9] 그는 선의 마력에 사로잡혀 엎드러졌고, 잠시나마 악에 대해 무능해졌다.

■ ■ ■

악은 선을 이길 수 없다. 박해는 충성심 앞에 무력하다. 적의 위협은 우정의 힘에 비하면 아무것도 아니다.

그러나 이는 현재 우리들의 사고 방식이 아니다. 정치적인 면에서나 심리적인 면에서 우리는 이와 전혀 다른 생각에 입각해 움직이며, 따라서 자신을 방어하는 일에 엄청난 양의 돈과 시간을 쏟아붓는다.

그러나 만일 하나님과 관계를 맺으며 드넓고 자유롭게 살고자 한다면, 우리는 하나님이 우리에게 가르치시는 바를 배워야 한다.

우리는 왕이 막강한 무력으로 젊은 전사를 상대로 전쟁을 벌이고, 살기 등등한 왕이 노래하는 목동을 공격하고, 창이 하프에게 싸움을 걸었다는 이야기를 들었다. 그런데 어떤 일이 벌어지는가? 싸움을 벌일 때마다 사울 왕은 더 약해지고 더 미쳐 간다. 그러나 다윗은 싸움을 겪을 때마다 더 강해지고 그의 곁에는 여전히 친구가 있다.

요나단과의 우정은 다윗에게 그가 선택받았다는 사실과 그의 소명과 상상력을 굳게 다져 주었다. 그래서 그는 폭력의 길을 거부하고 기꺼이 사랑과 섬김의 길을 선택한다. 여러 가지 일을 겪을수록 그는 점점 더 노래하는 자, 사랑하는 자, 우정 어린 친구가 되어 간다. 악은 커 가는 다윗을 막지 못했다. 악은 뻗어 가는 다윗을 막지 못했다. 다윗은 요나단과 맺은 우정의 언약을 통해 안전하게 보호를 받는다. 사울에게서 오는 그 어떠한 악도 그에게 침투하지 못했다. 그렇게 결집된 선 앞에서 악은 무력해질 수밖에 없었다.

# 6. 성소
다윗과 도엑

사무엘상 21-22장

> 내가 너희에게 이 말을 한 것은, 너희를 넘어지지 않게 하려는 것이다.
> 사람들이 너희를 회당에서 내쫓을 것이다. 그리고 너희를 죽이는 사람마다,
> 자기네가 하는 그런 일이 하나님을 섬기는 일이라고 생각할 때가 올 것이다.
> 그들은 아버지도 나도 알지 못하므로, 그런 일들을 할 것이다.
> 내가 너희에게 이런 일들을 말하여 두는 것은, 그 일들이 이루어지는 때가 올 때에,
> 너희로 하여금 내가 한 말을 도로 생각나게 하려는 것이다.
> - 요한복음 16:1-4

다윗은 달려가고 있다. 그는 이제 사울 왕이 자기를 죽이기로 단단히 마음먹었다는 사실을 분명히 안다. 사울의 증오심은 더 이상 간헐적인 발작의 문제가 아니다. 그의 질투심은 이제 더 이상 충성심만 확인시키면 사라지리라 기대할 수 있는 개인적인 문제가 아니다. 다윗의 목에는 현상금이 붙었다. 다윗을 죽이는 일은 이제 개인적인 차원을 넘어 하나의 운동, 국가 정책 가운데 하나가 되었다.

사울의 궁정에서 일했던 지금까지의 삶도 위험했지만, 그래도 그 동안에는 일말의 희망이 남아 있었다. 좋은 음악을 들려주고 충성을

다하면, 왕이 질투심과 분노에서 돌이켜 안정과 정상과 건강을 되찾을지 모른다는 희망 말이다.

그러나 이제 다윗은 달려간다. 짐을 챙길 시간도 갖지 못한 채, 아무런 계획도 정하지 못한 채 목숨을 구하기 위해 도망쳐 달려가고 있다. 어디로 달려가고 있는 것인가? 그는 놉으로 달려갔다. 그 곳에는 성소와 제사장이 있었다.

### ✥ 아히멜렉

성소는 거룩한 곳이다. 그리고 거기에 있는 제사장—여기서는, 아히멜렉—은 그 곳을 거룩하게 지키는 책임을 맡은 사람이다.

**거룩**이란 우리가 하나님의 타자성(otherness)과 순전하심과 아름다우심을 지칭할 때 쓰는 말이다. **하나님은** 거룩하시다. 우리는 우리의 인간적 경험을 근거로 추정하는 최고의 인간상 혹은 우리가 상상할 수 있는 최고의 인간상을 확대하거나 투사시킨 뒤 이를 하나님이라고 부를 수 없다. 하나님은 인간이 아니다. 심지어 확대된 최고의 인간도 아니다. 하나님은 **타자이시기**(other) 때문에 하나님은 신비이시다. 우리는 실험실에서 어떤 증거를 꼼꼼하게 조사하듯이 실험을 통해 하나님을 연구할 수 없다. 우리는 언어적 진술의 참과 거짓을 논리적으로 따지는 것처럼 하나님을 이해할 수도 없다. 하나님은 너무도 **다른** 분이시기에, 우리는 어떤 방법으로도 결코 하나님이 하시는 일을 예측하거나 하나님을 통제할 수 없다. 하나님께 다가갈 수 있는 유일한 바른 방법은 삼가는 경외감과 겸손히 머리 숙이는 경배를 통해 나아가는 것이다. 우리는 이렇게 다가가면서 또한 두렵고 떨리는 마음을 가져야 한다. 왜냐하면 우리는 하나님에 대해 알게 된 것—그분의 선하심과 참되심과 아름다우심—에 한없이 매혹되면서도, 우리의 모든 지식을 초월하는 분 앞에 있음을 인식하고 "살아 계신 하나님의 징벌하시는 손에 떨어지는 것은 무서운 일입니다"(히 10:31; 12:25-29)라는 말을 실감하게 되기 때문이다.[1]

그런데 참으로 의외인 것은, 이러한 거룩이 흔히 하나님 아닌 것들을 통해 경험된다는 사실이다. 거룩한 산, 성스런 돌, 거룩한 여자와 남자, 성스런 나무, 거룩한 언어, 성스런 노래, 거룩한 **장소**—성소 등. 어느 문화, 어느 시대나 지금 여기 우리 주위에 있는 사물들과 사람들 속에서 이러한 신비스럽고 신성한 다름(otherness)을 알아보고 높이는 이야기와 노래와 의식(ritual)이 있었다. 종종 그러한 사람, 사물, 장소에 대해 미신이 생겨나기도 했지만 항상 그렇지는 않았다. 하나님의 타자성에 대한 현재적·구체적 증거로 인식된 것에 대해 건강하고 건전하며 경건하게 반응한 경우도 많이 있었다. 성경에서는 거의 항상 그랬다. 시인들과 예술가들도 틈만 나면 다양하고 때로는 의외의 장소에 나타나는 성스러움에 대해 우리의 주의를 환기시켜 주곤 했다. 애니 딜라드(Annie Dillard)는 「성스러움」(Holy the Firm)에서 이러한 현상에 대한 현대적 깨달음을 아주 심오하고도 유창하게 묘사하고 있다.[2]

■ ■ ■

지금까지 다윗은 거룩한 삶, 즉 하나님이 정의하시고 주도하신 삶을 훌륭하게 살아왔다. 그러나 그는 또한 그와 정반대의 삶을 사는 사람에게 공격받고 있다. 그는 놉에 있는 아히멜렉의 성소로 달아났고 거기서 거룩에 둘러싸이게 되었다. 성소는 하나님께 주의를 집중하는 곳이요, 하나님의 진리가 보존되고 높여지는 곳이며, 하나님이 역사 속에서 능력을 펼쳐 보이셨던 사건들을 기억하는 곳이다. 다윗은 목숨을 구하려는 급박한 심정으로 놉에 있는 성소에 도착했다. 그 순간에는 아마 오로지 목숨을 부지하려는 생각밖에 없었을 것이다. 그러나 사실 그에게는 그 이상의 무언가가 더 필요했다. 그는 하나님을 주목하는 삶을 지속하고 하나님이 그의 안에 일으키신 기름부음과 섬김과 기도의 삶을 끝까지 영위하기 위해 도움을 받을 필요가 있었다. 다윗을 다윗답게 하는 모든 것이 지금 위협을 받고 공격을 받고 있다. 사울은 다윗을 다윗답게 하는 모든 것, 그의 인간다운 모든 것, 나중에 돌이켜볼 때 우리가 **그리스도인다운 것**이라고 부르게 될 모든 것을 부정하고 파괴하려 하고 있었다.

다윗이 숨을 헐떡거리며 놉의 성소에 나타나자, 아히멜렉은 조금 당황하고 아마 동요했던 것으로 보인다. "아히멜렉이 떨면서 나와서, 다윗을 맞으며…"(삼상 21:1). 다윗이 왜 이토록 조급해하는 것일까? 다윗이 혼자 여기에 온 까닭은 무엇인가? 도대체 무슨 일인가?

다윗은 거짓말로 제사장을 안심시킨다. 조금 뒤에 다윗은 다음과 같은 말로 다시 거짓말을 할 것이다. "별다른 문제는 없습니다. 저는 지금 왕의 심부름을 하고 있는 중입니다. 그런데 잠시 후면 젊은이들 몇 명이 이리로 올 터인데, 우리에겐 음식이 필요합니다. 먹을 것 좀 있습니까? 빵 다섯 덩어리나 뭐든 있는 것을 좀 주십시오."

■ ■ ■

여기서 다윗 이야기는 우리가 그대로 따라야 할 도덕적 모범을 제시할 목적으로 쓰여진 것이 아니라는 점을 밝혀 두어야겠다. 다윗은 우리가 본받고 싶은 사람이 못 된다. 다윗과 함께 있으면, 다윗만큼 잘할 수 없다는 생각에 열등감을 느끼게 될 일은 없다. 사실은 그 반대다. 다윗은 우리처럼 혹은 우리보다 더 나쁜 잘못을 저지르기도 하는 사람이다. 그러나 그 가운데서도 그는 결코 하나님을 떠나지는 않는 사람, 결코 하나님에게서 벗어나지는 않는 사람이다. 다윗의 삶은 **이상적인** 삶이 아니라 **사실 그대로의** 삶이다. 우리는 도덕성을 향상시키기 위해서가 아니라 현실적 삶에 대한 감각을 깊게 하기 위해—'아하, **이런 것이** 바로 인간의 삶이구나.'—상상력을 통해 다윗 이야기 속에 들어가는 것이다. 나는 신앙적 상상력을 통해 다윗의 세계에 들어갈 때마다 더 나 자신이 된다. 나는 더 자유롭게 나 자신이 되며, 현재 벌어지고 있는 일 속에서 하나님을 발견할 수 있게 된다. 다윗 이야기는 내게 행동 지침을 주는 도덕적 교훈도, 영적인 생각을 억지로 넣어 주는 경건한 이야기도 아니다. 언젠가 나는 윌리엄 제임스(William James)를 일컬어 '아무것도 놓치지 않는 사람'이라고 하는 것을 들은(혹은 읽은) 적이 있다. 다윗이야말로 **하나님에 관해서는** 아무것도 놓치지 않는 사람이었다.

너무도 자주 또 너무도 흔하게 우리의 영성 생활을 타락시키는 것

중 하나는 하나님의 하나님되심과 나의 나됨이 별개가 되는 것이다. "**하나님**," 하고 부르기도 하고 성소에 들어가 기도도 드리지만, 거기에 조금씩 가식이 깃들기 시작하고 우리의 말과 행동에 은근히 부정직함이 깔리기 시작한다. 종교 행위를 하지만, 사실 그것은 하나님께 순응하겠다는 뜻이 아니라 하나님을 **이용하겠다는** 심산이다. 그럴 때 우리는 하나님 앞에서 우리 이상의 존재로 나아지는 것이 아니라 우리 **이하의** 존재로 떨어진다. 다윗은 이에 대한 해독제다. 우리는 참된 삶, 정직한 삶, 하나님을 알고 하나님께 반응하는 삶을 위한 현실 감각을 기르기 위해 다윗 이야기를 읽는다.

■ ■ ■

다윗은 빵이 있으면 좀 달라고 했지만 그 제사장에게는 빵, 적어도 보통 빵은 없었다. 대신 제단에 올리는 빵 곧 거룩한 빵—전병이라고 불리는—이 있을 뿐이었다. 그것은 당시 매주 하나님께 드리는 제물로서 제단에 올려놓았던 빵이다. 그들은 안식일마다 밀로 빵 열두 덩어리를 만들어 제단에 열을 지어 차려 놓았다. 한 주가 지나면 새 빵을 갖다 놓았는데, 전 주에 만든 빵은 **오직** 제사장들만이 먹을 수 있게 되어 있었다. 일반 사람들은 그 빵을 먹는 것이 금지되어 있었다(레 24:5-9). 또 일반인들은 그것을 먹으려 하지도 않았을 것이다. 도대체 한 주나 지난 빵을 누가 먹으려 하겠는가? 제사장들이 그 빵을 먹는 것은 당시의 유서 깊은 종교적 전통이었다.

그 빵이, 설령 배가 고프다고 해서 자신과 자신의 군인들이 마음대로 먹을 수 있는 빵이 아니라는 것쯤은 다윗도 잘 알고 있었다. 그럼에도 불구하고 그는 그 빵을 달라고 거듭 요청했다. 자신은 지금 왕의 명령을 받들고 있는 중이며, 자신을 따라 곧 도착할 사람들도 그 일을 위해 성별되었노라고 말했다.

아히멜렉은 종교 규정을 접어 두고 다윗에게 그 빵을 내어 주었다. 아히멜렉은, 율법을 문자적으로 해석하여 성소가 침범당하지 않도록 지키는 데 있어 까다롭게 구는 사람이 아니었다. 종교 규정의 문자가 아니라 그 정신을 간파할 줄 알았던 그는 다윗에게 빵을 내어 주었다. 엄숙한 종교 의식을 위해 구별된 빵, 지금 우리의 성찬식 빵과 닮은 그것을 다윗은 낚아채듯 받아들고 굶주린 거지처럼 게걸스럽게 입에 넣었다. 천여 년 후, 예수님은 이 사건을 언급하시면서, 율법의 문자에 얽매이지 않고 그 정신을 따른 아히멜렉을 넌지시 칭찬하셨다(마 12:1-5).

> 다윗의 게릴라들이 제사장만 먹는 거룩한 빵을
> 야전용 휴대 식량으로 삼고,
> 천여 년 뒤 마찬가지로 들판에서 예수님의 친구들이
> 이삭을 잘라 여행용 식량으로 삼았던 일 이래로,
> [그리스도의] 모든 증인과 군병은
> 음식과 안식일을 합당하게 다루는
> 행복한 주권을 소유하고 있다네.
> 거룩한 식욕을 가지고, 거룩한 여가를 누리며,
> 하나님을 영화롭게 하면서.

■ ■ ■

다윗은 빵을 먹은 후 제사장에게 무기를 내어 달라고 요청했다. 그는 계속 도망자 신분을 숨기며 아히멜렉에게 거짓말을 했다. "임금님의 명령이 너무도 급해서, 칼이나 무기를 가져오지 못했습니다"(삼상 21:8). 혹 제가 쓸 만한 무기가 있는지요?

마침 무기가 있었다. 바로 골리앗의 칼이었다. 자신이 몇 년 전 엘라 골짜기 전투의 전리품으로 가져온 그 칼 말이다. 그 칼은 기념물이었다. 하나님이 어린 다윗을 사용하셔서 약탈자 블레셋의 전세를 단번에 꺾어 버리신 위대한 구원 사건을 기념할 목적으로 성소에 진열되어 있었다. 칼은 홈이 나거나 녹슬지 않도록 정성스럽게 보관되어 있었고, 기도하러 성소에 온 사람들은 그것을 보고 하나님을 향한 자신들의 믿음과 신뢰를 새롭게 하곤 했다.

"여기에 이것(골리앗의 칼) 말고는 다른 칼이 없습니다." 아히멜렉이 말했다. 다윗은 망설이지 않았다. "그만한 것이 어디에 또 있겠습니까? 그것을 나에게 주십시오"(삼상 21:9).

다윗은 그 칼을 차고 길을 떠났다. 그는 허기지고 무방비인 상태로 성소에 들어왔었다. 그러나 이제 그는 든든하고 갖추어진 모습으로 성소를 떠났다.

■ ■ ■

처음에 아히멜렉과 다윗은 성소가 무엇을 위한 것인지에 대해 다른 생각을 가졌었다. 하지만 다윗의 생각이 이겼고 아히멜렉은 그렇게 되도록 **놓아 두었다**. 처음에는 일이 어떻게 돌아가는지 확신하지 못하고 주저하긴 했지만, 그는 다윗의 길을 가로막지 않았다.

성소란 무엇을 하는 곳인가? 목소리를 낮추고 교양 있게 행동해야 하는 경건한 장소인가? 묵상하고 사색하며 아브라함, 모세, 베드로, 바울 등을 기억하는 곳인가? 그렇다. 하지만 성소는 또한 긴급한 상황에 놓였을 때 도움을 얻는 곳이기도 하다. 그 곳은 여행을 위한 양식을 주고 싸움을 위한 칼을 주는 곳이다. 다윗은 먹지 못한 빈 배와 무기 없는 맨손으로 성소에 들어왔다. 하지만 거기서 나올 때는 다윗의 배는 든든했고 손에는 무기가 들려 있었다.

■ ■ ■

나는 **성소**라는 단어를 단순히 사원, 성전, 성당, 예배당 등에 한정되지 않고 모든 거룩한 장소를 다 포함하는 의미로 쓰고 싶다. 거룩한 장소란, 삶에는 눈에 보이는 것 이상의 무언가가 있음을 알고 그 무언가는 '다른' 것임을 인식하는 장소다. **다른 것**. 하나님은 우리를 초월해 계시면서 동시에 우리 가까이 계신 분이다. 정원이나 공원이 성소가 될 수도 있다. 산이나 사막, 혹은 서재나 자동차 안이 성소가 될 수도 있다. 거룩한 장소는 대개 사제나 목사가 감독하는 곳이라는 전제 하에 정의된다. 그러나 나는 예외를 위한 여지를 남겨 놓고 싶다. 야곱의 돌 베개, 모세의 불붙은 가시떨기, 베드로의 고기잡이 배 등을 생각해 보라. 이런 말을 하는 데는 이유가 있다. 추잡한 세상사와 성가신 가족으로부터 차단된 조용한 세계로 도피해 불가사의한 종교적 가르침이나 장엄한 종교 의식에 온통 파묻혀 지내면서 무언가 신비스런 분위기만을 탐미하게 하는 잘못된 영성을 막기 위해서다.

놉에서 일어났던 일에 비추어 내 삶을 바라볼 때, 나는 성소란 단지 하나님에 대한 나의 인식과 관계가 깊어지는 장소만은 아니라는 사실을 깨닫는다. 그 곳은 또한 다윗처럼 빵과 칼을 얻는 곳, 든든한 양식과 전투용 무기를 얻는 곳이기도 하다. **빵과 칼**, 이 두 단어 모두 성경에서 종종 하나님의 말씀을 가리키는 말로 쓰인다. 하나님의 말씀은 빵이다. 하나님의 말씀은 칼이다. 이는 말의 유희에 불과한 것이 아니라 깊은 체험을 담은 실재다. 궁지에 몰려 양식도, 무기도 없이 필사적으로 도망칠 때 우리는 성소를 찾는다. 거룩한 장소를 찾는다. 그러면 거기에서 놀라운 일이 일어난다. 우리는 그 거룩 속에서 생명력과, 삶을 깊이 있게 하는 힘을 발견한다. 위험을 만나 약해질 대로 약해진 채 성소에 들어온 우리는, 어느새 그 위험과 정면으로 맞설 수 있는 힘을 얻고 무장을 갖추게 된다.

이러한 성소의 영성은 그리스도인의 삶에 없어서는 안 될 근본적인 영성이다. 우리에게는 달려 들어갈 수 있는 성소가 필요하다. 신앙을 대적하는 이 위험한 세상 속에서 성소 없이는 삶을 이어 갈 수 없다. 우리에게는 하나님과 하나님의 공급이 필요하다. 거룩한 삶을 위해 거룩한 장소들이 필요하다.

### ✜ 도엑

그 날 놉의 성소를 방문한 사람은 다윗말고 한 명이 더 있었다. 성소의 한쪽 구석에 앉아 있던 그는 다윗이 들어오는 모습, 아히멜렉에게 거짓말을 하는 모습, 거룩한 빵과 거룩한 유물—골리앗의 칼—을 받아 들고 떠나는 모습을 다 지켜보았다.

그의 이름은 도엑이었다. 에돔 사람 도엑. 성경 본문은 그를 "사울의 신하"(삼상 21:7)라고 부르고 있다. 최근의 본문 연구에 따르면, 그를 '사울의 근위대 대장'으로 볼 수 있는 증거가 있다.[9] 요즘 우리 사회로 치자면, '사울의 비밀 경찰 대장' 정도 되는 것이다. 물론 그는 다윗을 잘 알고 있었을 것이다. 그들은 함께 사울의 궁전에서 일했다. 도엑은 다윗이 노래하고 연주하는 것을 들었다. 그는 사울이 다윗을 총애하다가 발작이 일어나면 죽이려고 덤벼들던 것을 보았다.

그는 그 날 어떤 종교 의식을 행하기 위해 그 성소에 와 있었다. 본문은 그가 "주 앞에서 하여야 할 일이 있어서 거기에 머물러 있었다"(삼상 21:7)고 말한다. 아마도 그는 속죄 의식이나 정화 의식 같은 것을 행하고 있었을 것이다. 그가 왜 그 성소에 왔는지 자세히는 알 수 없지만, 분명 중요한 종교 활동 때문이었을 것이다. 어쨌든 그는 일상적으로 성소에 드나드는 사람은 아니었다.

그곳에서 그는 다윗의 일거수 일투족을 세심하게 관찰할 수 있었다. 그는 다윗이 성소에서 하나님의 제사장에게 거짓말하는 것을 들었다. 그는 다윗이 거룩한 빵을 받아 들고 먹는 것을 보았다. 모세의 법에 따르면, 오로지 영적인 목적을 위해서, 보통의 빵과는 구별되어 거룩하고 신비한 일에만 사용하게끔 되어 있는 그 빵을 말이다. 그는 또 다윗이 그 유명한 골리앗의 칼을 집어 드는 것을 보았다. 초등학생들이 와서 견학하고 돌아가는 전리품인 칼, 국가적 긍지를 고양시키는 박물관 소장품인 칼을 불경스럽게도 감히 집어 들고 나가는 모습을 말이다. 그는 보이지 않는 그늘진 곳에 앉아서 다윗의 모든 행동을 다 지켜보며, 두고 보자고 벼르고 있었다. 곧 밝혀질 일이지만, 사실 도엑은 하나님에 대해 전혀 관심이 없는 사람이었다. 그는 머리끝부터 발끝까지 정치적인 사람이었다. 종교 활동에 참여하고 있기는 했지만, 그는 아마 어떤 정치적인 이득이나 정당화를 위해 그 종교적 장소에 왔을 것이다.

도엑 같은 사람에게 성소는 일상 생활의 성화를 추구하는 장소가 아니라, 일상 생활을 치장하는 거룩한 장식품으로서의 자기 의를 얻는 장소다. 도엑 같은 이들에게 성소는 자신의 약함을 드러내는 장소가 아니라 자신을 위장할 가리개를 얻는 장소다. 도엑이 다윗과 같은 모습으로 거룩한 장소에 들어간다는 것은 생각할 수 없는 일이다. 헐떡이며 흐트러진 차림으로 들어가 거짓말을 하고 필요한 것을 움켜쥐는, 곧 신성한 것들을 속된 일상 세계로 다시 끌고 나오는 모습 말이다. 도엑은 그저 **적당한** 교인이었다. 그에게 종교와 종교에 관련된 일들은 그저 정치적 이득이나 직업상의 목적을 위한 것일 뿐이었다. 그러니 도엑이 성소에 앉아 하나님을 생각하고 있었을 가능성은 거의 없다. 그런 사람들에게 성소란 거룩한 것이 아무것도 없는 장소에 불과하다.

도엑은, 다윗의 거짓말을 들었고 빵과 칼을 취하는 것도 보았다. 그는 분명 자신이 그 날 운이 좋았다고 생각했을 것이다. 다윗을 깔아뭉개고 사울의 궁전에서 출세하기 위해 써먹을 수 있는 대단히 가치

있는 정보를 입수했으니 말이다. 그는 기브아에 있는 사울의 궁전으로 돌아갔고 거기서 기회를 노리고 있었다.

기회는 곧 찾아왔다. 사울은 다윗이 광야에 있는 것을 보았다는 소문을 들었다. 그는 분노를 터뜨렸다. 아니, 어째서 지금까지 아무도 그 사실을 보고하지 않았단 말인가? 왜 나만 다윗이 어디에 있는지 몰랐단 말인가? 그는 곁에서 시중들던 부하들을 자신을 대항해 공모한 자들이라고 몰아붙였다(삼상 22:6-8).

철두 철미하게 정치적 기회주의자였던 도엑은 왕의 비위를 맞출 수 있는 이 기회를 놓치지 않았다. 그는 놉에서 보았던 일을 왕에게 보고했다. 다윗이 그 곳에 도움을 구하러 왔었고 아히멜렉이 그에게 도움을 주었던 일 말이다.

사울은 행동에 착수했다. 그는 놉에 있던 아히멜렉과 모든 보조 제사장들(85명이 있었다)을 심문했고, 그들을 자신을 대항해 다윗과 함께 음모를 꾸민 자들로 몰아붙였다. 그들은 자신들에게는 죄가 없노라고 정당하게 항변했다(왜냐하면 다윗의 거짓말로 인해, 아히멜렉은 자신이 다윗의 탈출을 도와주고 있다고는 전혀 생각하지 못했기 때문이다). 그러나 사울은 코웃음을 치며 그들을 모두 처형하라고 명령했다.

■ ■ ■

이 시점에 이르러 사울의 신관과 종교관은 완전히 뒤틀리고 완전히 자기 중심적인 것이 되어 버렸다. 그에 따르면, 제사장의 임무는 도망자를 돕는 것이 아니라 왕을 비호하는 것이다. 성소는 배고프고 쫓기는 사람들이 도움을 얻는 장소가 아니라, 하나님을 기념하고 국가의 전통을 보존하는 길가의 사당에 불과하다. 종교의 보전에 최고의 충성을 바치지 않는 제사장들은 국가에 위험한 집단이다. 그러나 사실 그런 종교는 전혀 종교가 아니다. 그것은 일종의 힘의 정치일 뿐이다.

사울의 군인들은 제사장들을 죽이라는 사울의 명령에 불복했다. 그들은 왕의 명령에 불복종할 수도 있을 만큼 충신들이었다. 그들은 아무리 기름부음 받은 왕의 명령이라 할지라도 인간의 명령이 결코 하나님의 명령을 침해할 수 없음을 알고 있었다.

부하들이 복종하기를 거부하자, 사울은 도엑에게 명령을 내렸다. 그리고 도엑은 그 명령을 따랐다. 그는 무방비 상태의 제사장 85명을 살육했고, 더 나아가 그 마을 사람 전체—여자들, 아이들, 가축들까지—를 학살했다(삼상 22:18-19). 칼뱅은 도엑을 '최고의 악한'이라고 불렀다.[4] 설득력 있고 계산적인 도엑은 그 날 그토록 잔악한 일을 저지르면서 분명 아무런 의문이나 회의도 느끼지 않았을 것이며 자신은 성소가 인정해 준 자기의 정체성에 따라 행하고 있다고 확신했을 것이다. 그는 성소에서 얻은 바를 교활하게 출세를 위해 이용하면서, 성소에 속한 것들을 감히 속된 세상 속으로 들고 도망간 불경스런 다윗을 차갑게 경멸했다.

격한 감정을 담고 있는 다윗의 시편 52편은 이 사건과 관련이 있다. 이 시에는 "에돔 사람 도엑이 사울에게로 가서 다윗이 아히멜렉의 집에 와 있다고 알렸을 무렵에"라는 제목이 붙어 있다. 학살 사건에 대해 전해 들은 다윗은 그 날 도엑이 성소에 있었던 사실을 기억했고

(삼상 22:22) 늘 그렇듯이, 불같이 터져 나오는 분노를 기도로 바꾸어 표현했다.

> 강포한 자야,
> 너는 어찌하여 악한 일을 자랑하느냐?
> 너는 어찌하여
> 경건한 사람에게 저지른 악한 일을
> 언제나 자랑하느냐?
> 너, 속임수의 명수야,
> 너의 혀는 날카로운 칼날처럼,
> 해로운 일만 꾸미는구나.
> 너는 착한 일보다 악한 일을 더 즐기고,
> 옳은 말보다 거짓말을 더 사랑한다.
> 너, 간사한 혀를 가진 자야,
> 너는 남을 해치는 말이라면,
> 무슨 말이든지 좋아한다.
>
> 하나님께서 너를 넘어뜨리고,
> 영원히 없애 버리셨으면 좋으련만.
> 너를 장막에서 끌어내려 갈기갈기 찢어서,
> 사람 사는 땅에서
> 영원히 뿌리뽑아 버리실 것이다.

의인이 그 꼴을 보고,
두려운 마음을 가지고 비웃으며 이르기를
"저 사람은
하나님을 자기의 피난처로 삼지 않고,
제가 가진 재산만을 의지하며,
자기의 악한 성품을 힘으로 삼던 자다"
할 것이다.

그러나 나만은 하나님의 집에서 자라는,
푸른 잎이 무성한 올리브 나무처럼,
언제나
하나님의 한결같은 사랑만을 의지하다.

주께서 하신 일을 생각하며,
주님을 영원히 찬양하렵니다.
주님을 믿는 성도들 앞에서,
선하신 주의 이름을 우러러 기리렵니다.

■ ■ ■

성소에서는 놀라운 일이 일어난다. 우리는 달려가다가 거룩한 장소에 멈추어 서서 삶에는 주변 환경 이상의 것, 우리의 감각 너머의 것들이 존재한다는 사실을 발견한다. 우리는 우리 안에 계신 하나님, 우리 옆에 계신 하나님, 우리를 밑에서 받치고 계신 하나님을 알아본다. 새로운 생명이 우리 내면에서 솟아오른다. 우리 삶에서 이미 오래 전에 사라졌다고 생각했던 부분들이 회복된 것을 보게 된다. 하나님의 부르심, 기도의 처소, 구원의 증거를 다시 기억해 낸다. 그리고 새롭게 이렇게 말한다. "그만한 것이 어디에 또 있겠습니까? 그것을 나에게 주십시오." 우리는 새롭게 회복되고 부흥되고 구속되어 성소를 나선다.

그러나 성소에서는 또한 끔찍한 일도 일어난다. 우리는, 우리가 멸시하는 사람들과 우리 자신을 구분짓기 위해 종교 의식을 이용할 수도 있다. 또 우월감을 갖기 위해, 혹은 경쟁에서 우위를 차지할 목적으로, 혹은 자신의 증오심과 비열함을 종교의 권위로 정당화시킬 목적을 가지고 거룩한 장소에 들를 수도 있다. 그러면 우리는 더욱 굳고 차갑고 교활한 인간이 되어 성소를 나선다.

거룩한 곳에 들어가 거룩하신 하나님의 임재를 인식할 때마다, 우리는 더 나아져서 나올 수도 있고 더 나빠져서 나올 수도 있다. 만일 우리가 스스로를 평범한 사람이나 사물들과 분리시킨다면, 거의 확실하게 더 나쁜 인간이 되어 나올 것이다. 우리는 도엑처럼 성소를 떠날 때 자신이 가진 정의의 기준을 다른 사람에게 강요할 태세가 되어, 하나님에 대한 자신의 이해를 다른 사람들에게 억지로 강요하고 분을 가득 품고 성전(聖戰)에서 십자군에 참여하려 들 것이다. 그러나 주리고 가난한 마음으로 하나님 앞에 약한 모습 그대로 나아가 필요한 바를 솔직하게, 심지어 전투적으로 간청할 때 우리는 거의 확실하게 더 나은 인간이 되어 나올 것이다. 우리는 다윗처럼, 살아 있다는 것 자체에 감사하며 하나님이 우리와 함께하신다는 것과 너무도 거룩한 성찬은 사실 우리에게 너무도 필요한 일상적 양식이라는 것을 깨닫고 놀라움을 금치 못하며 성소를 나설 것이다.

# 7. 광야
## 엔게디의 다윗

사무엘상 23-24장

> 그리고 곧 성령이 예수를 광야로 내보내셨다.
> 예수께서 사십 일 동안 광야에 계셨는데, 거기에서 사탄에게 시험을 받으셨다.
> 예수께서 들짐승들과 함께 지내셨는데, 천사들이 그의 시중을 들었다.
> – 마가복음 1:12-13

    엔게디는 사해 옆에 있는 작은 오아시스로서, 이스라엘의 남동쪽 외딴 곳에 있는 소금물 호수다. 요즘은 여행객과 수영하는 사람을 위한 작은 공원이 있다. 종려나무 몇 그루, 음료수 상점, 수영 후 소금기를 씻어 내고 옷을 갈아입을 수 있는 탈의장 등이 갖추어져 있다. 보통 수영하는 사람이 열두 명 정도 있다. 사실 수영이라기보다는 그저 떠다니는 것이다. 염도가 너무 높아 수영하기는 어렵기 때문이다. 거기서 서쪽으로 270미터 정도 가면, 높이가 600미터 이상인 깎아지른 듯한 절벽이 있고 그 위에 넓은 고원이 펼쳐져 있다. 그 고원과 절벽은 심한 침식으로 골이 파여서, 복잡한 협곡과 동굴들이 형성되어 있다.

이 곳이 바로 엔게디 광야다. 넓디넓은 황무지인 이 곳은 아마도 지구상에서 가장 험하고 황량한 지역일 것이다. 하이에나, 도마뱀, 대머리수리 등이 당신을 맞아 준다.

몇 해 전 나는 엔게디에서 몇 시간 머무른 적이 있다. 봄날이었다. 나는 다윗이 사울 왕을 피해 도망치는 신세였을 동안 살았던 지역을 직접 느껴 보고 싶었다. 나는 절벽에 올라가 보기도 하고 동굴에 들어가 보기도 하면서, 이토록 험한 환경에서 다윗이 어떻게 목숨을 부지하며 살았을까 상상해 보았다. 모든 것이 낯설고 생소하고 이질감이 느껴졌다. 황량한 광야. 그러나 신기하게도 아름다웠다.

광야에 있은 지 한 시간 정도 지나자, 감각—시각, 청각, 후각—이 예민해지기 시작했다. 광야에서는 그렇게 된다. 당신은 더 많은 것을 보고 들으며, 그렇다, 더 많이 믿게 된다. 이것이 바로 우리의 영성 전통에서 광야가 그토록 중요한 위치를 차지하는 이유다.[1] 소음도 없다. 사람도 거의 살지 않는다. 짐승들이 조금 있기는 하지만 대개 눈에 띄지 않는다. 그런데 이러한 고독 속에서, 얽히고설킨 불안정한 삶의 연결 망에서 자신이 차지하고 있는 부분에 대한 인식이 발달한다. 거룩에 대한 감각이 생겨난다. 신성함이 드러난다.

다윗은 광야에서 인생을 시작한 것도 아니고 또 광야에서 인생을 마친 것도 아니다. 그러나 그는 광야에서 대단히 의미 있는 세월을 보냈다. 모든 사람—최소한 하나님과 관계를 맺고 있는 모든 사람—은 광야에서 얼마간 시간을 보내기 마련이다. 그러므로 거기서 무슨 일이 일어나는지를 살펴보는 것은 중요하다.

다윗은 스스로 원해서 광야에 들어간 것은 아니었다. 그는 그리로 쫓겨 들어갔다. 야생 염소 사진을 찍기 위해 혹은 더없이 아름다운 들꽃을 화폭에 담으러 광야에 간 것이 아니라, 자신을 죽이려 하는 사울 왕을 피해 도망친 것이었다. 다윗이 광야에 들어간 것은 그가 목숨을 건지려고 달아난 도망자 신세였기 때문이다.

그러나 다윗은 거기로 쫓겨간 후, 광야가 진리의 장소, 아름다움의 장소, 사랑의 장소라는 사실을 배우게 되었다. 다윗이 광야에서 보낸 세월은 그의 인생에서 가장 좋은 시간에 속한다.

### ❖ 없어서는 안 될 광야

광야는 무언가 거대한 매력을 지니고 있다. 잭 런던(Jack London)은 「야성이 부르는 소리」(The Call of the Wild, 지식의 풍경)라는 유명한 책을 썼다. 광야(the wild)는 정말 우리를 **부른다**. 북미 대륙 대부분의 지역은 불과 얼마 전까지만 해도 광야였다. 너무도 오랫동안 무시되고 사장되었던 아메리카 인디언들의 목소리가 최근 다시 들리고 있다. 그들은 광야가 본디 가진 신성함에 대해 그리고 날씨와 계절과 땅의 영성에 대해 증언한다. 광야는 벌목꾼과 광산업자들, 목축업자와 농장주들로 인해 점점 줄어들었고 나중에는 고속도로와 송유관과 쇼핑몰들이 그 자리에 들어섰다. 광야는 여전히 매일 야금야금 약탈과 개발과 오염과 상업화에 희생당하고 있다.

사태의 심각성을 깨달은 몇몇 사람들이 여기저기서 일어나 조금이라도 광야를 보존하기 위해 끈질긴 노력을 기울여 왔다.[2] 존 뮤어

(John Muir), 테디 루즈벨트(Teddy Roosevelt), 기포드 핀초트(Gifford Pinchot) 등이 앞장을 섰다. 국립공원과 주립공원이 지정되었고 광야 지역이 따로 설정되어 보호되었으며 야생 동물 은신처가 지정되었다. 사람들이 이러한 노력을 했고 또 하고 있는 이유는, 우리에게는 어떤 목적을 위해 **이용하지** 않은 채 단순히 있는, 그대로 **있을** 뿐인 산과 들, 강과 사막이 필요하기 때문이다. 오직 침묵과 고독 속에서만 체험할 수 있는 것들이 있다. 인간됨의 본질에 대해, 오직 너도밤나무 그늘 아래나, 거품이 이는 급류 옆, 혹은 걸어 올라간 높은 산 정상에서만 깨달을 수 있는 것들이 있다. 낸시 뉴홀(Nancy Newhall)은 다음과 같이 썼다. "광야는 사람이 아직 질문하기를 배우지 못한 질문들에 대한 답을 가지고 있다."[3)]

광야에 있을 때에는 해야 할 임무도, 지켜야 할 약속도 없으며 그 무엇에도 매여 있지 않다. 그저 깨어 있고 그저 살아 있으면 된다. 그것이 전부다. 광야에 있을 때, 우리는 흔히 삶이 단순해지고 깊어지는 것을 체험한다. 사람들은 광야에서 며칠(혹은 몇 시간)을 보내고 난 후, 자신이 좀더 자신다워지고 정리되고 자연스러워진 것을 느낀다. 비록 하나님의 이름을 부르지 않고는 광야 생활에 익숙해질 수 없긴 하지만 어쨌든 사람들은 매우 자주 **하나님**의 이름을 부른다. 광야에는 매우 매력적인 무언가가 있다.

물과 광야가 없어져 버린다면
세상은 어떻게 될까? 그들을 남겨 둘지어다.
아, 그들을 남겨 둘지어다. 물과 광야를.

잡초와 광야여, 무궁히 살지어다.[4]

　그러나 광야는 또한 겁나는 곳이기도 하다. 광야는 숨이 멎을 만큼 아름다운 곳이지만, 동시에 아무것도 예측할 수 없는 위험한 곳이다. 폭풍우가 일면, 천사의 얼굴과 같았던 하늘은 순식간에 악마의 얼굴로 돌변한다. 멋진 자태를 보이던 동물도 순식간에 사나운 살인마로 변할 수 있다. 다채로운 빛깔을 반사하며 보는 이를 즐겁게 해주는 산 개울이지만, 발 한 번 잘못 디디어 빠지면 순식간에 우리의 몸을 찬물로 얼려 버린다. 광야는 순식간에 우리의 목숨을 앗아가 버릴 수 있는 방법을 수없이 가지고 있다.

　광야에는 언제나 이처럼 아름다움과 위험 그리고 자연 그대로의 단순성과 끔찍한 재난 사이의 긴장이 존재한다. 우리들 대부분은 이러한 긴장을 오래 견디지 못한다. 그래서 우리는 마을과 도시로 나가 살게 된다. 우리는 수도꼭지와 아궁이, 지붕과 도로 표지판, 식료품 가게와 경찰서와 소방서를 사방에 갖추어 놓고 산다. 우리는 밤에는 문을 잠그고, 비가 올 때는 우산을 받치고, 개는 줄에 매어 기른다.

　그러나 우리가 아무리 완전히 문명화된 곳에 살고 있다 하더라도, 갑자기 광야로 내던져지는 때가 있다. 이는 지리적인 광야가 아니라 내가 '상황적인 광야'라고 부르는 광야다. 모든 것이 다 잘 풀렸다. 우리는 한 분야에서 전문성을 얻었으며 직업을 얻었고 집을 꾸몄으며 좋은 차를 장만했고 생활에 질서를 잡아 주는 스케줄을 따라 움직였으며 중요한 책임을 맡아 자신을 과시했고, 사람들이 우리 이름을 말하는 것을 들으며 그것을 자신과 동일시하기로 결정했다. 그런데 갑자기 제정신을 잃는 때가 생긴다. 도무지 이해할 수 없는 일이 우리 내면에, 혹은 우리에게 중요한 사람에게 일어난다. 격한 감정에 휩쓸리며, 전에는 생각지도 않았던 질문들이 우리 안에 일어나는 것을 경험한다. 우리의 신체, 감정, 사고, 친구, 혹은 직업에 급작스런 변화가 생긴다. 우리는 스스로를 어찌해야 할지 모른다. 우리는 광야에 들어간다.

물론 나는 이러한 상황적 광야가 끔찍하고 겁나며 위험한 곳이라는 사실을 인정한다. 하지만 나는 또한 그 곳이 아름다운 장소라는 사실도 믿는다. 다른 곳에서는 보고 듣고 체험할 수 없는, 오직 광야에서만 보고 듣고 체험할 수 있는 것들이 있다. 광야에 처할 때, 물론 우리는 겁을 먹을 것이다. 하지만 우리는 또한 깨어서 눈을 크게 뜨고 있어야 한다. 광야는 우리가 위험과 죽음에 직면하는 곳이지만, 맞이하는 태도에 따라서는, 하나님의 위대한 신비와 삶의 특별한 소중함에 직면하는 곳이기도 하기 때문이다.

### ❖ 세 가지 광야 이야기

다윗의 엔게디 광야 이야기는 다른 두 가지의 광야 이야기와 같은 부류에 속한다. 하나는 모세가 이스라엘 백성을 이끌고 40년 동안 시내 광야를 지나간 이야기고, 다른 하나는 예수님이 유대 광야에서 40일 동안 금식하신 이야기다. 서로 영향을 주고받는 이 이야기들은 성경에 나오는 세 가지 위대한 광야 이야기다.

광야 이야기는 유혹과 시험의 이야기다. 광야는 시험(testing)의 장소이며 유혹(tempting)의 장소다. 광야는 야생의 땅이다. 길들여지거나 경작된 것은 전혀 없다. 거기에는 문명을 지탱해 주는 일상적인 것들이 존재하지 않는다. 거기서의 삶은 순전히 생존이다.

모세의 광야 이야기에서, 이스라엘 백성은 우상과 살아 계신 하나님을 분간하는 법을 훈련받았고 하나님을 경배하는 법을 배웠다. 광야 체험은 하나님 앞에서 온전히 사는 삶을 준비하는 기간이었다. 예수님의 광야 이야기에서 우리 주님은 종교와 영성, 즉 하나님을 이용하는 것과 하나님이 하시는 일 속으로 들어가는 것을 분간하는 법을 배우셨고, 그것을 통해 그분은 우리의 협력자, 충고자, 좋은 친구를 넘어 우리의 구세주가 될 준비를 갖추셨다. 다윗의 광야 이야기에서 우리는, 미움받고 한 사람의 인간이기를 거부당하고 한 마리 사냥감 신세로 전락한 젊은이가 신성 모독의 삶과 기도의 삶 중 하나를 선택해야 하는 기로에서 결국 기도를 택하는 모습을 본다. 그는 기도를 선택하면서 거룩을 연습하는 삶을 시작했다. 그것은 매우 현세적인(earthy) 거룩이었으나 분명 거룩이었다.

나는 '**거룩한**'이나 '**거룩**' 같은 말을 사용하는 것에 대해 염려가 된다. 그 단어들이 잘못된 것을 연상시켜 왔기에 그로 인한 오해를 받고 싶지 않기 때문이다. 우리는 보통 '거룩한'이라는 단어를 '하늘 나라에서 온 것처럼 착한' 혹은 '나 같은 사람과 사귀기에는 너무 선한'이라는 뜻으로 사용한다. 얼토당토않게 말이다. 하지만 이러한 오해의 가능성에도 불구하고 내가 이 단어를 사용하는 것은, 광야 생활이 다윗 안에 강렬하게 형성시켜 놓은 바를 표현하기에 이보다 더 적합한 말이 없기 때문이다. 핵심은, 다윗은 무엇을 하든지 간에 근본적으로 하나님과 관계를 맺고 있었다는 사실이다. 그리고 그는 하나님과 가까워질수록 점점 더 인간다워져 갔다. 그리고 더욱더 그는 '다윗다워져' 갔다. '거룩한'은 바로 그러한 삶, 즉 '살아 계신 하나님'과의 관계를 통해 점점 더 살아 있는 인간으로 깨어나는 삶을 묘사하기에 가장 적합한 단어다. 우리는 하나님과 관계를 맺을 때 가장 인간다워진다. 다른 길로 가면 점점 더 인간다움과 나 자신다움에서 멀어질 뿐이다.

광야에서 우리는 근본적인 것들 그리고 '궁극적 근본' 즉 하나님과 대면한다. 이 대면은 시험이요 유혹이다. 우리는 하나님과 관계 맺기를 택할 것인가, 아니면 거부할 것인가? 이 시험의 결과, 우리는 더 나아지기도 하고 더 나빠지기도 한다. 성장하기도 하고 퇴보하기도 한다. 다윗은 더 나아졌다. 다윗은 성장했다.

그래서 우리는 다윗의 광야 생활 이야기를 읽으며, 하나님의 손길과 그에 대한 다윗의 반응을 살펴보는 것이다. 그것은 우리 자신이나 친구들의 삶 속의 광야 같은 상황에서 하나님에 대한 이와 유사한 반응을 발견하는 데 도움이 된다.

### ❖ 동굴 속의 사울 왕

다윗의 광야 생활에 대해서는 열다섯 가지 이야기가 전해지고 있다. 그 초기 이야기 중에 엔게디 근처의 광야 동굴에서 다윗과 사울이 만난 이야기가 있다. 다윗과 그를 따르는 젊은이 몇 사람이 사해의 절벽에 나 있는 어느 동굴 속에 숨어 있다. 날은 무척 덥고 동굴 안은 시원하기 때문이다. 그들은 동굴 속 깊은 곳에서 쉬고 있었다. 그런데 갑자기 동굴 입구 쪽에 사람 그림자가 나타난다. 그들은 그가 사울 왕임을 알아보고 몹시 놀란다. 이만큼 가깝게 추적당하고 있으리라고는 예상하지 못했다. 그러나 동굴 안으로 들어온 사울은 그들을 알아보지 못한다. 작열하는 사막 태양의 빛 가운데 있다가 들어왔기에, 그의 눈은 아직 어둠에 익숙해지지 않았다. 그래서 동굴 안쪽 어두운 구석에 있는 형체들을 알아보지 못한 것이다. 게다가 그는 그 때 그들을 찾을 목적으로 거기에 들어온 것이 아니라 대변을 보려고 들어온 것이다. 그는 그들을 향해 등을 보이고 앉는다.

다윗과 그를 따르는 젊은이들은 상황을 파악한다. 그들을 보지 못하고 허리띠도 푼 채 무기도 없이 앉아 있는 사울은 이제 죽은목숨이나 다를 바 없다. 다윗의 젊은이들은 곧 행동을 취하려고 한다. 그러나 다윗은 조용히 그들을 저지한다. 대신 그는 동굴 벽을 따라 조심조심 사울의 옷이 놓여 있는 곳으로 가서, 몰래 그 겉옷 자락을 조금 잘라내고 다시 제자리로 돌아온다. 잠시 후 사울은 옷을 챙겨 입고 칼을 차고 동굴을 떠난다. 사울이 어느 정도 먼 곳까지 갔을 무렵 다윗은 동굴의 입구에 나와서 그를 향해 외친다. 왕은 협곡 건너편에 있다. 다윗은 외친다. "임금님, 임금님!"(삼상 24:8) 뒤를 돌아본 사울은 놀란 나머지 낯빛이 하얗게 질린다. 다윗은 정중히 예를 갖추어 왕에게 절을 한다. 그리고 말한다. "왜 임금님은 제가 당신의 적이라고 말하는 사람들의 말을 그대로 믿으십니까? 지금 제가 손에 들고 있는 것을 보십시오. 바로 임금님의 옷자락입니다. 조금 전 저는 임금님의 옷자락을 베는 대신 임금님을 벨 수도 있었습니다. 임금님을 **죽일** 수도 있었단 말입니다. 그러나 저는 결단코 그럴 뜻을 가지고 있지 않습니다. 제가 어찌 감히 여호와의 기름부음 받은 분을 해하려 하겠습니까?"(필자의 의역)

여기가 바로 이 이야기 중에서 특히 우리의 관심을 끄는 부분이다. 다윗은 사울을 여호와의 기름부음 받은 자라고 부른다. "[나는] 절대로 손을 들어 우리의 임금님을 치지 않겠다고 다짐하였습니다. 임금님은 바로 주께서 기름부어 세우신 분이기 때문입니다!"(삼상 24:10).

하나님과 관계를 맺으며 살아간 광야 생활을 통해 다윗 안에는 신성함을 알아볼 줄 아는 감각이 크게 자라났던 것이다. 모든 것과 모든 사람 안에서 하나님의 아름다움과 임재와 거룩을 알아보는 그의 인식은, 척박한 광야 생활 중에 놀랄 만큼 자라났다. 무엇보다도 다윗은 경외할 줄 알았다. 그는 경이롭게 여길 줄 아는 능력이 뛰어났다. 광야 시절에 쓴 많은 시편들은 이를 뒷받침해 주는 증거다. 이 이야기는 그의 그러한 거룩한 삶의 면모를 보여 준다.

사울이 암청색 사해와 건너편 적색 모압 절벽을 배경으로 동굴 입구에 모습을 드러냈을 때 그것은 하나님이 창조하시고 복을 주신 하나의 장관이었다. 다윗은 거기서 적을 보지 못했다. 다만 그는 거기서, 비록 결함을 가지긴 했지만 하나님의 택하심을 입은 장엄한 왕을 보았고 경의를 표했다.

보기 흉한 속된 장면이 아닐 수 없었다. '옥좌'에 앉아 있어야 할 왕이 등을 보인 채 쭈그리고 앉아 대변을 본 것이다. 그러나 다윗은 현세적이었긴 해도 저속하지는 않았다. 그는 오히려 그 장면을 다함 없는 경의를 표하는 기회, 신성한 순간, 생명에 대한 말할 수 없는 경외감을 표현하는 계기로 삼았다.

얼마 후 십에 있는 하길라 산에서 비슷한 상황이 또 한 번 연출되었다(삼상 26장). 야밤에 사울의 진영에 잠입한 다윗은 무방비 상태로 잠에 곯아떨어진 사울을 발견했다. 이번에도 그는 손쉽게 사울을 죽일 수 있었지만 그렇게 하지 않았다. 엔게디에서나 하길라에서나 두 경우 모두, 광야의 훈련을 받은 다윗의 눈에는 사울이 적이 아니라 하나님의 기름부음 받은 자로 보였다. 사람들이 만들어 내는 소음과 소란에서 멀리 떨어져, 아무것도 없는 광야에서 홀로 침묵 가운데 살던 다윗은 사울에게서, 다른 누구도 보지 못했던 하나님의 영광을 알아볼 수 있었던 것이다.

광야는 다윗에게 모든 곳에서 아름다움을 알아보는 법을 가르쳐 주었다. 광야는 다윗에게 생명의 고귀함을 가르쳐 주는 학교였다. 광야 생활을 통해 다윗은 전에는 전혀 기대하지 못했던 장소와 사물들 안에서 하나님을 알아보는 법을 배웠다. 광야의 너무도 심원한 아름다움 속에 흠뻑 젖어 있던 다윗이기에 저속한 복수 따위는 생각조차 할 수 없었다. 광야를 통해 참으로 굳은 충성심을 훈련받은 그이기에, 맹세를 깨뜨린다는 것은 상상조차 할 수 없는 일이었다. 광야를 통해, 참으로 하잘것없는 돌멩이 하나 속에서도 하나님의 임재를 알아보는 법을 배운 다윗은 그 어떤 사물도, 그 어떤 사람도 감히 함부로 대하거나 업신여길 수 없었다.

광야의 거룩이 다윗의 영혼 속으로 스며들었고, 이제 그는 어디에서나, 심지어 사울에게서도 거룩을 알아볼 줄 알게 되었다. 그가 보기에 사울을 죽인다는 것은 신성 모독이었다. 우리의 몸은 성령이 거하시는 전, 즉 거룩한 **장소**라고 바울이 가르치기 천여 년 전에, 다윗은 엔게디 광야에서 심지어 사울의 몸에서도 그 심원한 진리를 발견하고 체험했던 것이다.

### ✣ "내가 주께로 피합니다"

다윗은 거룩을 발견함과 동시에 피난처를 발견했다. 사무엘서는 다윗 이야기의 외면을 말해 주고, 시편―다윗의 기도문―은 같은 이야기의 내면을 말해 주는데, 이 두 가지 면은 **피난처**라는 단어에서 만난다.

우리는 시편에서 반복해서 **피난처**라는 단어를 만난다. "주께 피신하는('주를 피난처로 삼는'―역주) 사람은 모두 복을 받을 것이다"라고 말하는 시편 2편을 선두로 해서, "주께로 피신하는 사람은 누구나 기뻐하고"라고 말하는 5편, "내가 주께 피하였거늘"이라고 말하는 11편 등, 계속되는 시편 속에서 우리는 무려 37번이나 피난처라는 단어를 찾아볼 수 있다(동사로 25번, 명사로 12번). 다윗(과 그로부터 이어져 내려오는 시편 전통)은 영적인 의미를 위한 이야기적 배경을 제공한다. 광야는 다윗이 **피난처**라는 단어의 뜻을 알게 된 사전이었다. 그가 거기서 발견한 피난처의 뜻은 주로 하나님과 관련이 있다.

**피난처**라는 단어는 매우 인상적인 어의 변화 과정을 거쳤다. 구약학자 갬브로니(J. Gamberoni)는 그 단어가 처음에는 매우 물리적이고 지리적인 뜻을 갖는 단어였음을 보여 준다. 피난처란 우리가 도망쳐 가는 장소다. 그러나 시편에서 그 단어는 "도망과 관련된 모든 물리적이고 심리적인 뜻을 잃고, 대신 오직 여호와만을 지칭하게 되었다. 즉 인간이 단호하게 혹은 구체적인 위험과 유혹에 직면할 때마다 어떤 사람이나 사물보다도 위에 계신 여호와를 선택한다는 의미에서 말이다."[5]

이 단어의 역사가 보여 주는 것처럼 다윗의 기도문에서 **피난처**는 좋은 경험을 지칭한다. 하지만 그를 그 피난처로 이끈 것은 나쁜 경험이었다. 그는 처음에는 그저 목숨을 부지하고자 달려가기 시작했다. 그리고 어느 순간에 마침내 그토록 찾아 달려왔던 생명을 발견했다. 그 생명의 이름은 바로 '하나님'이다. "하나님은 나의 피난처이십니다."

이런 일은 지금도 일어난다. 이는 본디 영성에 일어나는 기이한 일들 중 하나다. 우리가 처음에 무엇을 느끼고 행하고 생각했든지, 그것은 우리를 하나님께로 인도해 주는 길이 될 수 있다. 직통으로가 아니면 돌아서라도. 다시 말해서 우리가 처음부터 하나님에서 출발하는 경우는 무척 드물다는 것이다. 보통 우리의 출발선은 피부에 가장 와 닿는 일들이다. 엉망이 되어 버린 집안, 말 안 듣는 차, 까다로운 배우자, 고집 센 아이 등(혹은 찬란한 해돋이, 희열에 찬 미소, 꿰뚫는 통찰 같은 기막힌 순간들). 우리는 엔게디 광야에서 살고자 바둥거리며 출발한다. 그러나 자기도 모르는 사이 우리는 어느덧 하나님의 광야에서 희열을 맛보는 것이다.

전통적으로 이 이야기와 연관된 것으로 여겨지는 다윗의 기도는 시편 57편이다.[6] 이 시에는 당시 다윗이 도망자 신세였음을 알게 하는 구절들도 보이지만, 우리에게 가장 깊은 인상을 남기는 것은 하나님을 향한 그의 열정적이고 용솟음치는 찬양이다. 이는 사울이 다윗을 광야에 있게 한 원인이긴 해도 결코 광야를 규정하거나 지배하지는 못했음을 말해 준다. 광야는 사울이 아니라 하나님으로 가득한 곳이었다.

> 하나님, 나를 불쌍히 여겨 주십시오.
> 불쌍히 여겨 주십시오.
> 내가 주께로 피합니다.
> 이 재난이 지나가기까지, 내가
> 주의 날개 아래 그늘로 피합니다.
> 가장 높으신 하나님께,
> 나에게 모든 것을 이루어 주시는 하나님께,
> 내가 부르짖으니,
> 하늘에서 응답하시고,
> 나를 핍박하는 자들을
> 책망해 주십시오.
> 하나님의 한결같은 그 사랑과 진실을
> 나에게 보내 주십시오.
> 내가 사람을 잡아먹는
> 사자들 한가운데 누워 있어 보니,
> 그들의 이빨은 창끝과 같고,
> 화살촉과도 같고,
> 그들의 혀는 날카로운 칼과도 같았습니다.

하나님, 하늘 높이 들림을 받으시고,
주님의 영광이
온 땅에서 높임을 받으십시오

그들은 내 생명을 겨냥해서,
내 발 앞에 그물을 치고
내 앞에 함정을 파 놓았지만,
오히려 그들이 그 함정에
빠져들고 말았습니다.

하나님, 내 마음은 흔들림이 없습니다.
진실로, 내 마음은 확고합니다.
내가 가락에 맞추어 노래를 부르겠습니다.

내 영혼아, 깨어나라.
거문고야, 수금아, 깨어나라.
내가 새벽을 깨우련다.

주님,
내가 만민 가운데서 주님께 감사를 드리며,
뭇 나라 가운데서 노래를 불러,
주님을 찬양하렵니다.

주의 한결같은 그 사랑,

너무 높아서 하늘에 이르고,

주의 미쁘심,

구름까지 닿습니다.

하나님, 하늘 높이 높임을 받으시고,

주의 영광이 온 땅 위에서

높임을 받으십시오

광야 자체는 무대에 불과하다. 사울과 다윗은 둘 다 광야에 있었다. 사울은 오로지 다윗을 잡을 생각에 다윗을 쫓아 달려갔고 살인만을 생각했다. 반면 다윗은 하나님께 달려가서 하나님을 피난처로 삼는 기도를 하며, 경이로움에 눈을 크게 뜨고, 그 영광을 받아들이며, 한결같은 사랑과 '약속을 지키시는 진실의' 하나님에 대해 알고 준비했다.

광야를 호락호락하게 여겨서는 안 된다. 왜냐하면 그 곳은 위험한 곳이기 때문이다. 그러나 광야를 회피해서도 안 된다. 왜냐하면 그 곳은 참으로 경이로운 곳이기 때문이다.

# 8. 아름다움
## 다윗과 아비가일

사무엘상 25장

> 말씀이 육신이 되어 우리 가운데 사셨다.
> 우리는 그의 영광을 보았다.
> 그 영광은 아버지께서 주신 독생자의 영광이며,
> 그 안에는 은혜와 진리가 충만하였다.
> – 요한복음 1:14

언제부터였는지는 모르지만, 오래 전부터—20년 전? 30년 전?— 아비가일은 내게 하나의 아이콘(icon)이었다. 즉 그녀는 하나의 통로가 되어, 내게 주님의 아름다움이 쏟아져 오게 만드는 이미지, 주님의 아름다움이 흘러오게 만드는 인물이었다. **아이콘**은 헬라어로는 **이미지**라는 뜻이지만, 영어에서는 영적인 의미가 덧붙여져 쓰인다. 즉 아이콘은 우리의 기도하는 삶 속으로 그리스도의 빛을 비추어 주는 이미지라는 뜻도 가진다.[1]

광야에서 다윗 앞에 무릎을 꿇고 있는 아비가일. 다윗은 눈에 살기를 띠고 분에 겨워 펄펄 뛰고 있다. 아비가일은 그의 길을 막고 그 앞에 무릎을 꿇는다. 모욕을 당한 다윗은 복수를 하기 위해, 격분한 400여 명의 동지를 이끌고 복수의 길을 가는 중이다. 그런데 갑자기 단신으로 나타난 아름다운 여인 아비가일은 길에서 무릎을 꿇고 다윗의 길을 막는다. 지금 다윗에게는 하나님은 없고 자아만이 가득 차 있다. 그러한 결핍은 추함만큼이나 명확히 드러난다. 그런데 아비가일이 나타나 다윗에게 하나님을 회복시켜 준다. 지금으로 보아서는 전혀 아니지만, 전에 다윗은 아름다운 사람으로 불렸다.[2)] 아름다운 아비가일은 다윗에게 그 하나님의 아름다움, 그의 본래의 정체성을 회복시켜 준 것이다.

### ✜ 선한 사마리아인단

다윗은 광야에서 좋은 일을 하나 벌였다. 그는 그를 따르는 젊은이들을 모아 선한 사마리아인단을 결성했다. 광야는 자연 재해가 많을 뿐 아니라 범죄 발생률도 대단히 높은 지역이다. 강도들이 자주 출몰해서 여행자들을 약탈했고 두둑한 지갑이나 값 나가는 물건이 있을 것 같은 사람들을 습격하곤 했다. 예수님이 들려주신 유명한 이야기 중에, 유대 광야를 지나가던 여행자가 강도를 만나 심하게 얻어맞고 쓰러져 있다가 선한 사마리아인에 의해 구조되었다는 이야기가 있다. 다윗과 그의 동지들은 광야에서 바로 이런 구조 작업을 했던 것으로 보인다.

다윗이 나발이라는 부유한 목축업자를 알게 된 것도 이 선한 사마리아인단 활동 때문이었다. 나발의 가축을 돌보던 목자들은 광야의 무법자들과 가축 도둑들에게 특히 많은 해를 당하고 있었는데, 다윗은 이를 적어도 한 계절 동안 보호해 주었던 것이다. 이야기 후반부에서 그 목자들 중 하나는 다윗과 그의 동지들에 대해 이렇게 말한다. "우리가 그들과 함께 있으면서 양을 칠 동안에는, 그들이 밤이나 낮이나 우리를 성벽과 같이 잘 보살펴 주었습니다"(삼상 25:16).

광야 생활 중에 할 수 있는 일 중에 이보다 더 좋은 일이 또 어디 있겠는가? '광야'는 환경이지 해야 할 일이 아니다. 그는 계속 사울에게 쫓겨다니기만 한 것은 아니다. 중간 중간에 숨돌릴 틈도 생기게 마련이었고, 그럴 때면 그들은 다른 사람들을 위험으로부터 보호했던 것이다. 목자들이 소리 높여 한 말("그들이…우리를 성벽과 같이 잘 보살펴 주었습니다")로 보아서, 우리는 그 선한 사마리아인단이 일종의 비공식적 지역 경비대 역할을 하며 비상시 구급차 서비스를 함께 제공했을 것이라고 추측할 수 있다. 무자비한 무법자들이 협곡과 평원 등지를 판을 치며 돌아다니는 도덕적 무정부 상태에 다윗은 일종의 법과 질서를 들여 놓은 셈이다. 이로 인해 나발의 목자들은 큰 혜택을 받았다.

그런데 이제 양털을 깎는 시기가 왔다. 이 때는, 일은 힘들지만 한편 흥겹고 신나는 기간이기도 하다. 한 해 동안 공들인 양모를 거두어들이는 시기이므로 술과 음식이 가득한 잔칫상이 차려졌다. 양털을 깎는 길고도 힘든 작업 후에는 광장한 잔치가 벌어졌다.

이웃에 살던 다윗은 열 명의 동지를 보내 잔치 음식과 술을 좀 달라고 요청했다. 이는 사리에 맞고 상황에 적절한 요구였다. 그들은 1년 내내 나발의 목자들을 보호해 주었고, 그 동안 음식은 겨우 죽지 않을 정도만 먹었다. 광야에는 먹을 것이 풍부하지 않기 때문이다. 신선한 과일과 케이크 몇 조각만으로도 그들은 흔쾌히 만족했을 것이다.

그러나 나발은 그 요청을 듣자 마치 다윗에 대해 처음 들어 보는 양 말하며 그를 광야에 출몰하는 강도 같은 부류로 취급했다. "요즈음은 종들이 모두 저마다 주인에게서 뛰쳐나가는 세상이 되었다"(삼상 25:10). 그는 잔치 음식을 나눠 주기를 거절했을 뿐만 아니라 다윗과 그 동료들을 모욕했던 것이다.

다윗은 분노가 머리끝까지 치솟았다. 그는 이런 모욕을 피로써 갚아 주겠노라고 결심했다. 그는 동지들을 불러 무장시키고 나발의 잔칫집으로 출발했다. 배은망덕하게도 터무니없이 자신을 모욕한 무례하기 짝이 없는 나발을 쳐죽일 참이었다. 나발의 야비함이 다윗 속에도 있던 야비함을 건드려 깨웠던 것이다. "내가 내일 아침까지, 그에게 속한 모든 사람들 가운데서, 남자들을 하나라도 남겨 둔다면, 나 다윗은 하나님께 무슨 벌이라도 받겠다"(삼상 25:22). 이제 나발은 죽은목숨이나 다를 바 없었다.

다윗은 이성을 잃었다. 다윗은 하나님의 기름부음 받은 자로서의 정체성을 잃어버렸다. 다윗은 광야에서 배운 아름다운 거룩을 잃어버렸다. 미치광이 사울 왕을 성령이 거하시는 전으로 볼 줄 알았던 다윗이었지만, 이제 그의 눈에 나발은 악취를 뿜어대는 더러운 쓰레기로밖에는 보이지 않았다. 다윗은 또 다른 사울이 되어 버릴 위기에 있었다. 자신의 지위와 역할을 위협하는 사람이면 누구나 없애 버리려고 기를 쓰는 사울 같은 인간 말이다.

### ✣ "생명 보자기에 싸여"

아비가일은 나발이 다윗을 모욕했다는 것을 감지하고 그 결과를 예상했다. 그녀는 다윗의 분노를 가라앉히기 위해 재빨리 필요한 조치를 취했다. 그녀는 잔치 음식을 가득 싸서 나귀에 싣고 중간에서 다윗을 만나기 위해 길을 떠났다. 그녀는 다윗을 보자 황급히 나귀에서 내려 무릎을 꿇고 공손하게 예를 갖추어 얼굴을 땅에 대며 말했다. "부디, 제발, 간청하오니 참아 주십시오. 이것은 이스라엘의 왕자가 하실 만한 행동이 못 됩니다. 당신이 누구인가를 잊지 마십시오. 하나님의 기름부음, 하나님의 자비를 잊지 마십시오. 원한을 풀기 위해 싸우려 하지 마십시오. 당신은 여호와를 위해 싸워야 할 분이 아니십니까?"(필자의 의역).

그리고 그녀는 연이어 이렇게 말했다. "내 주의 생명은 내 주의 하나님 여호와와 함께 생명싸개 속에 싸였을 것이요, 내 주의 원수들의 생명은 물매로 던지듯 여호와께서 그것을 던지시리이다"(삼상 25:29, 개역개정). 마치 시처럼 들리는 이 말은 이런 뜻이다.

> 어느 누가 당신의 앞길을 막으려 한다 하더라도
> 어느 누가 일어나 당신을 해하려 한다 하더라도
> 당신의 생명은 당신이 섬기시는 주 하나님이
> 생명 보자기에 싸서 보존하실 것이요,
> 당신의 적들의 목숨은,
> 주님이 물매로 던지듯이 던져 버리실 것입니다(필자의 번역).

아비가일은 하나님이 다윗 안에서 일하신 모습—하나님의 부르심, 하나님의 약속, 하나님의 언약, 하나님의 말씀—을 증언한다. 다윗의 삶은 하나님의 일하심 및 계시와 너무도 긴밀하게 얽혀 있기에, 그것을 떠나서는 도무지 다윗의 다윗됨을 생각할 수 없다. 다윗은 결코 자신 안에서 "기뻐하시는 뜻을 따라"(엡 1:9) 일하고 계신 하나님을 부인하지 못한다. 그의 삶의 모양과 방향을 정하는 것은 하나님의 부드러운 자비이지 결코 나발의 악한 바보 짓거리가 아니다.

아비가일은 하나님이 다윗을 위해 일하시는 분임을 증언한다. 보호하시고 인도하시며 다스리시고 개입하시는 하나님. 그녀는 "물매로 던지듯 던져 버리실 것입니다"라는 표현이, 분명 다윗의 기억을 자극하여 오래 전 엘라 골짜기에서 그가 기도하며 골리앗을 물맷돌로 쓰러뜨린 일을 환기시키리라 생각했다.

아비가일의 말은 사실 이런 뜻이다. "다윗이여, 원수를 갚는 일은 당신이 할 일이 아닙니다. 원수 갚는 일은 하나님이 하실 일이고, 당신은 하나님이 아닙니다. 당신이 여기 광야에 있는 것은, 하나님이 무슨 일을 하시며 하나님 앞에서 당신이 누구인가를 발견하기 위해서입니다. 광야는 당신이 스스로를 시험해 보며 자신이 얼마나 강인하고 꼿꼿한지 알아보는 시험장이 아닙니다. 광야는 당신의 삶 속에서 그리고 당신의 삶을 통해 일하시는 하나님의 신실하심과 능력을 발견하는 곳입니다. 나발은 어리석은 자에 불과합니다. 하지만 당신도 어리석은 자가 되렵니까? 여기서 어리석은 자는 하나로 족합니다."

나발은 골리앗이 아니지만, 다윗이 선택한 반응은 앞으로 이어지는 하나님의 백성의 역사에서 마찬가지로 중대한 의미를 갖는다.

놀랍게도—믿을 수 없게도!—다윗은 멈추어 서서 그녀를 바라보고 귀를 기울인다. 어느 시점에서인지는 모르지만 다윗 앞에 무릎을 꿇은 아비가일은 기도와 시를 통해 다윗 속에 다시 하나님을 불러일으켜 준다. 그리고 다윗은 그녀가 그렇게 하도록 내버려둔다.

점점 고조되어 가던 이야기의 흐름은 저지되고 역전된다. 아비가일, 주변인인 아비가일에 의해서 말이다. 아비가일은 주변인이다. 남자들이 주름잡는 세상에서 그녀는 여자다. 아비가일은 주변인이다. 칼부림하는 세상에서 그녀는 아무런 무기도 갖추지 않았다. 아비가일은 주변인이다. 물질과 실리 중심의 세상에서 그녀는 아름다운 존재이기 때문이다.

아비가일은 마음과 외모 모두 아름다웠다. 그녀의 사랑스런 외모는 그녀의 '슬기'(33절)와 조화를 이루었다. 아비가일은 외모만큼이나 내면도 아름다웠다. 아비가일의 아름다움은, 우리가 자주 굳은 마음과 불경스러움으로 인해 알아보지 못하는, 하나님이 창조하시고 지탱하시고 복 주시는 삶에 대한 증거다. 아비가일의 아름다움은 다윗을 놀라게 하여 갑작스럽게 빠져 들어갔던 추함에서 그를 구해 내었고, 다윗은 다시 하나님을 보고 듣게 된다.

### ✣ 증거로서의 아름다움

기독교 영성, 특히 동방 정교 영성에는, 미(美)를 하나님에 대한 증거와 기도로의 부르심으로 여기고 존중하는 오래된 전통이 있다.[3] 아름다움은 우리의 감각에 의해 파악되는 것 이상이다. 아름다움은 우리의 감각 너머에 있는 것—내면과 심층—을 가리키는 표지이기도 하다. 아름다움에는 우리가 감각적인 용어로 설명할 수 있는 것 이상의 차원이 있다. 바로 이 이상과 너머에서 우리는 하나님을 알아보게 된다. 우리의 생기 잃은 감각을 일깨워 우리로 하여금 하나님을 알아보도록 만들어 주는 예술가들은 이를테면, 복음 전도자들이다. 우리는 아름다움 앞에 서면 직관적으로 기쁨을 느끼며 몰두하고자 하고 가까이 다가서며 그 안으로 들어가고자 한다. 즉 우리는 발을 가볍게 구르고 따라서 흥얼거리기도 하며 만져 보고 입맞추며 묵상하고 명상하며 흉내 내고 믿으며 기도한다. 그림으로 하는 기도, 노래로 하는 기도, 춤으로 하는 기도. 거기 있는 것이 향기와 리듬과 감촉과 광경, 그 무엇이든 간에 우리의 오감은 우리를 그 속으로 끌어당긴다. 그렇게 되도록 우리의 감각에 생기를 불어넣어 주는 일이 바로 예술가의 소명이며 그들은 바로 그렇게 한다.[4] 아름다움은 널려 있다. 새와 꽃, 바위와 구름의 아름다움, 바다와 산, 별과 모래의 아름다움, 폭풍우와 초원, 웃음과 놀이의 아름다움. 무엇보다도 인간 몸의 그 절묘한 아름다움. 얼굴은 그 절정이다. 우리는 직관적으로—우리의 직관이 죄에 인이 박여 무디어지지만 않았다면—미에는 우리가 감각할 수 있는 것 이상의 차원이 있으며, 미는 결코 '겉가죽'(skin deep)에 불과한 것이 아니라 언제나 선과 진(truth)을 드러내 준다는 사실을 알게 된다. 미는 우리의 인식 속에 빛을 비추어 우리로 하여금 주님의 아름다우심을 인식할 수 있게 만들어 준다. "미는 우리 모두를 아이콘으로 만든다. 우리 각자는 모두

하나님의 영광을 반영하는 예술 작품이 될 수 있다."⁵⁾

아비가일의 아름다움은 다윗으로 하여금 다시 하나님의 아름다우심과 접촉하게 했다. 그는 자신이 누구이며 어떻게 살아야 하고 무엇을 위해 살아야 할지를 다시 깨달았다. 다윗은 사울을 만났을 때, 증오와 악으로 더럽혀지고 황폐해진 그 왕에게서도 거룩의 아름다움을 알아볼 수 있었다. 비록 타락하긴 했지만 사울은 여전히 하나님의 기름 부음 받은 자였고 그 안에는 영광의 하나님이 계셨던 것이다. 엔게디의 동굴(삼상 24장)과 하길라 산(삼상 26장)에서 사울에게서 거룩의 아름다움을 알아본 일 사이에 이 아비가일과의 만남(삼상 25장)이 놓여 있다. 다윗은 아비가일과의 만남에서 그녀의 아름다움을 통해, 자기 자신 안에 내재해 있는 것을 알아보게 된다. 바로 **다윗** 자신 안에 있는 거룩의 아름다움을 알아본 것이다. 복수심에 사로잡혀서 자존심을 지키고 피를 보려고 달려갔던 다윗, 바로 자신에게서 말이다. 그는 하나님이 기름 부으신 자였고 그의 안에는 영광을 받으셔야 할 하나님이 계셨다. 다윗은 아비가일의 아름다움이라는 거울을 통해 하나님이 다윗을 바라보셨던 대로 자신을 본다. 아비가일은 하나님이 다윗에게 주셨던 정체성을 회복시켜 준 것이다.

### ✢ 어리석은 자들

이 세상에는 어리석은 자들이 많이 있다. 그들은 우리를 몹시 화나게 만든다. 그러나 그들을 바로잡아 주겠노라고 나서면서 우리 자신도 그들과 같은 어리석은 악독에 빠지는 때가 많다. 다윗은 후에 기도를 통해 나발의 영향력으로부터 벗어났다. 나발이라는 이름은 '어리석은 자'라는 뜻이다. 다윗의 시편 14편은 나발에 관한 그의 최종 판단이다.

> 어리석은 사람은 마음속으로
> "하나님이 없다" 하는구나.
> 모두가 하나같이 썩어서 더러우니,
> 착한 일을 하는 사람이 아무도 없구나.
>
> 주께서는 하늘에서 사람을 굽어보시면서,
> 지혜로운 사람이 있는지,
> 하나님을 찾는 사람이 있는지를,
> 살펴보신다.
>
> 모두들 다른 길로 빗나가서
> 하나같이 썩었으니,
> 착한 일을 하는 사람이 하나도 없구나.
>
> 죄악을 행하는 자는 다 무지한 자냐?
> 그들이 밥 먹듯이 내 백성을 먹으면서,
> 나 주를 부르지 않는구나.

하나님이 의인의 편이시니,

행악자가 두려워하고 또 두려워한다.

행악자는 가난한 사람의 계획을

늘 좌절시키지만,

주님은 가난한 사람을 보호하신다.

하나님,

시온에서 나오셔서,

이스라엘을 구원하여 주십시오!

주께서 당신의 백성을

그들의 땅으로 되돌려보내실 때에,

야곱은 기뻐하고,

이스라엘은 즐거워할 것이다.

나발을 상대로 싸우는 것은 영성이 아니다. 어리석은 자를 상대로 싸우는 것은 영성이 아니다. 오만 불손하고 저속한 갈렙 족속의 개 나발이[6] 어리석은 자라는 사실이 파악되었으면 그 다음에 우리는 하나님이 하시는 일을 진척시켜야 한다. 다윗은 바로 그렇게 했다. 시편 14편은 그 증거다.[7]

아비가일이 나타나면—문득 우리에게 다가오는 아름다운 노래나 얼굴, 미류나무나 붓꽃—우리는 자신을 더 크고 참된 빛 속에서 볼 수 있게 된다. 다윗은 거대하고 방대한 하나님의 세계—하나님의 사랑과 구원, 기도와 거룩—속에서 살아왔다. 그런데 시시하고 속 좁은 보복심에 사로잡혀 그만 그런 삶을 상실할 뻔했다. 그러나 아비가일의 아름다움—성품과 용모의 양날을 갖춘 아름다움—은 그에게 주님의 아름다움을 회복시켜 주었다. 무릎을 꿇은 아비가일은 다윗이 다시 무릎을 꿇게 만들어 주었다.

이 일이 있은 지 얼마 후 나발은 세상을 떠났다. 다윗은 지체하지 않았다. 그는 아비가일에게 사람을 보냈고 청혼했으며 마침내 그녀와 결혼했다.

■ ■ ■

시작은 좋았다가 곧 도중에 탈선하는 일은 영성 생활에 일어나는 가장 흔한 현상이다. 처음 출발할 때는 열정과 희망이 넘쳤고 정력과 순수함이 가득했다. 그런데 어느 순간 우리는 타락하고 부패한다. 바울은 이런 경우를 가리키는 말로 난파(shipwreck)라는 용어를 사용했다. 난파당한 잔해는 어디나 널려 있다. 의회나 법정, 경기장이나 콘서트홀, 부엌이나 침실 등.

가장 비극적인 것은 난파당한 그리스도인들이다. 우리들 중 여기에서 면제받은 사람은 아무도 없다. 누군가가 우리를 불쾌하게 하고 방해하고 우리가 원하는 것을 주지 않는다. 그러면 우리 속의 거만한 자아는 불끈해져서 두고 보자고 난리다. 대개 의분으로 무장해서 말이다. 자신에게 싸여 버린 우리는 스스로가 규정한 정체성이 침해받자 분을 내는 것이다. 마음과 자아상에 상처를 입었다며 보복하겠다고 벼른다. 반드시 갚아 주겠다. 두고 보자. 뭔가 보여 주겠다.

그런데 우리는 우리의 발걸음을 멈춰 세우는 무언가 아름다운 것을 만난다. 아이나 친구 혹은 낯선 사람, 구름이나 노래 혹은 향기. 바로 아비가일이다. 그 아비가일은 우리에게 우리의 감정과 행동에 전혀 어울리지 않는 무언가를 준다. 그러면 우리는 지금 나의 이런 감정과 행동은 나의 참된 정체성과는 전혀 어울리지 않는다는 사실을 갑자기 깨닫는다. 우리는 자신에게 싸여 있어서 하나님에 대해 완전히 잊어버렸던 것이다. 그러나 이제 우리는 자신이 하나님의 보자기에 싸여 있는 존재임을 보게 된다. 나발은 기껏해야 우리 삶의 본문에 들어올 수 없는 각주에 지나지 않음을 깨달으면서 말이다.

# 9. 공동체
## 시글락의 다윗

사무엘상 27장

> 예수께서 그의 집에서 음식을 잡수시는데, 많은 세리와 죄인들도 예수와 그의 제자들과 한 자리에 있었다. 이런 사람들이 많이 예수를 따르고 있었기 때문이었다. 바리새파의 율법학자들이, 예수께서 죄인들과 세리들과 함께 음식을 잡수시는 것을 보고, 예수의 제자들에게 "어째서 저 사람은 세리들과 죄인들과 어울려서 음식을 먹습니까?" 하고 말하였다. 예수께서 그 말을 듣고 그들에게 말씀하셨다. "건강한 사람에게는, 의사가 필요하지 않지만, 병든 사람에게는 필요하다. 나는 의인을 부르러 온 것이 아니라 죄인을 부르러 왔다."
> – 마가복음 2:15-17

다윗은 20대 시기를 현상금이 붙은 지명 수배자로서 광야에서 보냈다. 그는 어린 나이에 하나님의 택하심을 입었고 이스라엘의 왕으로 기름부음을 받았다. 그는 사울 왕의 궁전에 들어가 친구와 음유 시인으로 사랑을 받았다. 그는 블레셋의 침공으로부터 조국을 구했고 국민적 영웅이 되었다. 그런데 이 모든 업적과 영예에도 불구하고 그는 광야로 쫓겨나 겨우 목숨만 부지하며 살고 있었던 것이다. 정확한 연대기는 없지만, 다윗이 대략 10년 정도 광야에서 도망자 신세로 살았을 것이라 추측할 수 있다.

다윗은 나이는 많지 않았지만 광야 생활에 관한 한 노련한 대가였다. 그는 쫓겨다니며 광야라는 광야는 다 다녀 보았다. 십 광야(삼상 23:15; 26:2), 마온 광야(삼상 23:25), 엔게디 광야(삼상 24:1), 바란 광야(삼상 25:1) 등. 이름은 다르지만 이 광야들이 서로 명확하게 구분되는 것은 아니었다. 전체적으로 보면 그것들은 다 네겝—남쪽—이라고 불리는, 협곡과 대머리수리가 있는 거대한 남쪽 황야 지역에 포함되어 있었다. 멀리서 보면 그 광야들은 다 똑같아 보인다. 메마르고 인적 없으며 거칠고 잔혹한 광야. 그러나 그 안에서 직접 살아 보면 그들 모두는 서로 다른 특색을 가지고 있음을 알 수 있다. 똑같은 어려움이란 없다. 고통 역시 매번 다른 법이다. 시험/유혹도 다 다르기 마련이다. 다윗은 안과 밖 모두에서 광야의 지형을 지도로 그려 냈다. 다윗은 그야말로 최고 수준의 광야 지도 제작자다.

영예와 업적만을 쌓으면서, 오로지 정돈되고 안정적이고 편안하고 자신 만만하게 살아갈 수 있는 사람은 없다. 사고나 분노가 우리를 습격하고, 우리는 살려고 도망을 친다. 우리는 광야로 달려간다.

나는 말하기를
"나에게 비둘기의 날개 같은 날개가 있다면,
그 날개를 활짝 펴고 날아가서
나의 보금자리를 만들 수 있으련만.
내가 멀리멀리 날아가서,

광야에서 머무를 수도 있으련만.
광풍과 폭풍을 피할 은신처로
서둘러서 날아갈 수도 있으련만" 하였다(시 55:6-8).

    광야는 지리적인 실재인 동시에 영적인 은유다. 모세에게는 시내 광야가 있었다. 예수님께는 유대 광야가 있었다. 다윗에게는 그가 10년이나 살았던 여러 광야들이 있었다.

    살다 보면 우리 모두 어차피 광야를 경험하게 될 것이므로, 그 지역에 대해 미리 감을 잡고, 이 황량한 곳에서 무슨 일이 벌어지는지, 하나님이 그 광야에서 무슨 일을 하시는지 미리 알아 두고 보아 두는 것이 필요할 것이다. 광야를 경험할 때 우리는, 거의 언제나, 거기서 **도피하고 싶은** 충동을 가장 먼저 느낀다. 그러나 나는 그러한 도피 충동을 넘어 성경의 안내를 통해 광야를 **기꺼이 맞이하는** 자세를 갖추게 되기를 원한다. 다윗 이야기 속에 우리의 상상력을 흠뻑 담가 적실 때, 우리는 광야에서 최악뿐 아니라 기대하지 못한 최고도 바라게 된다.

    다윗의 광야 생활 중에 일어났던, 전혀 기대하지 못했고 너무도 뜻밖인 '최고'는 거기서 하나님의 백성이 형성되었다는 사실이다. 지금의 교회와 같은 공동체 말이다. 언제나 그렇듯이 우리가 다룰 '최고'는 막연한 것이 아니라 고유한 이름을 가진 구체적인 것이다. 아둘람과 그 다음의 시글락이 바로 그것이다.

## ✥ 아둘람 굴

사울 왕을 피해 홀로 도망치던 다윗은 사울의 적이었던 블레셋 족속 가드의 통치자 아기스 왕에게 망명했으나, 이는 허탕이었다(삼상 21:10-15). 다윗은 아기스 역시 사울을 대적하고 있다고 해서 그가 자신의 편이 되지는 않을 것이라는 사실을 곧 깨달았다. 미친 척해서 겨우 죽음을 면한 그는 재빨리 아둘람 굴로 몸을 피했다. 그런데 그는 그리 오래 혼자 있지는 않았다. 오래지 않아 400여 명이나 되는 사람이 그의 주위로 몰려들었기 때문이다(삼상 22:1-2).

이것이 다윗의 광야에서 하나님의 백성이 형성되는 첫 번째 모습이다. 그런데 그것은 매우 예기치 못했던 모습이었다. 우선 "형들과 온 집안"(삼상 22:1)이 그 곳으로 왔다고 되어 있는데, 이는 우리가 다윗의 가족에 대해 아는 바에 따르면, 쉽게 납득이 가지 않는 사건이다. 다윗이 왕으로 기름부음 받은 것은(16장) 장남 엘리압부터 시작해서 나머지 형제들이 차례대로 다 거부된 다음이었다. 이는 결코 그들이 웃으며 회상할 수 있는 사건이 못 되었다. 몇 년 후 다윗이 집에서 먹을 것을 싸 가지고 골리앗과 대치하고 있던 사울 군대의 형들을 찾아왔을 때도, 엘리압은 버럭 화를 내고 욕을 퍼부으며 그를 멸시했다. 지루한 양치기 일에서 벗어나, 군인들 근처에 어슬렁거리면서 신나는 싸움 구경이나 하러 온 것이 틀림없다고 하면서 말이다(삼상 17:28). 엘리압과 나머지 가족들이 아둘람에 나타났을 때, 다윗은 그것이 그들의 충실함과 애정의 표시라고는 생각하지 못했을 것이다. 아마 그들은 사울의 적대감이 다윗 집안 전체에까지 미치지 않을까 염려했던 것 같다. 목숨이 위험하다고 생각한 그들은, 비록 다윗이 여전히 못마땅하긴 했지만, 그와 함께 사는 것이 가장 안전할 것이라고 생각했던 것이다. 그러나 아마도 함께 당하는 고통을 통해 그들 사이에 전에 없던 형제애가 생겨났을 것이다. 전에는 서로 맞지 않는 형제들이었으나, 고통은 그들을 하나로 묶어 주었다. 그들이 오자 다윗은 곧 부모님을 모압 땅으로 모셔 왔고, 광야 시절 내내 거기서 그분들을 돌보아 드렸다(삼상 22:3-4). 본문에는 명확히 드러나 있지 않지만, 다윗의 형들도 분명 계속 그와 함께 지냈던 것으로 보인다.

아마 시편 133편은 다윗과 형들의 뜻이 하나가 되었던 이 시절에 대한 기록일 것이다.

> 그 얼마나 아름답고 즐거운가!
> 형제자매가 어울려서 함께 사는 일!
> 머리 위의 보배로운 기름이
> 수염 곧 아론의 수염을 타고 흘러서
> 그 옷깃까지 흘러내림 같고,
> 헐몬의 이슬이
> 시온 산에 내림과 같구나.
> 주께서 여기에 복을 약속하셨으니,
> 그 복은 곧 영생이다.

본문은 다윗에게 몰려든 사람들을 "압제를 받는 사람들과 빚에 시달리는 사람들과 원통하고 억울한 일을 당한 사람들"(삼상 22:2)이라고 묘사한다. 이는 다윗 회중에 대한 사회학적 단평이다. 그들은 압제받고, 빚에 시달리며, 원통하고 억울한 일을 당한 사람들이었다. 이스라엘 사회의 중심부에서 밀려난 변두리 인생들이었다. 사회에서 성공하지 못한 자들, 거절당하고 실패하고 탈락한 자들이었다.

다윗은 광야에서의 10년을 바로 이런 이들과 함께 보냈다. 그들은 함께 먹을 것을 구하고 함께 먹고 함께 기도하고 함께 싸웠다. 본문은 다윗과 함께했던 무리의 영성에 대해서는 명확하게 말하지 않는다. 즉 그들이 신앙 공동체를 형성했다든지 하나님이 그들의 삶 가운데서 구원을 이루어 가시는 길을 그들이 함께 찾았다든지 하는 말은 나와 있지 않다. 그러나 앞뒤를 살펴볼 때, 우리는 그들이 그렇게 했을 것이라고 충분히 추측할 수 있다. 다윗은 기도하는 사람이었다. 그런 그가 동료들에게도 기도를 가르쳐서, 이 적대적인 환경을 이겨내고, 하나님이 그들과 함께하신다는 것과 그분이 그들을 통해 자신의 주권적인 뜻을 이루어 가고 계신다는 것을 깨닫게끔 했을 것이라고 가정해도 무리가 없을 것이다. 사랑받지 못했고 또 사랑스럽지도 못한 어중이떠중이들—압제받고, 빚에 시달리며, 원통하고 억울한 일을 당한 사람들—이었지만, 그들은 놀라울 만큼 사기 충천한 집단이었다. 역대상 12장에 정리된 개괄적인 기록을 통해, 우리는 그들이 얼마나 사기 충천한 집단이었는지 알 수 있다.

이 이야기를 본래의 커다란 맥락—구원을 필요로 하는 사람들 가운데서 구원을 이루시는 하나님—속에 놓고 볼 때, 우리는 도덕적·사회적 하류층이었던 그 집단을 하나님의 거룩한 백성의 태아로서 볼 수 있을 뿐만 아니라 그렇게 보는 것이 마땅하다. 우리는 우리의 상상력을 하나님의 주권을 볼 수 있는 지평까지 뻗어서, 환난당한 자, 빚진 자, 원통한 자들**로** 이루어진 그 집단이 사실은 하나님에 **의해** 이루어진 백성임을 볼 수 있어야 한다. 즉 그들의 정체성은 그들이 어디서 왔고 무엇을 했는지가 아니라, 하나님이 그들 안에서 또 그들을 위해 무엇을 하셨는지에 의해 규정된다는 사실을 보아야 하는 것이다. 보통 하나님은 바로 이런 종류의 사람들을 사용하셔서 신자, 제자, 예배자의 공동체를 만드신다. 모든 학자가 동의하는 바는 아니지만, **히브리**(Hebrew)라는 단어가 원래는 인종학적 명칭이 아니라 중동 문화권의 사회적 주변 계층, 즉 비천한 떠돌이들과 추방당한 자들을 가리키는 말이었다고 보는 것도 가능하다.[1] 하나님은 이집트와 앗시리아의 문화적·정치적 엘리트들이 아니라 바로 그러한 비천한 사람들을 택하셔서 '하나님의 백성'을 이루시며 그들을 통해 자신의 구원 사역을 펼쳐 가셨다.

    이 점을 한번 곰곰이 숙고해 보는 일은 반드시 필요하다. 이것을 깨닫지 못하면 교회 안에 숱한 혼란과 불만족, 당혹스러움과 물의가 발생하기 때문이다. 영성 생활에서 가장 많은 실망과 불만족이 생겨나는 영역은 바로 이 공동체 경험(혹은 **무경험**!)이다. 우리는 하나님을 찾기 위해 교회에 들어가지만, 유감스럽게도 거기서 사람들이 서로 남의 일을 가지고 수군대는 모습을 발견한다. 강단에서 읽어 주는 예수님의 말씀, "수고하며 무거운 짐을 진 사람들은 모두 내게로 오너라. 내가 너희를 쉬게 하겠다.…그러면 너희는 마음에 쉼을 얻을 것이다. 내 멍에는 편하고, 내 짐은 가볍다."(마 11:28-30)를 듣고는 '그래, 바로 이거야'라고 생각하지만, 바로 그 다음 주 강단에서는 교회가 최근 벌이고 있는 프로그램에 적극 동참하지 않는다며 우리를 질타하는 소리를 듣는다. 교회 간판에 적힌 "너희는 여호와의 선하심을 맛보아 알지어다"(시 34:8)를 읽고는 의를 향한 내면적 배고픔과 목마름을 느끼고 깊은 갈망에 사로잡히지만, 교회는 우리에게 아기 봐 주는 봉사 위원회 일을 맡기려 할 뿐이다. 이는 매우 흔한 일이다. 교회를 나와 버린 그들은 이렇게 말한다. "나는 하나님을 사랑해요. 하지만 교회는 싫어요."

현재 북미 교회가 이렇게 교회를 떠난 사람들을 향해 행하는 가장 일반적인 대처 방법은 홍보 활동과 전문적 무대 공연을 통해 '교회'의 이미지를 바꾸려고 애쓰는 것이다. 이는 종종 성공하기도 하지만, 그 내용과 정신은 판매 활동이나 멜로 드라마 세계의 것과 별 차이가 없다.

나로서는—나는 내가 이 문제의 역사적·성경적 핵심을 나타낸다고 생각한다—현재의 교회에 대해 변명할 생각도, 그렇다고 교회의 이미지를 바꿔 보려고 노력할 생각도 없다. 아둘람 굴의 다윗 주위에 몰려든 사람들—도덕적·사회적 하류층—에 대해 우리가 무슨 변명을 하겠는가? 사기꾼과 창녀들과 함께 식사하신 예수님의 이미지를 바꿔 버릴 참인가? 이 문제에서 바울은 훨씬 더 현실적이다. "형제자매 여러분, 여러분이 부르심을 받을 때에 그 처지가 어떠하였는지 생각하여 보십시오. 육신의 기준으로 보아, 지혜 있는 사람이 많지 않고, 권력 있는 사람이 많지 않고, 가문이 훌륭한 사람이 많지 않았습니다. 그런데 하나님께서는 지혜 있는 자들을 부끄럽게 하시려고 세상의 어리석은 것을 택하셨으며, 강한 자들을 부끄럽게 하시려고 세상의 약한 것을 택하였습니다. 하나님께서는 세상에서 비천한 것과 멸시받는 것을 택하셨으니, 곧 잘났다고 하는 것들을 없애시려고, 아무것도 아닌 것들을 택하셨습니다. 그것은, 아무도 하나님 앞에서는 자랑하지 못하게 하시려는 것입니다. 그러나 여러분은 하나님께로부터 나서 그리스도 예수 안에 있습니다. 그는 우리에게 하나님으로부터 오는 지혜가 되시고, 의롭게 하여 주심과 거룩하게 하여 주심과 구속하여 주심이 되셨습니다. 그것은, 성경에 기록한 대로, 누구든지 자랑하는 자는 주 안에서 자랑하게 하시려는 것입니다"(고전 1:26-31).

항상 그런 것은 아니지만, 우리들 대부분에게 있어, 광야 영성은 우리가 보통 때라면 결코 사귀려고 하지 않았을 사람들(그리고 보통 때라면 우리 같은 사람과 사귀려고 하지 않았을 사람들!)과 함께 교제를 나누는 일을 포함한다. 이들은 대개 근사한 사람들이 못 된다. 우리가 그들에게 익숙해지는 편이 낫다. 다윗이 그랬다. 예수님도 그랬다. 바울도 그랬다.

### ✢ 가드의 아기스

이렇게 다윗 공동체가 사회에서 소외된 이들로 구성되어 있었다는 사실보다 더 놀라운 사실이 있다. 바로 600명까지 불어난 그 공동체가 가드의 아기스 왕과 고용 계약을 맺었다는 사실이다(삼상 27:2). 전에 홀로 망명했던 다윗을 죽이려고 했던 바로 그 왕, 더더구나 블레셋 왕과 말이다.

그 세기 내내 블레셋은 이스라엘의 첫째 가는 적이었다. 그 나라 사람들에게 다윗은 블레셋 거인 골리앗을 쓰러뜨린 적국의 전사, 즉 블레셋의 원수였다.

당시 이스라엘 사람들이 즐겨 부르고 그에 맞춰 춤을 추었던 노래 중에 이런 후렴을 가진 노래가 있었다.

사울은 블레셋 사람 천 명을 죽였지만,
다윗은 만 명을 죽였다네!(삼상 18:7; 29:5, 필자의 번역)

이 노래는 사울 왕의 질투심을 자극했고, 결국 다윗은 광야로 쫓겨나고 말았다.

그런데 지금 다윗은 블레셋인들과 싸움을 벌이기는커녕, 오히려 그들의 호감과 환심을 사려 하고 있다. 다윗은 광야 생활의 마지막 16개월 동안 블레셋 지역에서 그들과 동맹 관계를 맺고 살았다. 사울의 살인 기도에서 도무지 안전할 수 없다고 판단한 다윗은 마침내 자신과 이스라엘의 오랜 숙적이었던 블레셋과 동맹을 맺기에 이른 것이다.

다윗은 적국에 가담했을 뿐 아니라, 한술 더 떠서 그들에게 철저히 사기까지 친다. 그는 조국을 저버린 배신자 행세를 하면서 매일같이 이스라엘 마을을 노략질하는 척하지만, 실제로는 이스라엘의 오랜 적인 남방 부족들을 습격하여 약탈하고 있었다. 그는 그 물건들을 아기스 왕과 나누었는데, 왕은 그것이 이스라엘에서 빼앗아 온 약탈품인 줄로만 안다. 아기스 왕은 그토록 용맹스럽고 충성스러운 군사 동료를 얻게 된 것을 기뻐한다. 너무 기쁜 나머지 다윗에게 시글락이라는 도시를 선물하기까지 한다.

이에 대해 우리는 어떻게 생각해야 하는가?

주석가들이 이 본문을 해석하면서 취하는 입장에는 보통 두 가지가 있다. 하나는 도덕적인 관점이고 다른 하나는 세속적인 관점이다. 도덕적인 접근법은, 다윗이 영적으로 타락했다며 비난하고 힐난하는 것이다. 그는 자신이 그래서는 안 된다는 것을 안다. 그는 이스라엘의 기름부음 받은 자로서의 고귀한 소명을 저버렸다. 그는 자신을 돌보아 주시는 하나님을 신뢰하지 못했다. 지금껏 그토록 수없이 자신을 돌보아 주신 하나님을 말이다. 다윗은 실패자다.[2)]

세속적인 관점으로 접근하면, 이를 다윗이 믿어지지 않는 행운과 영리한 꾀를 통해 성공적으로 권력을 얻게 된 이야기로 읽을 수 있다. 그는 아기스와 동맹을 맺음으로써 사울 왕의 추격에서 벗어나고, 불안한 광야 생활로 고생하는 두 아내, 아비가일과 아히노암에게 안정된 삶을 마련해 준다. 게다가 그는 자신의 목적을 위해 블레셋 왕 아기스를 철저히 속이고 이용한다. 다윗은 정말 대단한 인물이다. 윤리적으로 칭찬받을 위인은 못 되지만, 얼마나 대단한 영웅인가! 사랑을 위해서 한 일이고, 또 적국에 대해 그런 것인데 무엇이 문제인가?

그러나 이 본문을 그 맥락 가운데서 읽고 그 이야기 속으로 들어가 그 이야기가 스스로를 해석하도록 하면, 우리는 앞의 것들과 상당히 다른 무언가를 깨닫게 된다. 본문이 하나님에 대해 또 하나님의 목적에 대해 뚜렷이 언급하지는 않지만 우리가 깨닫는 바는, 사실 이러한 일들 하나하나는 결국 하나님의 뜻이 실현되는 과정이라는 것이다. 월터 브루그만이 말하듯이, "지금 우리는, 겉으로 드러나진 않지만 그 밑에 하나님의 다스리심이라는 주제가 면면히 흐르고 있는, 지극히 의도성이 강한 작품을 대하고 있다. 다윗이 어디에 있든 여호와는 그와 함께하신다…."[3] 이 본문의 배후에 숨어 있는 주제는 다윗의 저급한 도덕성이나 영리한 천재성이 아니라 바로 하나님의 구원이다.

어떻게 보면 다윗은 그저 해야 할 일을 했을 뿐이다. 소위 '영적인 삶'에 전혀 적합하지 못한 환경에서 최선을 다해 살아 남는 것 말이다. 그래서 그는 아기스 왕에 대해 분개하지 않았고 야만적이고 우상을 숭배하는 블레셋 문화에 맞서지도 않았다. 또 아기스 왕 앞에서, 자신은 도덕성과 양심을 지켜야 하므로 선한 사마리아인단 구조 활동 경험과 기술을 제공하는 것 같은 비군사적인 활동만을 하겠노라고 하지도 않았다. 전혀 그렇지 않다. 그는 블레셋 나라 가드의 경제법에 따라 살았을 뿐 아니라 그 나라의 도덕법에도 맞추어 살았다.

이 이야기의 화자가 말하는 바는, 그것이 옳다는 것이 아니라 그저 다윗이 그렇게 했다는 것이다. 그러나 하나님은 바로 그러한 상황 속에서도 자신의 뜻을 이루신다. 하나님은 다윗이 언약을 배신하지 않도록 그를 지키신다. 하나님은 다윗이 자신의 기름부음에 충실하도록 그를 지키신다. 하나님은 자신의 구원을 이루신다. 영적인 삶의 가장 중요한 관심은 우리가 하나님을 위해 무엇을 하느냐가 아니라 하나님이 우리를 위해 무엇을 하고 계신가이다.[4]

다윗/아기스 에피소드는 우리에게 문화에 굴복해 살아도 좋다고 말하는 것이 아니다. 반대로 성경에서는 "그들 중에 있지 말고 나오라. 구별된 백성이 되어라"는 명령이 여러 번 되풀이된다. 성경은 다양한 구절에서 우리에게 세상 문화의 흐름에 저항하며 살라고 가르친다. 그러나 이 이야기가 말하는 바는, 우리가 너무도 거대한 문화의 압력에 압도되어 있을 때 어떤 일이 일어나는가 하는 것이다. 그런 상황에서도 하나님은 보이지 않게 섭리하시며 비밀리에 일하시며, 우리가 스스로 하지 못하는 일을 해주신다. 이 이야기는 바로 그것을 보여 준다.

나는 가드의 아기스의 우산 밑에서 살아가는 사람들이 많이 있음을 안다. 그들 중 많은 이들은 스스로가 그러고 있다는 사실에 몸서리를 친다. 그들은 죄책감을 느끼지만, 솔직히 말해 달리 어떻게 해야 할지를 모른다. 그들은 하나님 나라를 공공연히 경멸하는 사업체와 거래를 한다. 그들은 예수님의 이름조차 혐오하는 배우자와 살고 있다. 그들은 가난한 자들을 착취하고 압제받는 자들을 외면하는 경제 체제 속에 어쩔 수 없이 얽혀 있다. 그들은 생각과 말과 행동으로 하나님을 경멸하는 부모를 최선을 다해 공경하려 애쓰고 있다. 한 번도 가드의 아기스 밑에, 때로는 다윗의 16개월보다 훨씬 더 오랫동안 있어 보지 못한 그리스도인은 내가 아는 한 한 사람도 없다.

내가 말하고자 하는 바는 이것이다. 우리가 손가락 하나 까딱할 수 없는 상황 가운데서도 하나님은 우리 삶 속에서 자신의 뜻을 완벽하게 이루신다. 아니, 그 이상으로, 우리가 손가락 하나 움직이면 그것이 도리어 블레셋을 돕는 셈이 되고 마는 상황 속에서도 하나님은 신실하게 우리의 구원을 이루신다.

### ✣ 시글락

다윗은 아기스를 위해 일하면서, 자신과 군대가 머무를 수 있는 도시 하나를 달라고 요청했다. 아기스는 그에게 시글락을 주었다. 시글락은 다윗의 기지가 되었고, 가족과 병사들을 위한 그의 '교회'가 되었다.

도덕주의(moralism)는 영성에 대해 죽는 것이다. 도덕주의는 인간의 도덕적 성취 여부만을 강조하는 접근 방법이다. 도덕주의는 모든 상황에는 우리가 분별하고 선택하고 수행할 수 있는 분명한 옳은 것이 정해져 있다는 확신에 입각해 있다. 그것에 따르면 영성이란 전적으로 우리가 어떻게 하느냐에 달려 있다. 하나님은 주변으로 밀려난다. 이렇게 해서 도덕주의는 우리의 영혼을 짓눌러 버린다. 거기에는 어떠한 자비도 들어설 자리가 없다.

세속주의 역시 영성에 대해 죽는 것이다. 세속주의는 현재 우리 눈에 보이는 이 세상이 매일의 삶의 우선적 배경이며, 따라서 이 세상을 더 잘 이해하고 거기에 자기 자신을 더 잘 맞출수록 더 나아질 것이라고 말하는 접근 방법이다. 이에 따르면 우리는 '주님을 섬기기' 위해 어떤 이권—돈, 지위, 명성—이든 사용할 수 있다. 세속주의는 영성이란 근본적으로 내세 지향적이고 따라서 근본적으로 우리 삶에 무의미하다는 확신에 입각해 있다. 영성이란 경제적 수완, 직업적 노하우, 사회적 교양이라는 세상적 기본에 덧붙여진 것일 뿐이다. 하나님은 사소한 존재가 된다. 이렇게 세속주의는 우리의 영혼을 경멸한다. 거기에는 구원이 없다.

나는 다른 어느 곳보다도 바로 시글락에서, 그리스도인으로서 진지하게 살려는 이들은 흔히 자신의 기대와 전혀 맞지 않는 장소와 사람들 속에 처하기 마련이라는 사실을 깨닫는다. 이처럼 나의 기대에 전혀 맞지 않는 장소와 사람들이 바로 우리의 교회일 수 있다. 우리는, 나 같은 예외도 있는데 왜 하나님은 좀 괜찮은 사람들을 불러 회개시켜서 교인을 만드시지 않느냐고 불평하기 쉽다.[5]

그리스도인의 삶은 결코 혼자만의 이야기가 아니다. 그것은 이야기의 공동체다. 나는 다른 이야기들과 더불어 나의 이야기를 배운다. 각각의 이야기는 다른 이야기에 영향을 끼치기도 하고 영향을 받기도 한다. 그러한 다른 이야기들은 대개 고생하는 이야기, 빚에 시달리는 이야기, 원통한 이야기들이다. 이로 인해 이야기는 너무도 복잡해지지만 다른 길은 없다. 우리는 공동체다. 우리는 우리 삶의 중심 의미를 찾고 있다. 그 플롯의 실마리를 잡은 우리는 그것을 따라가기 시작한다. 하나님의 은혜에 관한 좋은 소식을 받아들이면서, 그리고 나의 삶 가운데서 일하시는 하나님의 성례들을 받아들이면서. 그러나 그러던 중 우리는 또 다른 이야기를 만나 충돌하고 균형을 잃어버린다. 우리는 이리저리 비틀거린다. 우리는 하나님의 백성들이 모인 공동체 속에 있으니 안전하다고 생각했으나 도덕주의자를 만나 한 대 얻어맞고 쭉 뻗는다. 혹은 세속주의자를 만나 유혹을 받고 속아 넘어간다. 우리는 시글락에 살고 있는 것이다.

환멸을 느낀 나머지 이런 것들과 멀리 떨어져 홀로, 종교 사업가들과 위선자들에 오염되지 않은 순수한 영성을 추구하기도 한다. 그러나 만일 우리가 성경을 정직하게 읽는다면, 그것이 가능하지 않음을 곧 알게 된다. 우리는 결코 홀로 광야에서 생존할 수 없다. 우리에게는 다른 사람들이 필요하다. 이제 우리는 다음과 같은 것을 깨닫는다. 하나님의 목적은 우리가 그것을 가장 적게 인식하는 시간에 가장 심오하게 이루어진다. 영성은 대개 영성처럼 보이지 않을 때가 많다. 최소한 도덕주의자나 세속주의자가 말하는 영성과는 거리가 멀다. 우리 눈에 보이는 것이라곤, 다윗이 가드의 아기스를 섬기고 있고, 시글락에서 도덕적·사회적 부랑자 모임을 이끌고 있는 모습이 전부일 때가 많다.

새로운 지역으로 이사를 갈 때면, 나는 늘 가까운 교회를 찾아가서 그 곳의 하나님의 백성에 합류하여 더불어 일하고 예배했다. 이내 실망을 느끼지 않은 적은 단 한 번도 없었다. 그들은 철두철미하게 성경이 말하는 그대로였다. 소곤대는 자, 불평하는 자, 신의 없는 자, 변덕스러운 자, 의심 많은 자, 죄에 찌든 자, 따분한 도덕주의자, 홀리는 세속주의자 등.[6] 그러다가 어느 순간 어디선가 갑자기 들어온 한 줄기 빛나는 아름다움이 그들 위에 비칠 때면, 나는 그 동안 죄로 어두워진 내 눈이 보지 못했던 것들을 비로소 볼 수 있게 된다. 하나님의 말씀이 만드시고 성령님이 창조하신 삶들 곧 희생적인 겸손, 믿을 수 없는 용기, 영웅적 미덕, 거룩한 찬양, 고난 중의 기쁨, 끊임없는 기도, 끝까지 견디는 인내의 삶들을 말이다. 나는 그들에게서 다름 아닌 '그리스도'를 본다. "왜냐하면 그리스도는 모든 곳에서 노니시기 때문이다./ 성부를 향해 자신의 것이 아닌 다리에서 아름답게, 자신의 것이 아닌 눈 속에서 아름답게,/ 사람들의 얼굴 생김새를 통해서."[7]

그 어느 곳보다도 시글락에서.

# 10. 관대함
## 브솔 시내의 다윗

사무엘상 30장

> 그 때에 의인들은 그에게 대답하여 말하기를 "주님, 우리가 언제, 주께서 주리신 것을 보고 잡수실 것을 드리고, 목마르신 것을 보고 마실 것을 드리고, 나그네 되신 것을 보고 영접하고, 헐벗으신 것을 보고 입을 것을 드리고, 언제, 병드시거나 감옥에 갇히신 것을 보고 찾아갔습니까?" 할 것이다. 그 때에 임금이 그들에게 말할 것이다. "내가 진정으로 너희에게 말한다. 너희가 여기 내 형제 자매 가운데, 지극히 보잘것없는 사람 하나에게 한 것이 곧 내게 한 것이다."
>
> – 마태복음 25:37-40

　브솔 시내는 인류 역사에서 중요한 장소다. 그 곳은 다윗에게 뿌리를 둔 생명 나무인 예수님의 족보에 속하는 모든 사람에게 결정적인 사건이 일어난 곳이다. 나는 왜 브솔 시내가 베다니, 갈릴리, 실로, 갈보리, 벧엘 같은 중요한 지명 축에 못 드는지 이해가 가지 않는다. 그러나 브솔 시내의 다윗 이야기는 일상 속에서 하나님과 접촉하며 살고 있는 사람들에 의해 지금도 계속 재연되고 있다.

　이름은 중요하다. 이름은 특정한 장소, 특정한 개인을 가리켜 준다. 이름은 획일적인 일반화라는 늪에서 우리를 구해 준다. 이름은 추상화라는 불모지로부터 우리를 보호해 준다. 이름은 익명이라는 바다에서 우리를 떠 있게 해주는 구명 조끼와 같다. **이름이 무엇입니까? 고향이 어디십니까? 어디 사십니까? 어떤 신을 믿습니까?** 이름은 특정한 위치와 정체를 드러내 준다. 일반 명사와 추상 명사는 나름대로 유용하긴 하지만, 실제 영양가로 따지면 마치 튀긴 콩 통조림에 있는 라벨―열량 120칼로리, 나트륨 570밀리그램, 탄수화물 28그램, 단백질 7그램―처럼 무용지물이다. 정보로서는 훌륭하지만, 분명 배고픈 사람이 먹을 수 있는 음식은 아니다.

어니스트 헤밍웨이(Ernest Hemingway)는 이렇게 말한 바 있다. "나는 **신성한, 영광스러운, 희생** 같은 단어나, **헛되이** 같은 표현을 접할 때마다 당혹스러웠다. **영광, 영예, 용기, 숭배** 같은 추상적인 단어들은 구체적인 마을 이름, 길 이름, 강 이름, 군인 수, 날짜 등과 함께 놓고 볼 때 역겨운 단어들이다."[1]

브솔 시내는 이야기의 영양소다. 다시 말해 이것은 하나님이 만드신 우리 인간성의 본질적 측면을 길러 주는 이야기다. 구체적인 형체가 없는 추상적인 충고만 난무하는 세상에서 이 이야기는 우리를 실제로 밟을 수 있는 구체적인 땅으로 인도해 준다. 나는 브솔 시내를 부당한 무명의 신세에서 건져내어 지도에 표시하고 싶다. 즉 '돌봄', '자비' 혹은 '관대함' 같은 추상 명사로는 놓칠 수밖에 없는 것들을 이 구체적인 **이름**을 통해 잡아내고 싶다.

### ❖ 파괴당한 시글락

이 이야기는 비극적인 재난으로 시작된다. 다윗과 600명의 부하는 가족과 아이들을 무방비 상태의 시글락에 놓아 두고, 군사 작전을 위해 가드의 아기스 왕과 함께 먼 곳으로 떠나 있는 상태였다. 그런데 이 때 이스라엘과 오랜 숙적 관계에 있던 아말렉 사람들이 쳐들어와, 여자와 아이들을 노예로 끌고 갔고 물건들을 모두 가져갔다. 마을은 완전히 초토화되었다.

다윗의 부하들이 돌아왔을 때 그들을 맞이한 것은 연기와 파편뿐이었다. 그들 600명은 비탄에 휩싸였고, 그 비탄은 (종종 그렇듯이) 곧 분노—다윗을 향한 거대한 분노로 돌변했다. 어쨌든 그는 그들의 지도자였고, 마을을 무방비 상태로 두고 떠난 책임은 그에게 있었다. 분노는 그를 죽여 버리자는 데까지 고조되었다. 슬픔으로 인해 이성이 마비되고 분노로 인해 마음이 굳어진 것이다. "다윗을 돌로 쳐죽여야 해." 누군가 비탄에 젖은 나지막한 목소리로 말했다. 그러자 곧 그것은 커다란 고함 소리로 변했다. "다윗을 돌로 쳐죽이자!"(필자의 번역).

큰 재앙은 사람을 최선으로 만들든지 아니면 최악으로 만든다. 시글락에 닥친 재앙은 우선 사람들을 최악으로 만들었다. 광야 생활 동안 이들 600명은 다윗의 지도하에서 아름다움과 거룩함을 알아보는 법을 배우고 기도하는 삶을 익혔으며 함께 구원과 섭리의 길을 따라 걸었고, '환난당한 자, 빚진 자, 마음이 원통한 자들'이었던 상태에서 서서히 우정과 사랑의 공동체로 변했다. 두 걸음 전진하고 한 걸음 퇴보하기도 했고, 한 걸음 전진하고 두 걸음 퇴보하기도 했다. 영성이란 본래 천천히 이루어지는 것이기 때문이다. 그런데 이번 아말렉 재앙은 그들의 집과 가족뿐 아니라 그 동안 서서히 형성되어 온 그들의 신앙마저 초토화시키고 말았다.

그러나 재앙은 다윗에게서 최선을 끄집어 냈다. 비탄과 분노와 쓰라림이 휘몰아치고 살인 폭풍우가 몰려오는 와중에 우리는 다음과 같은 놀라운 구절을 만난다. "그러나 다윗은 자기가 믿는 주 하나님을 더욱 굳게 의지하였다"(삼상 30:6). 다윗은 기도했다. 다윗은 경배했다. 다윗은 그의 목사 아비아달을 찾아가 조언을 구했다. 다윗은 자신의 내면 깊은 곳으로 들어가 하나님을 만났고 구원의 길을 걸을 수 있는 힘과 방향을 발견했다. 외부 세계가 온통 허물어져 내리는 와중에 그는 내면 세계로 되돌아가 자신의 중심적 정체성을 다시 세웠고 자신의 기초를 회복했다. 놀랍게도 재앙은 16개월 동안 아기스에게 얽매여 있던 다윗을 즉각 자유롭게 만들어 주었다. 다윗은 다시 하나님과 관계를 맺었다. 귀 기울여 들었고 용기 있게 순종했다. 다윗과 아비아달은 침묵과 상담과 기도의 장소로 들어갔고 거기서 하나의 계획을 들고 나왔다.

이제 재난에 대처하는 구체적인 활동 계획이 잡힌 것이다. 이 차이에 주목해 보라. 다른 이들 역시 계획을 세우긴 했으나 그것은 비통함으로부터 생겨난, 다윗을 죽이자는 계획이었다. 이 세상에는 엄청난 분노가 있고, 분노한 사람들은 이내 공격하고 파괴하자는 계획을 세우기 마련이다. 무수한 사회 운동과 정치 개혁이 분노에 의해 촉발되었다. 그러나 그 결과는 어떠했는가? 오히려 원래의 상태보다 더 악화되기 일쑤였다. 만일 우리가 잘못 돌아가고 있는 이 세상—부부 싸움부터 세계 대전 문제, 반항하는 자녀부터 다우림 파괴 문제에 이르기까지—에 대해 무언가를 하려 한다면, 우선 분노가 아닌 더 나은 기초에서부터 일을 시작해야 한다. 다윗의 계획은 기도와 상담으로부터 나왔다. 그는 빼앗긴 여자와 아이들을 되찾아오기 위해 길을 떠났다.

### ✜ 병든 이집트인

다윗의 600명 부대는 아말렉 약탈자들을 추적하기에는 너무 열악한 상태였다. 먼 전선에 나가 블레셋군과 연합하여 전투를 치르고 돌아온 지 얼마 되지 않았기에, 그들은 지칠 대로 지쳐 있었고 폐허가 된 시글락의 모습에 사기가 한없이 꺾여 있었다. 게다가 그들은 다윗에게 전혀 믿음이 가지 않았다. 다윗의 계획은 전혀 가망성이 없어 보였다.

그러나 어쨌든 그들은 출발했다. 다윗은 그들을 분발하게 해서 남쪽으로 진군을 강행했다. 24킬로미터를 힘겹게 가자[2] 그들은 브솔 시내에 도착했다. 그 지점에 이르자 3분의 1에 해당하는 200명의 부하는 더 이상은 갈 수 없을 만큼 완전히 탈진했다. 그들은 이렇게 말했다. "우리는 이제 더 이상 한 발자국도 가지 못하겠소 몸도 마음도 완전히 힘을 잃었소 더는 못하겠소" 그래서 그들은 브솔 시내에 그대로 남겨졌다.

다윗과 나머지 400명은 그들을 남겨 두고 시내를 건너서 황량한 사막 지역으로 더 깊숙이 들어갔다. 아무리 찾아도 아말렉인들의 흔적은 보이지 않았다. 시간이 지나갈수록 점점 헛수고라는 생각이 들었다. 그런데 그들은 반쯤 죽은 채 버려진 병든 이집트인을 발견했다.

그 병든 이집트 소년은 복수의 길을 가고 있는 지친 이스라엘 군인들이 자신을 자비롭게 돌보아 주리라고는 전혀 기대하지 않았을 것이다. 그러나 다윗의 군대는 그를 보자 예전에 사막에서 쓰러진 이들을 보살펴 주던 선한 사마리아인단 시절의 습관이 발동했는지, 그 소년을 외면하거나 귀찮게 여기기는커녕 극진히 돌보아 주었다. 그들은 그에게 물과 음식, 무화과와 건포도를 주어 먹게 했다. 알고 보니 그는 어떤 아말렉 왕의 종이었는데 병이 들어 성가신 존재가 되자 사막에서 그냥 죽도록 버려진 것이었다. 그 가련한 소년은 3일 동안이나 아무것도 먹지 못했고 마시지 못했다. 다윗은 그를 보살펴 주었고 음식을 먹여 주었으며 목숨을 구해 주었다.

다윗은 광야에서 버림당하는 것이 어떤 것인지 알았고, 또 어려움을 당할 때 관대한 도움을 받는 것이 어떤 것인지도 알았다. 시편 36편은 구구절절 그러한 광야 경험의 표현이며, 바로 지금 이 이집트 소년의 경험이기도 하다.

악인의 마음 깊은 곳에는
죄의 속삭임만 있어,
그의 눈에는
하나님을 두려워하는 기색이
조금도 없습니다.
그의 눈빛은 지나치게 의기 양양하고,

제 잘못을 찾아서 버릴 생각은
전혀 없습니다.
그의 입에서 나오는 말이란
사기와 속임수뿐이니,
슬기를 짜 내어서 좋은 일을 하기는
이미 틀렸습니다.
잠자리에 들어서도 남 속일 궁리나 하고,
스스로 좋지 않은 길에 버티고 서서,
한사코 악을 버리려 하지 않습니다.

주님,
주의 한결같은 사랑은 하늘에 닿아 있고,
주의 미쁘심은 구름에 닿아 있습니다.
주의 의로우심은 우람한 산줄기와 같고,
주의 공평하심은
깊고 깊은 심연과도 같습니다.
주님, 주님은 사람을 구하시듯
짐승도 구하여 주십니다.

하나님,
주의 한결같은 사랑이 어찌 그리 값집니까?
사람들이 주의 날개 그늘 아래로

피하여 숨습니다.

주의 집에 있는 기름진 것으로

그들을 배불리 먹이시고,

주의 시내에서 단물을 마시게 하시니,

주께는 생명 샘이 있습니다.

우리는 주의 빛을 받아

환히 열린 미래를 봅니다.

주님을 알아뵙는 사람들에게는,

주께서 친히

한결같은 사랑을 베풀어 주십시오

마음이 정직한 사람에게는,

주님의 의를 심어 주십시오

오만한 자들이

그 발로 나를 짓밟지 못하게 하시고,

악한 자들이 그 손으로 이 몸을

끌어 내지 못하게 하여 주십시오

악을 일삼는 자들은 넘어지고,

넘어져서, 다시는 일어나지 못한다.

다윗이 하나님으로부터 경험한 그것을, 그 이집트인은 다윗으로부터 경험했다. "주님은 사람을⋯구하시듯 짐승도 구하여" 주시고, 물과 무화과와 건포도로 배불리 먹여 주신다.

제대로 사는 삶에는 이런 일이 일어난다. 다시 말해, 우리는 만나는 사람들에게 우리의 경험을, 우리의 하나님 경험을 경험하게 해준다. 우리가 하나님에게서 경험한 바의 일부를 그들이 우리에게서 경험하는 것이다.

다윗에게서 시편 36편 같은 보살핌을 받고 살아난 그 이집트인은 은혜에 보답하려는 마음에 그들에게 아말렉인들의 거처를 알려 주었다. 병든 이집트 노예를 귀찮다고 버렸을 때, 그들은 승리의 축제를 벌일 장소로 가던 길이었다. 그들이 어디로 가는 길이었는지 정확히 알고 있었던 그는 다윗의 부대를 그리로 인도했다.

도착해 보니 땅거미가 내리는 시간이었고 잔치는 최고조에 달해 있었다. 아말렉인들은 먹고 마시고 춤추며 야단법석이었다. 그것은 시글락과 다른 여러 마을에서 노략해 온 음식과 음료를 가지고 벌이는 잔치였다. 약탈한 곳에서 아주 멀리 떨어진 곳이었으므로, 그들은 안심하여 보초도 세워 두지 않았다. 흥청망청 마시며 놀고 있는 그들을 치는 것은 식은 죽 먹기였다.

그들은 모든 것을 완벽하게 되찾았다. 한 사람의 아내도 아이도 잃어버리지 않았다. 빼앗긴 물건을 모두 되찾았다. 그뿐 아니라 그들은 아말렉인들이 다른 마을에서 약탈해 온 많은 양떼와 소떼도 덤으로 얻었다. 모든 사람과 모든 물건을 되찾은 다윗과 부하들은 의기양양하게 돌아갔다. 불과 얼마 전까지만 해도 풀이 죽고 비탄에 젖고 분노에 찼던 사람들은 이제 기쁨에 겨워 제정신이 아니었다. 그리고 몇 시간 전만 해도 자신들이 죽이려고 했던 다윗을 높이며 우러러보았다. 그들은 모든 것을 다윗의 공로로 돌리며 큰 소리로 외쳤다. "제 슬랄 다비드, 제 슬랄 다비드"(zeh sh'lal David, zeh sh'lal David), "다윗의 전리품이 다!"(삼상 30:20).

### ✣ 브솔 시내

이것이 이 이야기의 절정인 듯 보이겠지만 사실은 그렇지 않다. 절정은 브솔 시내에서 일어난다. 승리감에 도취되어 시글락으로 돌아가던 400명은 200명의 동료가 남아 있던 시내에 도착했다. 너무 탈진한 나머지 중도에 낙오된 200명은, 400명의 동료가 광야와 아말렉의 공포를 무릅쓰고 있는 동안 그저 씁쓸한 마음으로 관망이나 하며 시내에 발을 담그고 있었다. 이제 뒤에 남겨졌던 그들 200명은 벌떡 일어나 아내와 아이들을 만나 껴안고 입맞추며, 비록 자기들이 힘을 보태진 못했지만 동료들이 거둔 승리를 함께 기뻐했다.[3]

그러나 그 400명 중에는 인색한 이들이 있었다. 그들은 그 나약한 동료들과 전리품을 나누어 갖자는 말에 불끈 반발했다. 아내와 아이들을 다시 만난 것으로 되었지, 더 이상은 줄 수 없다는 것이다. 양이나 염소 새끼 한 마리는 말할 것도 없고, 아말렉에게서 빼앗아 온 물건은 단 한 개도 나누어 줄 수 없다는 것이다.

바로 그 때 다윗이 나섰다. 그의 이러한 개입이 바로 이 이야기의 절정이다. 다윗은 브솔 시내에서 터진 문제에 개입했고 이 개입은 그야말로 복음 그 자체였다.[4] 그 날 브솔 시냇가에서 다윗이 내린 판결은 이것이었다. 도중 하차해서 뒤에 남아 시냇가에서 물건이나 지켰던 그 200명이나(삼상 30:24) 목숨을 걸고 싸움터로 나가 싸운 400명이나, 모두 동등하며 그러므로 모든 것을 동등하게 나누어야 한다는 것이다. "주께서 우리에게 선물로 주신 것을 가지고, 우리가 그렇게 처리해서는 안 된다.…모두 똑같은 몫으로 나누어야 한다"(삼상 30:23-25).

성경은 '공정한 분배'를 요구했던 주동자들을 "악하고 야비한 사람들"(삼상 30:22)이라고 부르고 있다. 상식적이고 당연한 정의를 요구했던 사람들에 대해 지나치게 심한 욕이 아니냐고 생각할지 모르겠다. 그러나 이들이 누구인지, 이들이 본래 어떤 사람들이었는지 한번 생각해 보라. 이들은 내세울 만한 것이 전혀 없던 사람들이었으나 아무 공로 없이 비참한 삶으로부터 건짐을 받아, 하나님의 섭리와 구원의 삶 속으로 인도된 시글락 사람들이었다. 아말렉 추격 사건도 그렇다. 처음에 그들 모두는 다윗을 죽이려고 했다. 그러나 그런 그들이 후에 이렇게 가족을 되찾을 수 있었던 것은 오직 다윗이 아비아달과 함께 기도했고 그들이 한 이집트인에게 동정을 베풀었기 때문인 것이다.

이처럼 그들이 지금까지 경험했던 모든 것은 순전히 은혜였다. 그런데 그들이 어떻게 물건을 공정하게 나누자는 말을 할 수 있단 말인가? 하나님은 그들을 놀랍도록 관대한 은혜로 대하셨다. 그러므로 그들 역시 서로를 놀랍도록 관대한 은혜로 대해야 한다. 이것이 바로 다윗의 신념이었다.

### ✤ "돌봄이야말로 가장 위대한 일이다"

흔히 다윗은 열정(passion)의 사람으로 일컬어진다. 자기 앞에 무엇이 있든 간에 그는 자신을 송두리째 내던져서 거기에 몰입했다. 노래든 전투든 기도든 혹은 사랑이든 하나님이든 말이다. 그러나 흔히 간과되긴 하지만, 다윗은 자비(compassion)의 사람이기도 했다. 그의 열정은 공동체적 열정, 즉 **다른 이들과 함께하는**(com) 따뜻한 정(passion)이었다. 그는 사람들을 돌보아 주는 사람이었다. 그는 하나님 앞에 나아갈 때의 정열을 가지고 다른 사람들을 돌보아 주는 사람이었다.

다윗은 미리 규정된 틀에 잘 들어맞지 않는 인물이다. 우리는 다윗 이야기에서 사회학자들이나 심리학자들이 말하는 소위 '역할 모델'을 발견하지 못한다. 사실 역할 모델이란, 인간이 되어 가는 데 따르는 고통을 스스로 감수하지 않고 자신을 끼워 맞출 수 있는 기성품 같은 것에 불과하다. 오로지 목숨을 연명하는 데만 관심이 있는 사람들 속에서, 그는 하나님 앞에서 살아 있다는 것이 무엇인지를 직접 삶으로 살아 냈다. 타인을 향한 그의 민감한 돌봄은 남의 기대에 부응하려는 행위와는 거리가 멀었다. 그는 우리가 흔히 '동료의 압력'이라는 말로 합리화시키는 비겁함에 무릎 꿇지 않았다. 그는 오히려 사회적 압력을 거스르면서까지 사람들을 돌보아 주었다. 그에게 오로지 나만을 위한 구원 같은 것은 있을 수 없었다. 함께 사는 다른 사람들을 희생시키면서 자신의 안전을 얻는다는 것은 있을 수 없었다. 그는 자신의 영혼 구원에만 함몰되어 있는 사람이 아니었다. 한 마디로 그는 자비의 사람이었던 것이다.

"돌봄이야말로 가장 위대한 일이다." 폰 휴겔(von Hugel)은 말했다. "기독교는 우리에게 타인을 돌보아 주라고 가르친다."[5] 한 세대 후에 시인 오든(W. H. Auden)은 세상을 향해 최후 통첩을 했다. "우리는 서로 사랑하든지 아니면 죽든지 선택해야 합니다."[6]

그러나 지금 우리는 감상(sentiment)이 자비를 대신하는 시대에 살고 있다. 감상은 실제 인간 관계로는 연결되지 않는 감정에 지나지 않는다. 감상이란 **허울뿐인** 자비심에 불과하다. 감상은 마치 남을 돌보는 마음처럼 보이고 또 자비심으로 발전될 수 있을 것처럼 보이지만, 실제로는 전혀 그렇지 못하다. 국기의 행렬이 지나가는 모습을 볼 때 생겨나는 애국심 같은 것이 바로 감상이다. 결코 정직하게 세금을 내는 실제 애국으로는 연결되지 않는 단순한 감정 말이다. 감상은 슬픈 영화를 보며 눈물을 흘린다. 그러나 그것은 병든 친구를 찾아가 보는 일로는 연결되지 않는다. 우리는 동정을 느끼며, 세상의 고통과 아픔에 대해 비탄을 느낀다. 그러나 속으로 동정을 느끼고 눈물을 조금 흘리고 자선 단체에 만 원 정도 보내면 그것으로 끝이다. 그러면서 속으로 이렇게 생각한다. '이토록 삭막하고 살벌한 세상에서 나는 이 얼마나 온정 많은 사람이란 말인가!' 그리고 나서 우리는 집과 직장으로 돌아간다. 눈물만 흘렸을 뿐 그 불쌍한 사람들의 이름은 알려고도 하지 않은 채, 딱하다고만 여겼을 뿐 그 가련한 죄수들을 찾아가 볼 생각은 없이, 동정만 느꼈을 뿐 그 외로운 사람들에게 편지 한 통이라도 쓸 생각은 하지도 않은 채 말이다. 그러고는 이중 자물쇠로 잠긴 집에 들어가 낯선 사람은 들어오지도 못하게 한다.

우리 시대 최고의 아이러니 중 하나는, 우리 사회에 자아 성취에 대한 이야기와 책이 가장 많음에도 불구하고 실제로 자아 성취에 도달한 개인은 가장 적다는 사실이다. 사람들은 자기 계발에 가히 광적으로 집착했지만 결국은 일종의 종교가 된 이기적 자기 중심주의가 유행했을 뿐이다. 경제적 번영, 정치적 해방, 종교의 자유는 결국 비만과 불안과 저급함을 꽃피웠다. 물론 좋은 예외 역시 수없이 많지만 이런 일반적인 진술도 별 무리는 없다. 세상은 아직도 눈부시도록 영광스러운 것들과 영광스러운 복음으로 가득 차 있다. 하지만 열정을 가지고 그것들을 경축하며 자비를 가지고 그것들을 나누는 사람은 지독히도 드물다. 이는 물론 지금 시대에만 국한된 모습은 아니다. 아우구스티누스는 당시 세상 사람들을 신랄하게 꼬집었다. 그들은 "자신의 삶이 형편없는 것보다 자신의 별장이 형편없는 것을 더 고통스럽게 여긴다."[7]

그리스도인들이 세상 속에서 흩어져 살아야 하는 이유 중 하나는 누구나 제사장이 되어 다른 사람을 위한 삶을 살기 위해서다. 다윗과 같은 구체적인 자비의 실천을 통해 모두가 서로 완전히 결합되어 그 어떤 전문가도 우리를 단순히 수동적인 소비자로 전락시키지 못하도록 말이다.

브솔 시내의 다윗은 예수님을 예기한다. "지쳤느냐? 힘이 없느냐? 종교에 대해 탈진했느냐? 나에게 오라. 그러면 생명을 회복하리라. 나는 너희에게 진정한 쉼을 보여 주겠다. 나와 함께 행하고 나와 함께 일하라. 내가 어떻게 행하고 일하는지를 보고 배우라. 자연스러운 은혜의 리듬을 배우라. 나는 너희에게 무겁고 억지스러운 짐을 지우지 않을 것이다. 나와 교제하라. 그러면 너희는 자유롭고 가볍게 사는 삶을 배울 것이다"(마 11:28-30, 메시지).

■ ■ ■

내게 편지를 쓰면서 가끔씩 "브솔 시내에서 친구가"라는 말로 끝을 맺는 친구가 있다. 그녀는 그것이 무슨 의미인지 설명해 준 적도 없고 나 역시 묻지 않았다. 그러나 내가 상상하는 바로는, 그녀는 아마 자신을 브솔 시내에 남았던 200명 중 하나라고 여기는 듯하다. 전진하기에는 너무 지쳤고(그녀는 오랫동안 힘들게 살았다), 힘이 소진되었기에 방관자가 된 듯이 느껴지고 하나님의 백성 사이에서 주변적인 위치에 놓였으나 내면적으로는 하나님의 인정을 받는 사람, 감히 기대하지 못했던 관대한 다윗의 판결을 듣는 사람 말이다. 바로 브솔 시내에서.

# 11. 슬픔
## 비가를 부르는 다윗

사무엘하 1장

> 예수께서는, 마리아가 우는 것과 함께 따라온 유대 사람들이 우는 것을 보시고, 마음이 비통하여 괴로워하셨다. 예수께서 "그를 어디에 두었느냐?" 하고 물으시니, 그들은 "주님, 와 보십시오" 하고 대답하였다. 예수께서 눈물을 흘리셨다. 그러자 유대 사람들은 "보시오, 그가 얼마나 나사로를 사랑하였는가!" 하고 말하였다.
> – 요한복음 11:33-36

    내 고향 마을에는 두 군데의 장례식장과 한 군데의 신문 보급소가 있었다. 옆집 프리다 아주머니는 매일 오후 현관 옆 라일락 꽃밭에 떨어져 있는 신문을 가져오셨다. 신문 배달부 소년은 자전거를 타고 다니면서 신문을 배달했다. 그 아이는 현관을 향해 신문을 던졌지만 신문은 자전거의 움직임 때문에 항상 라일락 꽃밭으로 떨어졌다. 그는 자전거의 움직임을 계산하여 신문을 던지는 법을 끝내 터득하지 못했다. 그래서 프리다 아주머니는 언제나 신문을 가져오기 위해 그 육중한 몸집을 움직여 꽃밭으로 들어갈 수밖에 없었다. 그녀는 부엌으로 신문을 가져가 식탁 위에 펴고는 끝에서 두 번째 페이지의 부고란을 펼쳤다. 그리고 달력에다가 연필로 장례식 날짜를 표시하고 K 혹은 J 라는 문자로 장소를 표시하면서(Kenechtly 장례식장 혹은 Jackson 장례식장) 늘 지니고 있던 손수건을 꺼내어 눈가에 가져가곤 했다.

프리다 아주머니는 매일 쿠키를 만들었고—내 어린 시절 단연 최고의 쿠키였다—나는 방과후 집으로 가는 길이면 늘 아주머니네 집 부엌에 들르곤 했다. 그녀는 언제나 오븐에서 갓 꺼낸 쿠키를 넉넉히 주었고 시원한 버터밀크 한 잔도 곁들여 주었다. 그래서 나는 종종 그 의식을 지켜볼 수 있었다. 신문을 가져오고 신문을 펼치고 손수건을 꺼내고 눈시울을 닦고 장례식 시간과 장소를 달력에 기입하는 일련의 모습들 말이다. 그것은 매일 엄숙하게 거행되는 하나의 **의식이었다**. 나는 그 의식이 진행되는 동안에는 질문을 하거나 방해를 해서는 안 된다는 것을 알고 있었다.

나는 프리다 아주머니가 마을의 **모든** 장례식에 다 참석한다는 사실, 시간만 되면 하루에 두 번이라도 참석한다는 사실을 어머니로부터 들었다. 그녀는 장례식장 뒷줄에 앉아 조용히 그러나 하염없이 눈물을 흘렸다. 그녀는 죽은 사람도, 참석한 다른 조객들도 몰랐다. 그녀는 인간 관계나 다른 감정에 의해 오염되지 않은 순전한 슬픔을 맛보려는 사람이었던 것이다. 그녀는 하염없이 운 다음 자리를 떠났다.

내가 프리다 아주머니의 행동이 무언가 이상하다는 생각을 했을 때는 이미 내게 사정을 설명해 줄 수 있는 사람들과 그녀가 모두 세상을 떠난 다음이었다. 그녀는 왜 그런 의식을 거행하며 슬픔을 삶의 중심으로 삼았을까? 그리고 그녀는 어떻게 까다로운 인간 관계와는 무관하고 다른 감정의 뒤섞임 없이 슬픔을 체험하는 방법을 발견한 것일까? 그 답은 모른다. 하지만 어쨌든 그 슬픔의 모습은 내 기억 속에 너무도 크고 또렷하게—프리다 아주머니의 몸집처럼 크게, 쿠키와 버터밀크처럼 또렷하게—남아 있다. 좀 색다르고 놀라운 의미에서, 그것은 정상적인 슬픔이었다. 즉 무언가 예외적이고 이질적인 것으로서 정상적인 생활을 침해하고 방해하는 슬픔이 아니라, 일상 속으로 통합되고 심지어 일상을 규정해 주는 슬픔이었다. 또 나는 프리다 아주머니가 정상이 아니었다고는 결코 생각하지 않는다. 비록 성인이 되어 회상해 볼 때 그녀의 장례식 도착증이 신경증 증세가 아닌가 하는 의심이 생기기는 하지만. 그녀는 평생 남편을 사랑했고 그에게 충실했으며, 두 자녀를 건전하고 도덕적인 성인으로 키웠고, 글자 맞추기 퍼즐의 명수였으며 일류 쿠키 요리사였다. 아주머니가 정상적인 사람이었음을 증명하는 데 무슨 증거가 더 필요하겠는가?

아마 프리다 아주머니는 무의식적으로, 일반적으로 슬픔을 회피하려는 우리 문화에서 슬퍼하는 것을 전문으로 해서 그것을 벌충하고 있었는지도 모른다.

어쩌면 프리다 아주머니는 플래너리 오코너(Flannery O'Connor)가 작품 속에서 항상 만들어 내곤 했던, 과장된 인물들의 실제 예일지도 모른다. 의도적인 과장의 이유에 대해 오코너는 이렇게 말했다. "잘 듣지 못하는 귀에다가는 크게 소리를 질러야 합니다. 그리고 잘 보지 못하는 사람을 위해서는 엄청나게 크게 그려 주어야 합니다."[1]

프리다 아주머니가 내 어린 시절의 상상력을 자극해 슬픔이란 정당한 것이며 어디에나 퍼져 있는 것임을 알게 해주었다면, 다윗은 나의 성인 시절의 상상력을 자극해 바르게 슬퍼하는 법을 가르쳐 주었다. 사울과 요나단의 죽음에 대한 다윗의 커다란 비탄은, 끔찍한 상실과 그에 따른 모든 감정을 정직하게 기도하는 마음으로 다루는 건강한 영혼의 심연 속으로 우리를 인도한다.

### ✤ "다윗은…슬퍼하여"

다윗은 비탄에 젖었다. 왜냐하면 그는 사랑했기 때문이다. 다윗은 비탄에 젖었다. 왜냐하면 그는 죽음이라는 사실에 주의를 기울일 마음과 능력이 있었기 때문이다. 사무엘하 1장에 기록된 다윗의 비탄의 노래는, 우리로 하여금 하나님께 응답하며 하나님을 풍성히 누리며 살고자 하는 사람이 반드시 알아야 할 체험에 다가가게 한다.

삶을 완전히 누리기 위해서는 죽음과 완전히 대면해야 한다. 기묘하고 심지어 모순처럼 들릴지 모르나, 이것은 진실이다. 열정적으로 살았던 다윗은 또한 격렬하게 비탄에 젖어들었다. 그의 넘치는 열정과 비탄은 동일한 인생관, 동일한 가치관의 양면이었다. 즉 삶은 **소중하다**는 생각 말이다. 다윗은 인간의 삶―인간 삶의 사실 자체―을 넘치는 열정으로 존중했다. 그의 비탄의 깊이는 그의 그러한 숭배의 높이를 보여 준다.

시편의 70퍼센트는 비탄의 노래다. 이 비가들은 다윗의 기도하는 삶에서 직접적으로 또 간접적으로 나온 것들이다. 다윗은 거듭해서 상실과 실망과 죽음에 직면했다. 그러나 그는 그 어떤 고난도 회피하거나 부인하거나 경시하지 않았다. 그는 모든 것에 정면으로 대면했으며 모든 것을 놓고 기도했다. 다윗의 비탄은 다윗의 장대하고 장중한 생명력의 표출이었다.

그러나 지금 우리 사회 문화는 이것과 너무도 끔찍한 대조를 보인다. 신문과 텔레비전은 매일같이 끔찍한 사건에 대해 상세히 보도하고 있다. 범죄와 전쟁, 기근과 홍수, 정치적 부정과 사회적 스캔들 등. 우리 사회에서 사람들의 주목을 받을 수 있는—얼간이라도 할 수 있는—확실한 길 한 가지는 무언가 나쁜 짓을 저지르는 것이다. 나쁜 짓이면 나쁜 짓일수록 더 큰 주목을 받는다. 무언가 일이 잘못되거나 누군가 좋지 않은 일을 저지르면, 거기에 대해 이러쿵저러쿵 기사를 쓰고 기자들이 인터뷰를 하고 논설 위원들이 논평을 하고 바리새인들은 그것을 설교거리로 삼는다. 그리고 심리학적 분석이 행해지고 법을 고치자는 개혁안이 등장하고 대학에는 연구 기금이 조성된다. **그러나 이 모든 와중에서 그 일에 대한 비탄의 글은 단 한 줄도 보이지 않는다.**

비탄이 없는 것은, 진리가 진지하게 여겨지지 않기 때문이다. 사랑이 진지하게 여겨지지 않기 때문이다. 사람의 생명이 **생명**으로서—하나님이 주시고 그리스도께서 구속하시고 성령님이 복을 주신 생명으로서 소중히 여겨지지 않는 것이다. 다만 '뉴스거리'로 여겨질 뿐이다. 거기에는 어떠한 존엄성도 찾아볼 수 없다. 생명이 하찮은 것이 되고 말았다.

## ✥ "…조가를 지어서 부르고…"

다윗은 사울과 요나단의 죽음을 슬퍼했다(삼하 1:19-27). 다윗은 이 두 이름으로 인해, 우리가 필시 잘못 판단하여 불행한 시기라고 생각할 만한 세월을 보냈다. 사울은 악독한 적이 되어 다윗을 광적으로 핍박했고, 그 때문에 다윗은 절친했던 친구 요나단과 어쩔 수 없이 헤어져야만 했다. 그러나 그 두 이름은 다윗의 비가 속에서 대등한 위치를 차지한다. 다윗은 두 사람의 죽음을 똑같이 애도하고 똑같이 고귀하게 높인다.

> 오, 나의 소중하고 아름다운 사울과 요나단이여!
> 함께 살았더니, 이제 함께 죽었구나!
> 하늘에서 재빠르게 내려오는 독수리보다 더 재빠르고,
> 도도한 사자보다 더 강인했던 이들이여(필자의 번역).

사울. 사울은 다윗을 혐오했다. 사울은 다윗을 추격했다. 사울은 다윗을 속였다. 광야 시절 내내, 다윗은 사울의 증오가 지배하는 세상—아니, 그렇게 보이는 세상—속에서 살았다. 위험, 역경, 외로움, 상실, 이 모두는 사울 때문이었다. 그러나 사울의 증오보다도 더 중요한 무언가가 있었다. 사울에 대한 하나님의 기름부음, 바로 그것이었다. 하나님이 사울에게 하신 일이 사울이 다윗에게 한 어떤 일보다 훨씬 더 중요했다. 다윗은 바로 이것을 인정했고 그에 따라 행동하기로 선택했다. 다윗은 하나님의 주권에 따라 좌우되고 움직이기로 선택했던

것이다. 다윗은, 자신에 대한 사울의 증오가 아니라 사울을 향한 하나님의 은혜에 입각하여 기도하고 결단했다. 사울은 다윗을 힘들게 만들었지만, 그는 결코 다윗을 파멸시키지 못했다. 그러나 만일 다윗이 사울의 증오에 따라 자신의 인생 행로를 결정해 나갔다면 아마 파멸했을 것이다. 죽임을 당하지는 않았을지 모르나, 그의 인생은 분명 저주의 구렁텅이—복수심에 의해 옹색해지고 제한받고 좁아진 삶—에 떨어졌을 것이다. 그러나 다윗은 사울에게 쫓기는 동안, 기도를 통해 자신의 고통과 분노를 하나님께 맡겨 드렸다. 사울을 심판하실 수 있는 유일한 분께 말이다. 이처럼 사울의 증오는 다윗을 전락시키고 옹색하게 만드는 대신 오히려 다윗이 크고 널찍하고 넉넉한 사람이 되는 계기를 마련해 주었다. 다윗이 부르는 비탄의 노래에는 관대함이 넘쳐흐른다.

오, 오, 이스라엘의 영광이 죽었구나.
용사들이 쓰러졌다니, 쓰러졌다니!
가드에 이 사실을 알리지 말라.
아스글론 거리에 이 소식이 전해지지 않게 하라.
상스런 블레셋 여자들이 이를 알고
신이 나서 술 잔치를 열지 못하도록!

길보아의 산들아,
이제부터 너희 위에는 더 이상 이슬이나 비가 내리리 않으리라.

샘이나 우물에서는 물 한 방울 나오지 않으리라.
이 용사들의 무기가 진탕 속에 파묻혔고
사울의 방패가 거기에 녹슨 채 버려졌기 때문이다.…

이스라엘 여인들이여, 사울을 위해 울라.
그는 네게 멋진 무명옷과 비단옷을 입혀 주었고
너희를 우아하게 만들어 주는 데 돈을 아끼지 않았다(필자의 번역).

그리고 요나단. 요나단은 다윗을 사랑했다. 하지만 다윗은 그 사랑을 마음껏 누릴 수 없었다. 그 사랑을 한껏 즐길 수 없었다. 요나단은 아버지에 대한 충성 때문에 다윗을 따라 광야로 갈 수 없었다. 아버지를 향한 한결같은 충성이 다윗에 대한 헌신된 사랑보다 우선했기 때문이다. 다윗도 자기 마음의 위안을 위해 요나단을 광야로 데리고 가려 하지 않았다. 하나님의 주권에 온전히 자신을 내어 맡겼기 때문이었다. 그들의 우정은 서로를 즐거워하는 것 이상의 무언가에 기초를 두었다. 그들은 진리와 선함과 아름다움—어떠한 환경에라도 소망을 불어넣어 줄 수 있는 세 가지 초월적 가치—에 대한 사랑을 공유했다. 본문에 상세한 기록이 나와 있지 않으므로, 이는 다분히 추측이 담긴 말이긴 하다. 하지만 본문을 보면 그들의 우정이 굳이 감정을 주고받지 않아도 되는 우정이었음을 느낄 수 있다. 다시 말해, 요나단과 다윗의 우정은, 서로를 최선의 자신이게 만들어 주는 우정이었고, 이는 함께 있지 않고 떨어져 있는 상황에서도 가능한 일이었다. 그들은 굳이 서로의 감정적 '필요'를 채워 주지 않아도 되었다. 그들의 우정은 서로 공유하는 가치관과 헌신으로부터 생겨난 것이었기 때문이다.

C. S. 루이스(C. S. Lewis)는 우정이라는 사랑에 관해 다음과 같이 멋진 설명을 들려준다. "옛 사람들은 우정을 우리를 가히 인간 이상의 존재로 들어올려 주는 무언가로 여겼다. 이 사랑은 본능으로부터 자유로우며, 사랑이 자유롭게 떠맡는 것 외의 온갖 의무로부터 자유롭고, 질투로부터도 거의 완전히 자유로우며, 상대의 필요에 대한 자격 조건으로부터도 완전히 자유롭다. 이 점에서 이 사랑은 탁월하게 영적이다. 천사들 사이의 사랑이 이런 사랑일 것이라고 상상할 수 있다."[2] 우정이 '영적'이라고 해서 거기에 위험이 없다는 뜻은 아니다. 루이스는 우정이라는 사랑 역시 교묘하고 끔찍한 죄에 물들 수 있음을 분명히 하고 있다. 그러나 우정은 그 영적인 특질[3]로 인해 흔치 않은 것이 되며, 우정을 나누는 사람들한테는 더없이 멋진 것이 된다. 요나단에 대한 다윗의 비가는 이 사랑이 얼마나 그의 영혼의 깊은 곳까지 들어가 있었고 그에게 소중했는지를 가장 잘 보여 준다.

아, 용사들이 쓰러졌다니, 쓰러졌다니!
전장의 한복판에서
요나단, 그 젊음의 절정에서!

오, 나의 형제 요나단이여,
그대의 죽음에 내 가슴이 부서지오.

기적처럼 놀라운, 나를 향한 그대의 우정,

내가 아는, 아니 감히 기대조차 못할,

그 최고의 사랑.

■ ■ ■

다윗의 비탄에는 우리가 주목하고 깊이 생각해 보아야 할 점이 두 가지 있다. 하나는 이 비탄은 동정심을 유발시키지 않는다는 점이다. 다윗의 비탄을 들어도 우리 속에는 그를 향한 동정심이 생겨나지 않는다. 오히려 찬탄하는 마음이 들지 않는가? 그의 비탄은 우리 내면에 무언가 고귀한 마음을 일깨우지 않는가? 그 비탄이 어떤 영적 매개물이 되어 우리로 하여금 자기 중심성을 초월하도록 만들고 있지 않는가? 비탄은 상실과 관련되어 있다. 그러나 다윗은 빈곤해지지 않는다. **어째서** 그는 상실했음에도 불구하고 빈곤해지지 않는 것일까?

다윗의 비탄에서 발견되는 또 다른 놀라운 점은 그것이 시로 정화되었다는 것이다. 그 시에는 운율이 있으며 참신하고 놀라운 은유들이 있다. 행들이 서로 공명하고 있다. 그 공명과 반복을 통해 말의 힘이 점점 쌓이고 커지다가 마침내 해소된다.

세 번이나 반복되는 행이 있다. "용사들이 쓰러졌다니, 쓰러졌다니!"('aik naphlu gibborim, 19, 25, 27절) 이는 격렬한 고통의 외침, 참변의 선포다. 그것은 처음에는 사울이 당한 참변에 대해 쓰였고, 두 번째는 요나단의 죽음으로 인해 두 배가 된 참변에 대해서 쓰였다. 그리고 세 번째는 시의 마지막 2행 연구(聯句)에 쓰여서, 결코 잊을 수 없는 화성적 아름다움을 지닌 3중 화음을 완성한다. 아름다움. 비탄은 짐승의 울부짖음, 알아들을 수 없는 포효가 아니다. 비탄은 상세한 사실과 이미지와 관계를 주목하고 주시하며, 맛보고 즐거워한다. 깊이 경험하고 받아들이고 내 것이 된 고통은 시를 낳는다. 그것이 고통의 고통스러움을 덜어 주지는 않지만 고통을 더 이상 추한 것이 아니게 해준다. 시는 가장 개인적으로 언어를 사용하는 방식이다. 시는 단순히 경험을 당하는 차원을 넘어 경험 속으로 깊이 들어가 살아 보는 방식이다.

### ✣ "그것을…유다 사람들에게 가르치라고 명령하였다"

다윗은 자신의 슬픔을 비가로 표현했을 뿐 아니라 사람들에게 그 노래를 배우라고 명령했다. 그것을 암기하고 그들 자신의 경험으로 삼도록 말이다. 왜냐하면 상실은 결코 사적인 문제에 국한되지 않기 때문이다. 상실은 사회적이며 정치적인 문제이기도 하다. 비탄은 문화의 형상을 정한다. 우리가 개인적으로 상실을 대하는 방식이 모여 사회의 문화적 분위기가 되며, 그에 따라 우리는 고귀함과 아름다움을 아는 백성이 되기도 하고 못 되기도 한다. 그리스도인의 삶은 다른 것들과 더불어 '이 비탄의 노래'를 배우는 것, 잘 배우는 것과 관련이 있다.

"[다윗이] 유다 사람들에게 가르치라고 명령하였다"(삼하 1:18). 다시 말해, 우리 삶의 일부가 되게 하라는 것이다. 단순히 하나의 정보가 아니라 내면에 동화된 진리가 되게 하라는 말이다. 이 비탄을 가르치라. 사울의 적의와 요나단의 사랑을 어떻게 대해야 하는지 가르치라. 미움 때문에 당하는 고통과 사랑 때문에 겪는 고통이 함께 어우러져 만들어 내는 고통의 이 거대한 리듬을 어떻게 진지하게 다루어야 하는지 서로에게 가르치라. 그리하여 우리 삶이 그 고통들로 인해 빈곤해지는 것이 아니라 오히려 더 깊어지도록 말이다. 그 고통들 속에서 하나님을 발견하고 아름다움을 발견할 줄 알도록 말이다. 그 고통들에 형식과 운율과 노래를 부여하라. 고통은 최악이 아니다. 미움받는 것은 최악이 아니다. 사랑하는 사람과 결별하는 것은 최악이 아니다. 죽음은 최악이 아니다. 최악은 현실과 대면하지 못하고 겉도는 것이다. 최악은 존귀한 것을 하찮게 여기고 신성한 것을 모독하는 것이다. 내가 나의 슬픔을 대하는 방식은 당신이 당신의 슬픔을 대하는 방식에 영향을 끼친다. 우리는 죽음을 비롯한 여러 상실을 하나님의 주권이라는 맥락 속에서 다룰 줄 아는 공동체를 이루고 있는 것이다. 그 주권은 최종적으로 부활로서 드러날 것이다.

고통을 가능한 한 빨리 잊거나 할 수 있는 한 대수롭지 않게 여기는 것은 결코 바람직한 방법이 못 된다. '잊는다'든지 '대수롭지 않게 여긴다'는 것은 비성경적이고 비인간적인 방식이다. 부인과 회피는 우리 문화가 상실을 다루는 가장 전형적인 처방이다. 그 두 가지 방식은 함께 결합하여 우리 문화의 영적인 건강을 사실상 완전히 파괴시켜 버렸다. 사회에 만연된 중독증과 우울증이 그 결과다. 중독은 죽음을 부인하기 위한 가장 보편적인 방법이다. 일 중독에서 알코올 중독에 이르기까지, 중독은 상실에 따르는 인격적인 문제와 고통을 느끼지 못하도록 비인격적인 것들로 우리를 미리 채우고 **마취시켜 버린다**.[4] 우울증은 보통 철저한 부인보다는 회피 심리에 가까운 상태에서 시작한다.

우울증은 오랜 세월 상실과 죽음, 실패와 실망의 현실을 있는 그대로 대면하지 않고 축소시켜 온 것이 축적된 결과로서, 우울증에 빠지면 다른 **모든** 현실에 대해서도 무감각해지고 둔감해진다. 이렇듯 우리 사회에는 중독증이 만연해 있다. 우울증이 만연해 있다. 고통, 거절, 실패 등과 대면할 줄 모르거나 대면하기를 거부하는 증상, 원하는 것을 얻지 못하거나 뜻대로 안 되는 것을 견디지 못하거나 견디기를 거부하는 증상이 사회 전체에 만연해 있다. 사울의 미움과 요나단의 사랑에 대한 다윗의 경험을, 감동적이고 아름다운 주제—하나님의 기름부음과 인간의 헌신—를 담아 보여 줄 만큼 폭넓은 플롯 가운데 집어넣는 이야기와 노래에 관해 모르는 사람이 너무 많다. 이런 무지가 사회 전체에 만연해 있다.

이것이 바로 다윗의 비가가 야살의 책에 기록된(삼하 1:17) 이유다. 우리는 슬퍼하는 법을 배워야 한다. 비가를 지으며 슬퍼하는 법을 배우지 못하면, 우리는 그때 그때의 기분을 좋게 유지하는 것이 가장 중요하다고 믿게 될 것이다. 그러면 거절당할 때마다 그 현실을 부인하려 할 것이며, 그럼으로써 결국 타인의 거절 여하에 좌우지될 것이다. 실패할 때마다 그 현실을 회피할 것이며, 그럼으로써 결국 그 실패는 우리의 삶을 빈곤하게 만들 것이다. 고통과 상실, 거절과 실패에 대한 부인과 회피가 쌓여 감에 따라 우리는 점점 우리 이하의 존재, 남을 하찮게 여기는 하찮은 존재, 거짓 미소를 띤 빈 껍데기가 되어 갈 것이다.

지금 나는 다윗 식의 비가가 중독증과 우울증에 대한 치유책이라고 말하는 것은 아니다. 두 증상 중 하나(혹은 흔히 그렇듯이 둘 다)가 극심할 경우, 회복은 오랜 시간에 걸친 어렵고 복잡한 과정을 거쳐야 한다. 그러나 나는 그런 비탄이야말로 그런 증세들에 대한 가장 효과적인 예방책이라는 사실만큼은 분명히 확신한다. 상실을 피해 가는 행운이나 영리함은 인간을 성숙시켜 주지 못한다. 부인하고 회피하는 것은 더더욱 그렇다. 그러니 비탄하는 법을 배우라. **다윗처럼** 비탄하는 법을 배우라. 결국 우리는 **죽게 되어 있는 인간**(mortals)이다. 우리와 주변 사람들은 모두 언젠가는 반드시 죽게 되어 있다(mortis). 이를 받아들이라. 당신의 십자가를 지라. 이것이 바로 부활을 준비하는 것이다.

■ ■ ■

이제 우리는 다윗 이야기의 중심점에 와 있다. 사울과 요나단에 대한 다윗의 비탄은 일종의 전환점 역할을 한다. 다시 말해, 다윗의 비탄은 이 이야기 전반부의 모든 것이 후반부에서 계속 살아 움직이도록 해준다. 비탄은 삶에서 죽음으로, 죽음에서 삶으로 가는 다리다.

비탄에 젖을 줄 모르는 것은 삶을 하나로 이을 줄 모르는 것이다. 만일 우리가 다윗처럼 비탄하는 법을 배우기를 거부한다면, 우리의 삶은 단편적인 에피소드나 일화, 아무렇게나 시작되었다가 아무렇게나 끝나는 사건의 연속으로 파편화될 것이다. 그러나 우리 모두는 **이야기** 속에 있다. 결국 모든 것이 꿰어지고 모든 흩어진 조각이 하나로 맞춰져서, 나중에 우리가 "아, **이것이** 바로 그 때 그 일이 갖는 의미였구나!" 하고 외치게 만드는 그런 이야기 말이다. 그러나 이야기 속에 있다는 것은 또한 우리가 그 플롯을 앞지르려 해서는 안 된다는 사실도 의미한다. 즉 우리는 어려운 부분은 건너뛰고 고통스러운 부분은 지워 없애고 실망되는 부분은 돌아서 가려 해서는 안 된다. 비탄—상실을 수렁이 아닌 유익으로 삼는 것—은 우리가 이야기 **안에** 머무는 대단히 중요한 방식이다.[5] 기억하라. 이 이야기의 저자는 **하나님**이시다. 그것은 원대하고 광대한 이야기다. 그분은 우리가 이 이야기를 삭제 편집하는 것을 탐탁하지 않게 여기신다. 그러나 그분은 우리가 그 안에서 시를 노래하는 것은 참으로 기뻐하신다.

# 12. 어리석음
## 다윗과 스루야의 아들들

사무엘하 2-4장

> 세베대의 아들들인 야고보와 요한이 예수께 다가와서 말하였다.
> "선생님, 우리가 요구하는 것은, 무엇이든지 해주시기 바랍니다.…주께서 영광을 받으실 때에,
> 하나는 선생님의 오른쪽에, 하나는 왼쪽에 앉게 하여 주십시오"…
> 그래서 예수께서는 그들을 곁에 불러 놓으시고, 그들에게 말씀하셨다.
> "너희가 아는 대로, 민족들을 다스린다고 자처하는 사람들은, 그들을 마구 내리누르고,
> 고관들은 세도를 부린다. 그러나 너희끼리는 그렇게 해서는 안 된다.
> 너희 가운데서 누구든지, 위대하게 되고자 하는 사람은 너희를 섬기는 사람이 되어야 하고"
> - 마가복음 10:35-37, 42-43

"스루야의 아들들 때문에 정말 지친다. 그렇다. 나는 하나님의 기름부음을 받았고 지금껏 숱한 험난한 곤경 속에서도 건짐을 받았다. 골리앗과 사울, 블레셋과의 전쟁과 위험한 광야 생활. 그리고 지금 나는 참 인간, 즉 하나님의 왕되심을 드러내고 하나님의 백성을 경배와 사랑과 순종의 삶으로 인도할 줄 아는 사람이 되는 중이다. 그러나 이 스루야의 아들들은 정말 나를 지치게 만든다. 그들의 불화, 책략, 질투, 분노…정말 지친다. 나는 내가 하나님과 관계를 맺어야 하며 내 앞에

영광스러운 사명이 놓여 있음을 안다. 그러나 이 스루야의 아들들은 정말 나를 지치게 한다. 그들 때문에 너무 많은 시간이 들어가고, 너무 많이 신경을 써야 한다. 그들이 일으킨 불을 끄고 그들이 시작한 싸움을 해결하는 데 내 시간을 다 쓰는 것 같다. 그들은 지금 자신들이 내 편이고 나를 돕고 있다고 생각한다. 그래서 내가 고마워해야 한다고 생각한다. 그러나 그들은 **하나님**이 우리 가운데 계신다는 것을 이해하지 못한다. 우리가 다름 아니라 하나님의 백성이라는 생각을 할 줄 모른다. 사울의 백성도 아니고 다윗의 백성도 아닌, 바로 **하나님의** 백성이라는 생각을 말이다. 우리가 해야 할 일은, 스스로 일을 벌이고 능력을 발휘하는 것이 아니라, 지금 하나님이 하시는 일 속에 동참하고 그분에 관해 증언하는 것이라는 사실을 그들은 도무지 이해하지 못한다. 스루야의 아들들은 정말 나를 지치게 한다. 너무 힘겹다."

유다의 왕이 된 지 얼마 안 된 다윗의 머리 속에 이와 비슷한 독백이 요동치고 이것이 그의 기도가 되었을 것이라고 쉽게 상상해 볼 수 있다. 이는 우리도 이미 그런 내적 독백과 기도를 경험해 보았기 때문이다. 오랜 세월에 걸친 기다림과 분투와 시험 끝에 마침내 우리는 힘 있는 위치에 올라섰고 성취의 때를 맞이했다. 오랜 병치레 끝에 마침내 건강을 되찾았거나, 오랜 외로움 끝에 마침내 결혼을 했거나, 오랜 준비 끝에 마침내 직장을 얻었거나, 오랜 직장 생활의 노고 끝에 마침내 은퇴를 했다. 이제 내 인생 최고의 시절이 펼쳐질 것이다! 그런데 뜻밖에 유감스럽게도, 우리는 그간 동지라고 믿었던 이들 때문에 오히려 우리 삶이 비참해지는 것을 경험한다. 게다가 그들은 지금 자기들이 우리 삶을 힘들게 하고 있다는 사실을 모르는 경우도 많다. 그들은 지금 최선을 다해 우리를 돕고 있다고 생각하기 때문이다. 그들은 제멋대로 자신의 관심과 우리의 관심을 동일한 것으로 간주하고 행동한다. 이들이 바로 스루야의 아들들이다. 문제는 그들이 하나님의 관심에는 관심이 없다는 것이다. 물론 그들도 하나님의 존재를 인정한다. 하지만 살아가는 방식에서는 하나님을 인정하지 않는다. 그저 자신의 방식대로 살아갈 뿐이다.

그러나 이는 철저히 성경과 부합하는 상황이며 다윗이 처했던 상황이다. 우리가 우리의 삶을 하나의 복음 이야기로 본다면, 그 안에 스루야의 아들들이 없는 장소나 모임은 존재하지 않는다. 역사 이래로 좋은 소식은 바로 이러한 환경 속에서 태어났다는 사실을 기억하라. 스루야의 아들들도 하나님의 섭리 속에 포함되어 있으며, 그들이 아무리 우리의 신앙 생활을 어렵게 만든다 할지라도, 결코 우리의 신앙을 파괴할 수는 없다.

### ✥ 새로운 상황

새로운 상황이 도래했다. 사울이 죽었고 요나단도 죽었다. 다윗은 이들의 죽음을 숭고하게 애도했다. 이렇게 비탄하는 다윗은 가장 다윗다운 다윗이다. 믿고 경외하며, 관대하고 열정 어린 다윗. 또 그는 이제 왕이다. 오래 전 사무엘에게서 받은 왕으로서의 기름부음이 이제 공적으로 실현된 것이다. 이제 더 이상 사울 왕은 그 길을 방해할 수 없다.

10여 년 동안 광야에서 쫓기며 산 후에 이제 다윗은 힘을 가진 위치에 올라섰다. 나이 서른의 **통치자**가 된 것이다. 모든 것이 180도 달라졌다. 이제 그는 더 이상 도망가고 숨고 힘겹게 살지 않아도 된다. 그는 책임 있는 위치에 올랐다. 권위 있는 자리에 올랐다. 이제 그 힘을 어떻게 사용할 것인가? 어떤 방식으로 권위를 행사할 것인가? 광야에서 그는 경외와 자비와 기도의 삶을 배웠다. 계속 그러할 것인가? 아니면 이제 더 이상 하나님께 피하여 도망갈 필요가 없어졌으므로 하나님을 불필요하게 여길 것인가?

스루야의 아들들은 하나님을 불필요하게 여기게 된 것 같다. '스스로 돕지 못하는 자를 하나님이 도우신다는 사실은 참 고마운 일이다.' 그들은 이렇게 생각했을 것이다. '그리고 실제로 그분은 우리에게 도움이 필요했을 때 우리를 많이 도와주셨다. 그러나 이제 우리는 스스로 도울 수 있는 사람이 되었으니, 지금부터는 알아서 행동할 것이다―우리의 방식대로. 물론 우리는 다윗을 도울 것이다―우리의 방식대로. 더 이상 하나님께 매달려서야 쓰겠는가?'

### ✥ 아브넬과 요압

이 지점에서 조연들이 이야기 전면에 등장한다. 북쪽 사울 궁정의 아브넬과 남쪽 다윗 궁정의 요압이 바로 그들이다. 히브리 민족은 열두 지파로 구성되어 있다. 시므온, 르우벤, 에브라임, 베냐민, 유다 등. 각 지파마다 강한 독자적 정체성을 가졌는데, 보통 그것이 '히브리인' 으로서의 집합적 정체성보다 더 우선했다. 강력한 외부 민족의 침략이 있을 시에는 지파적 차이를 접어두고 히브리인으로서 단결했지만, 사태가 진정된 다음에는 곧 지파적 정체성으로 돌아가곤 했다. 북쪽에 위치한 열한 지파는 때때로 이스라엘이라는 이름으로 함께 모였고, 유달리 개별적 정체성이 강했던 남쪽의 커다란 지파 유다는 독자적으로 움직였다. 강력한 블레셋의 위협이 있었기에, 사울은 그들을 하나의 연맹으로 모을 수 있었다. 하지만 다윗이 추방당하자 그의 고향 지파 유다는, 비록 연맹에서 탈퇴하지는 않았지만, 계속 다윗에게 호의적인 태도를 견지해 왔다. 그러다 마침내 사울과 요나단이 죽자 유다 지파는 즉시 다윗을 유다의 중심 도시 헤브론에서 왕으로 추대했다. 그러나 다른 지파들은 사울의 유일한 후계자인 40세의 이스보셋에 의해 존속된 왕실을 중심으로 명목적으로나마 연맹을 유지하고 있었다.

그러나 이스보셋은 강력한 지도자가 못 되었고, 이는 그 동안 이름 없는 인물이었던 무뢰한들이 앞으로 나서서 설치는 기회가 되었다. 아브넬과 요압은 이제 음지에서 나와, 비록 잠시지만 이야기의 전면으로 등장했다. 아브넬은 사울 군대의 사령관이었으며 요압은 다윗 군대의 사령관이었다.

아브넬은 극도의 기회주의자다. 그는 국왕 옹립자로서의 위치를 확립하여 힘없는 이스보셋을 꼭두각시 왕으로 만들면서, 미래는 다윗에게 있다는 것을 깨닫고 북쪽 지파들(이스라엘)을 다윗 쪽으로 회유하기 시작한다. 이는 새로운 정부에서 지도적인 위치를 차지하기 위해서다. 아브넬은 자신의 책략을 합리화하기 위해 종교적인 언어를 사용한다. 그는 경건한 언어를 사용하며 이스보셋을 협박한다. "주께서는 이미 다윗에게 약속하신 것이 있습니다. 이제 저는 다윗 편을 들어서 하나님의 뜻대로 하겠습니다. 그렇게 하지 않는다면, 하나님이 이 아브넬에게 벌을 내리시고 또 내리셔도 좋습니다. 하나님은 이 나라를 사울과 그의 자손에게서 빼앗아, 다윗에게 주실 것입니다. 하나님이 다윗을 이스라엘과 유다의 왕으로 삼으셔서,…다스리게 하실 것입니다"(삼하 3:9-10). 그는 마찬가지로 경건한 언어를 사용하며 이스라엘의 장로들을 구슬린다. "주께서 이미 다윗을 두고 '내가 나의 종 다윗을 시켜서, 나의 백성 이스라엘을 블레셋 사람의 지배와 모든 원수의 지배에서 구하여 내겠다' 하고 약속을 주셨기 때문입니다"(삼하 3:18). 아브넬은 아주 세련되게 교활한 사람이다. 그는 자신의 이기적 목적을 위해 하나님의 이름을 교묘히 이용하는 법을 알고 있었다.

반면 요압은 전형적인 억세고 거친 사람이다. 그는 일단 죽이고 나서 나중에 생각한다. 또한 그는 소위 이상주의자(idealogue)다. 즉 자신이 보기에 옳은 이상—그의 경우에는, 하나님의 기름부음을 받은 다윗—을 위해서라면 앞 뒤 가리지 않는 사람이다. 이상주의는 사실상 이런 태도다. "당신이 내 이상에 반대할 경우, 나는 이상을 위해 당신을 제거해 버릴 수 있소. 정당한 방법이건 비열한 방법이건 가리지 않고 말이오." 불 같은 성미와 독단주의와 완력의 결합은 치명적 결과를 낳는다. 요압에게 하나님은 자신의 폭력을 초월적으로 합리화시켜 주는 존재다.

이 두 사령관 이야기는 이렇게 시작된다. 아브넬과 요압은 각기 군대를 이끌고 기브온 연못에서 만난다. 아브넬은 연못의 이쪽에, 요압은 연못의 저쪽에 진을 친다. 그들은 각기 열두 명의 군사를 앞으로 보내 일종의 무예 경연 대회를 벌이기로 한다. 신호가 울리자 양쪽 군사들이 달려나간다. 그러나 원래는 승패를 가리기 위한 시합이었던 것이 곧 서로 죽고 죽이는 난잡한 싸움이 되어 버린다. 결국 승자도, 패자도 없이 스물네 명 모두 죽고 만다. 시합으로 시작했던 것이 광란과 학살로 끝난 것이다. 비록 피비린내 나는 사건이긴 하지만, 우리가 보기에 이는 일종의 난잡한 희극이 아닐 수 없다.

이것은 원래 시합이었다. 경기자들 외의 사람들은 다 구경만 하기로 되어 있는 경연 대회였다. 우리 편 이기라고 소리지르고 응원하는 토요일 오후의 여흥거리였다. 그런데 기형적인 돌발 사태가 일어난 것이다. 경기자들이 광포해지더니 서로를 죽이기 시작했고, 이를 지켜보던 양편 군대가 모두 관람석을 박차고 경기장으로 마구 달려나와 적을 닥치는 대로 죽이는 광란을 벌였다. 기브온 연못에서 아브넬과 요압이 벌린 무예 시합 대회는 곧 북쪽 이스라엘과 남쪽 유다 사이의 격렬하고 피비린내 나는 전투로 번졌다. 그 날 전사자 수는 이스라엘 쪽에서 360명, 유다 쪽에서 20명이었다.

이 이야기를 읽으며 우리는 '이 얼마나 얼빠진 싸움이며 살인이란 말인가?'라고 생각하지 않을 수 없다. 이것은 사는 방법이 아니다. 차이의 문제를 해결하는 데 있어 폭력은 어리석은 방법이다. 이 날 싸움에는 어떠한 대의 명분도 없었고 어떠한 영적인 고민도 없었다. 그들은 단지 커다란 허영심과, 권력과 지위에 대한 집착에 사로잡혀 있었을 뿐이다. 아브넬과 요압. 요압과 아브넬. 이 폭력의 와중에서 아브넬은 요압을 향해 큰 소리로 외쳤다. "언제까지 피를 보아야 하겠느냐? 이러다가는 마침내 끔찍한 일이 일어날 줄을 모르느냐?"(삼하 2:26, 공동번역) 그러나 답변 없는 질문이었다.

■ ■ ■

자, 이제 뒤로 한 걸음 물러나서 이 이야기 뒤에 숨은 플롯을 상기해 보자. 하나님은 자신의 구원 역사를 이루고 계신다. 그분은 자신의 백성을 모아 하나님 나라를 이루어 가신다. 사울의 왕위는 이제 다윗의 왕위로 대체되고 있다. 사울의 왕위는 불순종과 오만으로 인해 불합격했다. 하나님과 하나님의 방법을 참을성 있게 기다릴 줄 몰랐던 사울은 제멋대로 일을 떠맡고 처리하며 스스로 높아졌고, 하나님이 복을 주신 다윗 때문에 자신의 지위가 손상당한다고 생각하자 혈안이 되어 다윗을 죽여 없애려 했다. 한편 이 와중에서 다윗의 왕위는 차츰 모양을 갖추어 가고 있었다. 순종하고 신뢰하며, 꾸준히 인내하며, 제멋대로 일하려 하지 않으며, 비록 어처구니없어 보여도 사울이 받은 하나님의 기름부음을 존중할 줄 알던 그의 삶을 통해서 말이다.

그런데 느닷없이 아브넬과 요압이 등장해 소란을 피우는 통에 이 뚜렷한 대조 속에 드러나는 장중한 진리가 시야에서 가려지고 만다. 아브넬과 요압, 그들은 하나님이나 하나님의 섭리에 대해 거의, 아니 전혀 아는 바가 없다. 그들은 권력을 잡고 자신의 목적을 위해 제멋대로 설치고 다닌다. 오만 방자한 그들이 너무도 시끄러운 잡음을 일으키며 무대를 휘젓고 다니는 바람에 다윗 이야기는, 페이지 밖으로 밀려나지는 않았지만 적어도 각주 정도로 제쳐져 버렸다.

그러나 우리는, 각주 자리에서도 여전히 자신의 왕업을 행하고 있는 다윗을 발견한다. 다윗은 관대하게 대하며(길르앗의 야베스에서, 삼하 2:5-7) 가족을 부양하며(삼하 3:2-5) 언약을 맺으며(삼하 3:12-16) 시를 쓰며 진실하게 슬퍼하고(삼하 3:31-37) 있었다.

그러나 아브넬과 요압은 이를 방해하고 훼방하고 망치기만 할 뿐이다. 그들은 하나님 나라에 대해, 하나님에 대해, 진리와 참다운 영예에 대해 아무런 관심도 없다. 저급하고 좀스러우며 거만한 전략가들은 역사적 상황을(하나님의 **구원**의 역사를!) 자신의 명성과 야망을 위한 무대로 이용하는 데 몰두한다. 아브넬은 잔꾀를 통해서, 요압은 폭력을 통해서. 아브넬은 이스보셋의 유약함을 이용해 먹으며 자신을 위해 교활하게 다윗 편에 붙으려 했고, 요압은 다윗 군대에서의 자신의 위치를 이용해 개인적 원한을 갚았다. 욕망과 기만. 암살과 살인.

## ✤ 어리석은 자들

이런 종류의 이야기를 여러 장에 걸쳐 읽다 보면 우리는 이런 생각을 하게 된다. 성경에 왜 자꾸 이런 이야기가 나오는 걸까? 아브넬이나 요압 같은 얼간이들에 대한 이야기는 읽고 싶은 마음이 없는데. 그런 것이라면 신문과 텔레비전에서 이미 충분히 보고 듣고 있다. 나는 무언가 **좋은** 소식을 읽고 싶다. 나는 다윗 이야기에 대해 읽고 싶다. 예수님에 대한 이야기를 읽고 싶다. 성경도 편집이 필요할 것 같다. 복음을 기록하는 데 써야 할 잉크를 왜 아브넬과 요압 같은 이들에 대해 이야기하면서 낭비한단 말인가?

왜 성경에는 이런 이야기들이 들어 있는 것일까? 만일 하나님이 여기서 일하고 계신다면, 여기서 말씀하고 계신다면 왜 상황이 나아지지 않는 것일까? 왜 사람들이 나아지지 않는 것일까? 왜 요압이나 아브넬 같은 얼간이들이 그렇게도 많은 공간을 차지하는가? 하나님이 모든 것의 중심에 계시다면 왜 역사는 이토록 엉망이란 말인가?

쉽게 마음에 차지는 않겠지만 여기에 대한 대답은 분명하다. 하나님은 바로 **그런** 상황과 사람들 속에서 우리의 구원을 이루어 가기로 하신 것이다. 아브넬과 요압 역시 이 이야기에 들어 있는 이들이므로 우리는 거기에 빨리 익숙해지는 편이 낫다. 신앙과 제자도의 길을 걷는 중에 우리는 멋진 친구들, 은혜와 아름다움, 충성과 기도의 사람들을 만난다. 바로 요나단과 아비가일, 사무엘과 아히멜렉 같은 사람들이다. 하지만 또한 그 길에서 우리는 다양한 이름으로 불리는 아브넬과 요압을 만나기도 한다.

단어의 일반적 정의에 따르면 요압과 아브넬은 다윗의 원수는 아니다. 한쪽을 택해야 할 경우 둘 다 다윗 편에 설 자들이다. 아브넬은 사울의 왕국을 다윗 쪽으로 넘기기 위해 신중하게 외교적인 수단을 동원한다. 요압은 방해물로 판단되는 것을 나름대로 가장 신속하고 가장 효과적으로 제거해 버린다. 그러나 근본적으로 그들은 다윗을 통해 이루어지는 하나님의 일에 대해서는 관심이 없었다. 그들은 단지 다윗이 자신들의 일에 얼마나 도움이 되는지에만 관심이 있었다. 종교는 자신의 야망을 가리는 가면일 뿐이었다. 그들은 우리가 사랑 안에서,

공동체 안에서, 찬양하는 순종 안에서 순조롭고 느긋하게 사는 것을 너무도 어렵게 만드는 사람들이다.

골리앗과 도엑, 블레셋인들과 아말렉인들은 명백한 원수들이다. 우리는 그들의 속셈을 분명히 안다. 결코 그들을 믿어서는 안 된다는 사실을 안다. 그러나 아브넬과 요압은 어떤가? **그들이 스스로를 우리 편으로 생각하고 있기에, 우리 역시 그들을 우리 편이라고 가정하기 쉽다.** 그러나 성경은 그러한 가정을 승인하지 않는다. 아브넬과 요압은 자세히 지켜볼 필요가 있다. **어떤 방법으로** 일을 하느냐는 중대한 문제다. 하나님의 일은 하나님의 방법으로만 해야 한다. 이기적 이용(아브넬)이나 폭력(요압)은 하나님의 방법이 아니다.

### ✣ 스루야의 아들들

스루야는 다윗의 여동생이고 아들이 셋 있었다. 요압, 아비새, 아사헬이 바로 그들이다. 아브넬은 그들과 친족이 아니지만, 나는 그를 한 통속으로 본다. 왜냐하면 그 역시, 하나님이 방향과 플롯을 이끌어 가시는 이야기 속에 있으면서도 하나님에 대해 눈멀고 귀먹은 인물이었기 때문이다. 크게 패했던 기브온 연못 전투에서 아브넬이 아사헬을 죽였기에 스루야의 아들은 둘이 되었다. 아브넬은 어쩔 수 없이(아브넬의 만류에도 불구하고 아사헬은 끝까지 아브넬을 추격했다—역주) 그렇게 한 것이었다. 수년 뒤 요압은 외교상의 문제를 의논하자며 아브넬을 속인 다음 아비새와 합작하여 그를 잔인하게 죽였다. 아사헬은 수년 전에 죽었고 이제 아브넬이 죽었다. 스루야의 남은 두 아들, 요압과 아비새는 다윗에게 가시 같은 존재로 이야기의 끝까지 등장하고 있다.

요압과 아비새가 아브넬을 살해하자 다윗은 목놓아 울며 말했다. "스루야의 아들들이 나보다 더 강하니, 비록 내가 기름부음을 받은 왕이라고 하지만, 보다시피 이렇게 약하오…"(삼하 3:39). 스루야의 두 아들은 뛰어난 전사였고 정치적으로는 다윗에게 몸을 바쳐 충성했다. 그러나 요압과 아비새는 다윗의 영혼에 대해서는 아무것도 이해하지 못했다. 그들은 평화 그리고 평화와 관련된 모든 것을 혐오했다. 그들이 원한 것은 정복과 힘과 권력이었기 때문이다.

> 마지막 유혹이 가장 커다란 반역죄라네.
> 바른 행동을 그릇된 이유를 가지고 하는 것.
> 그 사소해 보이는 죄에 자연스럽게 빠져드는 것은
> 우리 삶이 시작된 방식이라네.[1]

이렇게 그들은 정의와 평화와 사랑을 향한 다윗의 노력을 끊임없이 방해한다. 다윗은 하나님을 경배하고 거룩을 추구하는 삶으로 사람들을 인도하지만, 이들 중에는 '스루야의 아들들'도 있어 다윗의 삶을 무척이나 어렵게 만든다. 그들의 시끄러운 자리 다툼으로 인해 모든 일이 늘 심각한 위기에 처한다.

스루야의 아들들도 이 이야기의 일부다. 그들을 피해 갈 수 없다. 만일 이것이 세속의 이야기였다면 우리는 그들의 존재를 그다지 뜻밖이라고 여기지 않았을 것이다. 「일리아드」(Iliad)나 「오디세이」(Odyssey), 혹은 찰스 디킨스(Charles Dickens)나 윌리엄 포크너(William Faulkner)의 소설을 볼 때 우리는 당연히 그런 이들이 등장하리라 기대한다. 그러나 이것은 성경 이야기다. 그리고 성경은 거의 예외 없이 모든 장에 그런 뜻밖의 이야기를 담고 있다. 그래서 많은 사람들은 성경 읽기를 그만두거나 거부한다. "나는 성경을 못 읽겠어. 특히 구약 말이야. 싸움하는 이야기, 잔인한 이야기가 너무 많아." 그러나 사실 바로 그것이 우리 그리스도인들이 성경을 **읽어야 하는** 이유다. 우리는 거기서, 하나님의 뜻은 우리가 매일 아침 일어나 접하는 도덕적·정치적·사회적·문화적 상황 속에서, 그 비열함과 기회주의와 종교적 폭력과 종교적 선전 조작의 세계에서 이루어진다는 사실을 발견한다. 우리를 너무도 힘들게 만드는 많고 많은 스루야의 아들들의 세계에서 말이다.

# 13. 성장
## 다윗과 예루살렘

사무엘하 5장

> 그러므로 너희의 하늘 아버지께서 완전하신 것과 같이, 너희도 완전하여라.
> – 마태복음 5:48

그 곳은 지면 위로 솟은 커다란 암석 위에 기괴한 모양새로 자리 잡은 작은 요새였다. 그 곳은 음산한 장소였다. 여행자들은 그 곳을 피해 다녔다. 그 도시는 사실상 난공 불락이었다. 동쪽과 남쪽으로는 급경사가 져서 깊은 골짜기로 이어져 견고한 천혜의 수비 시설을 이루었고, 다른 방향을 따라 비탈진 평원을 오르려 해도 두 개의 거대하고 흉측한 형상을 만나 멈추어 설 수밖에 없었다. 그 기괴하고 흉측한 형상이란 도시의 북쪽 벽과 서쪽 벽을 말하는 것인데, 하나는 얍복 강가에서 천사와 밤새 씨름한 뒤 불구가 된 절뚝거리는 야곱을 닮은 흉측한 형상이었고, 다른 하나는 노년에 시력을 잃어 아내와 아들에게 사기를 당했던 눈먼 이삭을 닮은 흉측한 형상이었다. 이 벽에 가까이 다가가면, 느닷없이 그 형상들이 꿈틀꿈틀 움직이기 시작하고 땅 밑 깊은 곳에서 으르렁거리는 거대한 소리와 무시무시한 굉음이 들려온다는 소문이 있었다. 그 곳은 사악한 장소였다. 아무도 그 곳에 얼씬거리지 않았다.

그래서 아무도 여부스인들을 건드리지 못했다. 그들은 수세기 동안 다른 민족의 방문이나 침략 없이 살았다. 블레셋인, 아말렉인, 히브리인들은 서로 사방 팔방에서 전쟁을 벌였지만, 여부스인들은 제외되었다. 그 흉측한 초자연적 악의 형상 때문에 겁을 먹어 아무도 감히 그 도시에 접근하려 하지 않았기 때문이다. 부모들은 자녀에게 여부스 악마 이야기를 들려주며 겁을 주어 말을 듣게 하곤 했다. 젊은이들은 여름 밤이면 화롯불 주위에 모여 앉아 친구들이 들려주는 여부스 악마 이야기에 서로 몸을 바싹 붙이곤 했다.

아이러니컬하게도 벽으로 둘러싸인 여부스는 예루살렘, 즉 '평화의 도시'라고 불렸다. 실제로 여부스인들은 평화롭게 살았다. 세상이 그들을 가만히 놓아 두었기 때문이다. 흑거미나 독사를 건드리는 사람은 아무도 없듯이, 여부스인들을 건드리는 민족은 아무도 없었다. 그러나 다윗은 그 곳을 수도로 삼기로 결정했다. 다윗이 보기에 그 곳은 자신의 목적을 이루기에 완벽한 장소였기 때문이다. 그 곳은 북쪽 이스라엘 지파들과 남쪽 유다 지파를 연결하는 척추와 같은 곳에 위치했으며 어느 편의 소유지도 아니었다.

얼마 전 다윗은 유다뿐 아니라 이스라엘도 다스리는 왕이 되었다.

분열되었던 지파들이 하나가 된 지금, 새로운 정부를 위한 새로운 중심지가 있어야 했다. 현재의 수도는 헤브론이지만 그 곳은 너무 남쪽으로 치우쳐 있어서 북쪽 이스라엘 지파들의 충성을 확보하기 어려웠다. 그렇다고 남쪽 지파를 남겨 두고 북쪽 이스라엘 지역으로 옮겨 갈 수도 없는 노릇이었다. 따라서 그에게는 이스라엘 지역도 아니고 유다 지역도 아닌 장소가 필요했다. 바로 예루살렘이 가장 적합한 장소였다. 그 곳은 이스라엘과 유다 사이의 경계 지역에 위치했으며 지금껏 어느 쪽도 점령해 본 적이 없는 작은 요새 형태의 도시였기 때문이다.

다윗은 악의 과시에 쉽게 겁을 집어먹지 않았다. 그는 악한 사울의 분노를 능숙하게 피했고, 도엑의 악행을 겪고도 살아 남았으며, 수년 간 스루야의 아들들의 악한 책략도 잘 견뎌냈다. 그런 그가 여부스의 흉악한 우상들―하나님께 헌신하며 살았던 조상인 절뚝거리는 야곱과 눈먼 이삭을 흉측하게 바꿔 놓은 인물상들―에 겁을 집어먹을 리는 만무했다.

더욱이 그는 이 무시무시한 형상들에 대해 무언가 알고 있었다. 광야에서 도망자로 살던 시절 그는 숨어 사는 여부스인들에 관한 정보를 어느 정도 수집해 놓았다. 그 정보에 따르면, 그 벽의 거대한 형상은 사실 악마가 아니라 훌륭한 수력 공학으로 작동되는 기계의 형태라는 결론이 나왔다. 사람이 지레를 움직이면, 정교한 수도관 시설을 통해 밑의 기혼 샘으로부터 물이 올라오게 되어 있었다. 그 때 그 수압으로 인해 저는 야곱과 눈먼 이삭 모양의 기계들이 움직여 꿈틀거렸고 동시에 바람통에서는 으르렁대거나 날카로운 소리가 나는 것이었다. 순전히 속임수였던 것이다. 다윗은 그 형상들이 단지 파이프와 도르래, 돌쩌귀와 연기에 불과하다는 것을 간파했다. 그간 만나 본 여부스족 유랑민이나 도망자들에게서 들은 말을 통해 그는 그 실체를 파악할 수 있었다.

대담하게도 다윗은 여부스족 요새 예루살렘을 점령하라고 명령했다. 그의 지시는 간단했다. 첫째, 수도관을 박살내라. 그러면 그 흉악한 형상들이 동력을 얻지 못할 것이다. 그런 뒤 그 야곱/이삭 형상들, "절뚝발이와 소경"(삼하 5:8)을 박살내고 그 파편들은 벽 너머로 내던져라. 다윗의 군사들은 명령대로 시행했다. 그들은 동쪽 좁은 골짜기 하부에서 수도관으로 들어가는 비밀 입구를 발견했고 그 수도관 시설을 박살냈다. 그런 뒤 야곱과 이삭을 모독하는, 천과 나무로 된 조상(彫像)들을 산산조각 냈다. 일은 싱겁게 끝났다. 알고 보니 여부스인들은 겁쟁이들이었던 것이다. 무기 한 번 휘두를 필요도 없었고 목숨 하나 잃지 않았다. 다윗이 성취한 가장 쉬운 승리였고 피 한 방울 흘리지 않은 승리였다. 예루살렘의 어원인 '평화의 도시'에 걸맞는 승리였다. 그 도시는 또 '시온'이라고 불렸다. 성경에서 여기에 처음 등장하는 이 칭호는 그 후, 우리의 힘겨운 고난의 삶 중에서도 하나님은 자신의 주권적인 뜻을 이루어 가신다는 믿음을 표현하는 여러 풍부한 이미지, 상징, 약속, 비전을 한데 담는 핵심 단어가 되었다. 또 그 날부터 지금까지 그곳은 다윗의 도시로 불리기도 한다.

## ❖ 랍비 게르소니데스

그러나 사실 이것은 내 나름대로 상상력을 동원해서 난해한 본문을 재구성해 본 것이다. 원문에는 아직 학자들 간에 해석이 구구한 단어들이 많다. 본문의 석의적·신학적·설화적 측면 모두와 조화를 이루는 해석을 찾기 위해, 지난 백여 년 동안 많은 히브리어 학자들이 다양한 창의적 제안을 했다.

내가 다윗이 예루살렘을 점령한 이야기를 재구성하며 사용한 여러 가지 세부적인 내용은 사무엘하 5:6-8의 성경 본문에는 나와 있지 않다. 나는 그 내용을 프랑스계 유대인 랍비 게르소니데스(Rabbi Gersonides, 1288-1344)에게서 얻었다. 그는 중세 시대에 활약했던 대단한 존경을 받은 영향력 있는 학자들 중 한 사람이었다. 중세의 유대인 해석자들의 공통된 의견에 따르면, 본문의 "절뚝발이와 소경"은 야곱과 이삭을 모독하는 모양을 한 두 우상을 가리키는 말이었다. 게르소니데스는 여기에 상상적인 추론을 덧붙였다. 그에 따르면, 그것들은 "수력으로 작동되며, 따라서 상수도를 파괴하면 무력해질 수밖에 없는, 무시무시한 전투용 기계 장치였을 것이다."[1]

본문에 세 번 나오는 '절뚝발이와 소경' 중 두 번째는 '다윗의 마음에 미워하는'이라는 어구로 수식되고 있는데, 이는 사무엘하 전체 이야기를 두고 볼 때 해석상의 어려움을 야기한다. 왜냐하면 사무엘하에서 다윗은, 유아였을 때 사고로 불구가 된 므비보셋(삼하 9장)에게 특별한 배려와 애정을 보여 주기 때문이다. 그리고 이 이야기의 더 넓은 맥락에서 볼 때 다윗의 자손이신 예수님은 절뚝발이나 소경들과 친구가 되실 것이다. 이런저런 것들을 함께 고려해 볼 때, '절뚝발이와 소경'이라는 어구가 실제 사람을 가리키거나 조롱을 담은 은유로 사용되었을 것 같지는 않다.

요즘 많은 학자들은 '절뚝발이와 소경'을 예루살렘의 난공 불락(장애자들만 가지고도 얼마든지 방어할 수 있다)을 가리키는 말이거나, 아니면 최후의 일인까지 도시를 수호하겠다는 거주민들의 결의를(부상자들만 남아도 끝까지 싸울 것이다) 나타내는 말로 해석한다. 그러면 다윗이 절뚝발이와 소경을 '미워했다'는 말은 다윗이 그들을 비아냥거린 것으로 해석된다. 즉 여부스인들이 사용한 은유를 가지고 되려 그들을 조롱한 것이다.

그러나 나는 중세 유대인 학자들이 상상력을 발휘해 내린 해석이 무언가 이 이야기의 핵심을 잡아내고 있다고 보고, 대담하게 그것을 사용했고 현대 학자들이 발견한 여러 인이학꽤 연구 결과들을 함께 제시했다.[2]

게르소니데스의 본문 읽기에 따르면, 통치권을 확립할 새로운 장소가 필요했던 다윗은 예루살렘을 선택해 그 곳의 우상들을 청소했는데, 그 우상들이란 절뚝거리는 야곱과 눈먼 이삭의 모양을 한 오래된 조상(彫像)들로서, 여부스인들이 이스라엘의 '조상들'(fathers)을 경망스럽게 흉측한 악의 표상으로 바꾸어 놓은 것이었다.

### ✣ 더 큰 걸음과 더 넓은 포용

사무엘하는 예루살렘이 점령되고 그 곳에 다윗의 도시가 선 이야기를 서술하다가 이런 멋진 구절을 들려준다. "만군의 하나님 여호와께서 함께 계시니 다윗이 점점 강성하여 가니라"(삼하 5:10). 히브리어 '할로크 브가돌'(halok v'gadol)은 다윗이 그 때부터 '더 큰 걸음과 더 넓은 포용'으로 전진해 갔다고 번역할 수도 있다.

이제 다윗의 삶의 여건은 근본적으로 바뀌었다. 갑자기 그는 나라의 중심 인물이 되었다. 지금까지 주변인에 불과했던 다윗이지만 이제 중심 인물이 되었다. 수년 동안 도망자 신세로 쫓기며 살아온 다윗이지만 이제 왕으로서 명령하는 위치에 올라섰다. 이것은 정말 거대한 변화였다. 그렇다면 이제 다윗 역시 변할 것인가? 그는 중동 지역의 전형적인 전제 군주로 변할 것인가? 아니면 성장할 것인가?[39]

"점점 강성하여 가니라"는 구절은 다윗의 성숙을 나타내는 표현이다. 다윗 이야기는 단순한 사건의 축적이 아니다. 그것은 그때 그때의 상황에 따라 되는 대로 일어나는 사건들의 별 뜻 없는 누적이 아니다. 그렇지 않다. 다윗 이야기는 **성장**의 이야기다. 이야기에서 각 사건은 다음 사건 속으로 흡수 통합되며, 그럴 때마다 다윗은 그 전보다 더 **다윗**다워진다. 물론 꼭 그렇지는 않다. 다윗에게나 우리에게나, 그렇지 못할 경우가 더 많은 것이 사실이다. 변화는 우리 삶을 더 빈궁하게 만들 수 있다. 그것은 우리를 뿌리에서 단절시킬 수 있다. 우리는 변화에 당황해서 우리의 과거를 저버릴 수 있다. 어린 시절과 청소년기를 가장 좋았던 시절로 회상하는 사람들이 그토록 많은 까닭은 무엇일까? 신체나 옷차림이나 행동 면에서 어린 시절과 청소년기를 계속 유지하려는 사람들이 그렇게 많은 까닭은 무엇일까?

그러나 변화는 또한 성장을 위한 촉매일 수 있다. 그것은 우리 삶의 높이와 깊이와 길이와 넓이를 키워 줄 수 있다. 변화는 우리 삶에 빈곤이 아니라 풍성함을 가져올 수 있다. 우리는 바로 이 점에서 다윗의 삶에 주목하게 된다. 다윗은 사울의 오랜 적대감에도 비참해지지 않았으며, 블레셋에 대한 과도한 악감정 속에 갇히지 않았고, 이득에만 집착하는 인간으로 전락하지도 않았으며, 과거 업적의 명성을 우려먹고 사는 나태에 빠지지도 않았고, 애정 때문에 탈선하지도 않았다. 그렇지 않다. 오히려 그 모든 갈등과 적대 관계, 그 모든 축복과 놀라운 일, 그 모든 미움과 사랑은 거룩한 삶으로 변형되었다. 즉 하나님 안에, 기도 안에, 순종 안에 확고히 자리잡은 삶으로 변해 간 것이다. 그의 걸음걸이는 더 커졌다. 그의 포용력은 더 넓어졌다.

다윗은 더 큼직하게 걸어갔다. 그의 예루살렘 점령은 놀라운 일이었다. 그 곳은 남들이 다 회피하던 지역이었다. 그 누구도 감히 이 기괴한 귀신 소굴로 들어가려 하지 않았다. 예루살렘을 전략적 요충지로 본 사람은 아무도 없었다. 그러나 다윗만은 달랐다. 또한 그가 보기에, 신앙에 대한 악한 패러디와 장애자에 대한 잔인한 조롱은 약속의 땅, 거룩한 땅에 있어서는 안 될 더러운 것이었다. 그는 분개했고, 예루살렘을 향해 위대하게 진격했으며, 그의 조상 야곱과 이삭을 조악하게 본뜬 것들을 산산이 부수어 버렸다. 그는 가증스러운 것들을 완곡히 다루지 않았다. 그는 정면으로 대결했다. 흔히 있는 일이듯이, 미성숙한 사람들을 병적으로 겁먹게 만드는 것이 실은 속임수에 불과하다는 사실이 성숙한 사람에 의해 여지없이 폭로된 것이다.

그리고 다윗은 더 넓게 포용해 갔다. 그는 점점 더 많은 사람을 자신의 통치와 사랑 속으로 받아들였다. 그는 어려웠던 시절에 자신을 도왔던 동료들뿐만 아니라, 하나님의 자녀 모두를 가리지 않고 한데 모았다. 성숙은 관용으로 나타났고, 관용은 북쪽 지파들에게 평화의 손을 내미는 행동으로 나타났다. 다윗은 새롭게 얻은 힘과 권위를 다른 사람을 파괴하거나 깎아내리는 데 사용하지 않았다. 그는 한데 모았고 하나가 되게 했고 길을 인도했다.

단순히 변화하는 것이 아니라 성장하는 사람은, 위험을 무릅쓰고 새로운 영역으로 들어가며 자신의 삶 속으로 더 많은 사람을 받아들인다. 더 많이 섬기며 더 많이 사랑한다. 우리 문화는 변화로 잔뜩 채워져 있지만 성장은 너무도 찾아보기 힘들다. 매시간 새로운 물건, 모델, 발전, 기회가 숨가쁘게 쏟아져 나온다. 사람들은 그것들을 진득하고 지혜로운 성장을 위한 재료로 받아들이는 것이 아니라, 단순히 옛것을 새것으로 바꾸기에 바쁘다. 옛것은 금세 폐기되고 새로 나온 것이 그 자리를 차지한다. 그러나 곧 거기에도 싫증을 느끼고 또 다른 유행을 따라가기 일쑤다. 새로운 것에만 집착하는 사람들은 결코 성장할 수 없다. 하나님의 길은 성장이지 변화가 아니다. 성장은 유기적이라는 것을 기억해야 한다. 과거의 어떤 것도 쓰레기로 여기고 치워 버려서는 안 된다. 그것들 모두는 우리 삶의 성장 속으로 흡수되고 통합되어야 한다. 그리고 밖에서 인위적으로 어떤 것－'도덕'이든 '원리'든－을 덧붙이려 해서는 안 된다. 서른일곱 살의 다윗은 열일곱 살의 다윗보다 더 큰 사람이다. 더 많이 찬양하고 더 바르게 판단하며 더 깊이 사랑하는 다윗, 더 자기 자신다운 다윗, 하나님이 주신 자신의 인간성을 더 구현하여 하나님을 영화롭게 하는 다윗, 더 큼직하게 걷고 더 넓게 포용하는 다윗이다.

### ✢ 유기적 영성

차를 몰고 경치 좋은 시골길을 가다 보면, 때때로 "전방에 전망 좋은 도로변 있음"이라는 표지판을 만난다. 우리는 기대감에 속도를 늦춘다. 그러면 잠시 후에 그 곳에 도착한다. 고속 도로변에 차를 세우고, 내려서 한껏 기지개를 편다. 그리고 사방을 둘러보며 우리가 어디서 오는 길이며 어디로 가는 중인지 살펴본다. 숨을 돌이킨다. 간단한 음식을 먹는다. 경치를 즐긴다. 앞만 보면서 쉬지 않고 **계속** 운전만 할 수는 없다. 운전을 중단하는 것, 즉 지금껏 해 낸 일을 맛보고 경치에 젖어 들고 그 곳 지형과 풍취로 상상력을 살찌우는 것도 여행의 일부다.

이것은 우리의 삶을 이어 주는 시간이다. 우리는 여러 가지 모양으로 그러한 시간을 지킨다. 기념일, 생일, 졸업식, 퇴임식, 동창회, 경축일 등은 모두 우리가 그런 시간을 지키는—전망 좋은 길가에 차를 잠시 세우는—방식이다. 그런 시간을 지키는 것은 우리 삶을 하나로 이어지게 만드는 한 가지 방법이다. 즉 지금까지의 우리와 앞으로의 우리를 이어 주는 것이다. 이렇게 자주 전후 좌우를 살피는 시간이 없다면 우리 삶은 연결도 없이 리듬도 없이 그저 되는 대로 지나갈 위험이 있다.

사무엘하 5:10의 "점점 강성하여 가니라"에서 다윗 이야기는 대전환기를 맞는다. 지금까지는 다윗의 신분이 점점 상승해 온 이야기였다. 이제부터는 다윗이 통치하는 이야기가 펼쳐질 것이다. 이러한 변환의 때에 다윗은 서른일곱 살이었다.

그 전 7년 반 동안 다윗은 헤브론에서 한 지파, 유다의 왕이었다. 그보다 2년 전에는 시글락에서 600명의 게릴라 부대를 이끄는 지도자였다. 또 그 전 대략 8년 동안은 사울의 증오를 피해 달아난 광야의 도망자 신세였다. 그 전에는 사울의 궁전에서 일하는 음악가였고 블레셋인 킬러로 상당히 이름을 떨쳤다. 십대의 절정기에는 전쟁터에서 거인 골리앗을 만나 베어 버렸다. 그가 처음 우리의 주목을 받게 된 것은, 이새의 여덟 아들 중 막내로서, 베들레헴 언덕에서 양을 치다가 장차 하나님의 백성을 다스릴 왕으로 뽑혀 기름부름을 받았을 때였다.

우리는 여기서 이 이야기의 성격을 느낄 수 있다. 이것은 영광과 상처, 약속과 역경 속에서 살아가는 한 인간의 삶에 우리를 푹 빠져들게 만드는 이야기다. 그러나 결코 단순한 인간의 이야기, 단순한 역사 이야기로서만 읽히지 않는 이야기다. 화자는 능숙한 솜씨로 우리로 하여금 이 이야기 중에서 하나님의 임재와 뜻을 알아보게 만든다. 우리는 행간을 읽는 법을 훈련받는다. 왜냐하면 이 이야기는 대부분 그 뜻이 숨겨져 있기 때문이다. 그러나 그 뜻은 분명히 존재한다. 바로 다윗은 결코 하나님을 떠나서는 **다윗**일 수 없다는 것이다. 우리 모두 역시 그렇다. 우리가 다윗에게서 읽고 있는 바의 대부분은 사실 다윗 안에 계신 **하나님**에 관한 것이다. 다시 말해, 이것은 영성 이야기, 그러나 현세를 사는 영성 이야기다.

다윗 이야기는 우리를 참된 인간됨과 접촉하게 해준다. 왜냐하면 우리의 인간됨은 하나님과 관계가 있으며 속속들이 하나님이 창조하시고 유지하시는 것이기 때문이다. 다윗 이야기는 성령님이 우리를, 삶의 중심이요 바탕이신 성부·성자·성령 하나님께 접촉하고 깨어 있고 반응하게 만드시고, 인간성을 파괴하거나 약화시키는 악의 실재에 대해 깨어 있게 만드시는 중요한 수단이다.

지금 우리는 우리가 누구인지에 관해 그리고 세상의 존재 양식에 관해 무수한 거짓말을 들려주는 세상에 살고 있다. 그러나 잘 살려면, 즉 **구원받은** 삶을 살려면 우리가 누구인지 그리고 세상이 어떻게 돌아가는지에 관해 진실을 알아야 한다. 정욕과 사탄이 창궐하는 이 세상은 우리에게 셀 수 없이 많은 종교적·심리적·문화적·정치적 대안을 제시한다. 그것들 대부분은 매력적으로 보이지만 사실 모두 기만에 불과하다.

그러나 다윗 이야기를 통해 우리는 하나님이 만드시는 우리의 복잡 다단한 삶을 있는 그대로 이해할 수 있는 맥락을 얻는다. 이 이야기는 다윗의 자손 예수 그리스도에게서 최종적으로 완성된다. 그 '최종적으로 완성된' 이야기를 제대로 이해하기 원하는 그리스도인이라면, 먼저 이 다윗 이야기 속으로 깊이 들어가 볼 필요가 있다.

그럴 때 우리가 깨닫는 한 가지는 그리스도인의 삶은 유기적으로 발달한다는 것이다. 신앙 생활이란, 우리의 근육과 뇌 세포, 감정과 심기, 유전 정보와 작업 일정, 우리 나라 기후와 우리의 가족사라는 실제 현실의 토양에 심겨진 씨앗으로부터 유기적으로 **성장하는** 것이다. 그것은 밖으로부터 인위적으로 부과될 수 있는 것이 아니다. 그것은 종교적 관료 제도에 의해 통제되거나 조절될 수 있는 것이 아니다. 성부, 성자, 성령 하나님은, 삶의 효과적인 경영 문제에 대해 전문가적 조언을 얻기 위해 찾는 컨설팅 회사가 아니다. 복음의 삶이란, 그것에 **대해** 배운 후 제작 설명서를 가지고 조립할 수 있는 어떤 것이 아니다. 복음의 삶은, 하나님이 우리 안에서 창조와 구원의 역사를 행하실 때 그리고 순종하고 기도하는 삶이 우리 몸에 배어 갈 때 우리가 전 인격으로 **되어 가는** 무언가다.

모든 것을 기술을 통해 조정하려는 시대에 살고 있기에, 사람들은 흔히 기술을 발휘해 자신의 결점을 고치려 들고 삶의 문제를 해결하려 드는 잘못에 빠지곤 한다. 물론 고칠 필요가 있는 잘못이 있고 할 필요가 있는 일이 **있다**. 그러나 사실 그리스도인의 삶의 출발점은 다른 편에 있다. 즉 우리는 우리가 아니라 하나님에게서 출발해야 하는 것이다. 그리스도인의 삶은 먼저 하나님이 지금 어떤 일을 하고 계신지 살피고 거기에 반응하는 삶이다. 그리스도인의 삶은 먼저 하나님이 지금 어떻게 자신의 사랑과 은혜를 나타내고 계신지 살피고 그에 대해 감사와 순종으로 사는 삶이다.

다윗 이야기가 계속해서 유익한 것으로 입증되는 이유가 바로 여기에 있다. 그 이야기는 우리에게 어떻게 **살아야 하는가**를 보여 주는 것이 아니라, 우리가 **살아가는** 모습을 있는 그대로 보여 준다. 그리고 어떻게 그러한 삶 속에서, 깨어 있고 진실하고 가식을 피한다면, 살아 계신 하나님, 우리와 언약을 맺으시는 하나님, 우리 속에서 최선을 만들어 내시는 하나님을 만날 수 있는지 보여 준다. 이를 통해 우리는 전에 몰랐던 생기가 솟아오르는 것을 경험하고 사춘기 이후 사라졌다고 생각했던 열정이 다시 우리를 사로잡는 것을 경험한다. **신앙**이라는 단어에 흥분을 불어넣는, 모험을 하고자 하는 자발성을 경험한다. 우리는 다윗 이야기를 진지하게 대함으로써 자신의 이야기를 진지하게 대하고, 우리 삶의 이야기에 어떻게 하나님의 손길과 영향과 은혜가 담겨 있는지 깨닫는다.

### ✣ 주님은 나의 목자

다윗의 신분 상승 이야기는 끝났고 이제 다윗의 통치 이야기가 시작됐다. 이 때 즉위식에 사용된 단어는 의미 심장하다. "너는 내 백성 이스라엘의 목자로서 이스라엘의 영도자가 되라"(삼하 5:2, 공동번역). 이야기 전반에 걸쳐 수없이 쓰이는, 왕이라는 칭호가 여기서는 사용되지 않았다. 그 대신 **목자**와 **영도자**(prince)라는 단어가 선택되어 쓰인 것은 의미 심장하다.

**왕** 대신 **영도자**(히브리어로는 nagid)라는 단어가 사용된 것은, 이스라엘이 얼마 전까지 사울 왕의 통치권 전횡 때문에 고통을 겪었기 때문이다. 그러나 다윗은 민초 출신의 지도자로 여겨졌다. "우리는 임금님과 한 골육입니다"(삼하 5:1, 공동번역). 사람들은 다윗이 강압이 아니라 아래로부터의 권력을 가지고 통치하기를 바랐다.

그리고 **목자**. "전에 사울이 우리의 왕이었을 때에도 우리 이스라엘을 거느리고 출전하신 것은 임금님이었습니다"(삼하 5:2, 공동번역). "베들레헴에서 양떼를 돌보셨던 것처럼 우리를 돌보아 주십시오. 광야에서 사셨던 것처럼 검소하게 살아 주십시오." 목자는 양떼와 함께 살고 양떼를 살피는 사람이다. 영도자는 그 백성 출신으로서 그 백성을 인도하는 사람이다. 사람들은 다윗이 젊은 시절 목자였을 때의 직관과 기술을 발휘하며 자신들을 통치해 주기를 바랐다. 사람들은 다윗이 광야 생활을 통해 연마한 공동체 정신을 가지고 통치해 주기를 바랐다. 다윗이 이스라엘과 유다의 왕으로서 즉위했을 때, 각 지파 지도자들이 모여 그에게 한 말은 이런 뜻이다. "우리의 영도자가 되어 주십시오. 백성들에게 자신의 뜻을 강요하는, 권력에 굶주린 왕으로 변하지 말아 주십시오. 우리의 목자가 되어 주십시오. 스스로 높아지기 위해 백성을 짓밟는, 자신밖에 모르는 왕으로 변하지 말아 주십시오. 우리의 영도자가 되어 주십시오. 우리의 목자가 되어 주십시오. 베들레헴과 시글락에서처럼 살아 주십시오."

다윗은 그들의 요청대로 살았다. 지금까지 그러했던 것처럼 다윗은 계속 다윗이었다. 시편 23편은 그 주된 증거들 중 하나다. 이것은 다윗의 시편 중 으뜸이다. 다윗의 이름과 삶이 도저히 뗄 수 없을 만큼 엮여서 이 시편의 씨실과 날실이 되었다. 다윗의 삶과 다윗의 기도가 이 시편 속에서 얼마나 잘 들어맞는지는 굳이 주장할 필요 없는, 누구나 감지할 수 있는 사실이다.

주님은 나의 목자시니,
내게 아쉬움 없어라.
나를 푸른 풀밭에 누이시며

쉴 만한 물가로 인도하신다.

내 영혼을 소생시키시고,

당신의 이름을 위하여

의의 길로 나를 인도하신다.


내가 비록

죽음의 그늘 골짜기로 다닐지라도,

주께서 나와 함께 계시고,

주의 지팡이와 막대기로

나를 위로해 주시니,

내게는 두려움이 없습니다.

주께서는,

내 원수들이 보는 앞에서

내게 상을 차려 주시고,

내 머리에 기름을 부으시어

나를 귀한 손님으로 맞아 주시니,

내 잔이 넘칩니다.

진실로,

주님의 선하심과 인자하심이

내가 사는 날 동안 나를 따르리니,

나는 주의 집에서 영원토록 살겠습니다.

우리는 하나님을 떠나서는 다윗에 관해 단 한 가지도 제대로 이해할 수 없다. 이 시편의 모든 이미지—즉 다윗의 삶의 모든 면—는 하나님이 규정지으신 것이고 하나님이 배어 있다. 다윗은 단순히 하나님에 관해 아는 차원을 넘어 실제 하나님을 경험한다. 즉 뛰어들고 껴안고 받아들인다. 그에게 하나님은 그저 화젯거리인 어떤 교리가 아니라, 그를 인도하고 보살펴 주는 분이시다. 그에게 하나님은 삶의 현실적 조건들로부터 그를 멀리 떼어 놓는 막연한 추상이 아니라, 그의 일상 자체를 재료로 삼아 구원을 이루시는 친밀한 임재이시다. 그의 하나님 경험은 그에게 단순한 변화가 아니라 성숙을 가져온다. 베들레헴의 목동이 이스라엘의 목자가 된 것이다.

# 14. 종교
## 다윗과 웃사

사무엘하 6장

> 예수께서 그들에게 말씀하셨다. "너희는 아래에서 왔고, 나는 위에서 왔다.
> 너희는 이 세상에 속하여 있지만, 나는 이 세상에 속하여 있지 않다.
> 그래서 나는, 너희가 너희의 죄 가운데서 죽을 것이라고 말하였다.
> 내가 그이라는 것을 너희가 믿지 않으면, 너희는 너희의 죄 가운데서 죽을 것이다."
> – 요한복음 8:23-24

 이제 우리는 다윗 이야기 중에서 기묘한 일화를 한 가지 살펴보려 한다. 이 일화에는 도저히 만족스러운 설명이 불가능해 보이는 부분이 있긴 하지만, 그 일화가 전달하는 중심 의미만큼은 명약 관화하다.

 30년 전 이스라엘은 블레셋인들에게 법궤를 빼앗긴 적이 있다(삼상 4-7장). 그 때는 아직 다윗이 이야기에 등장하지 않았을 때였다. 하지만 이제 다윗은 왕이 되었다. 그는 예루살렘을 중심으로 한 통치권 확립 작업이 끝나자, 새로운 수도로 법궤를 가져와야겠다고 결심한다. 시온은 단순히 다윗이 통치하는 곳이 아니라 하나님이 경배를 받으시는 곳이라는 사실을 표할 필요가 있었기 때문이다. 이는 중대한 사명이고 거룩한 임무다. 예루살렘에 왕의 보좌가 있는 것만으로는 충분하지 않다. 그 곳은 **하나님의** 통치가 경축되어야 하는 곳, 다시 말해 하나님을 경배하는 곳이어야 한다. 이러한 경배를 위해서는 그 초점으로서 법궤가 있어야 한다.

그런데 법궤를 되찾아 오는 길에 그만 그 짐수레를 끄는 황소들이 비틀거린다. 법궤가 미끄러져 땅바닥에 떨어질 찰나다. (그의 형제 아히오와 함께 법궤 옮기는 일을 맡았던) 웃사 제사장은 법궤가 짐수레에서 떨어지는 것을 막기 위해 손을 내민다. 그 순간 쉽게 납득하기 어려운 문장이 나온다. "주 하나님이…그를 치시니, 그가…죽었다"(삼하 6:7).

다윗은 운반을 중지시킨다. 누가 감히 계속할 수 있겠는가? 그 일은 중단되고 모두 집으로 돌아간다. 석 달이 지난 다음 다윗은 다시 그 일을 추진해서 완수한다. 이번에는 기쁨에 넘치는 경축이 있었다. "[다윗이] 주 앞에서 온 힘을 다하여 힘차게 춤을 추었다"(삼하 6:14).

나는 가끔 모든 신앙 집회 장소에는 "하나님을 주의하라"는 푯말이 붙어 있어야 하지 않을까 생각해 본다. 하나님께 주목하기 위해 사람들이 함께 모이는 장소와 시간에는 위험이 있다. 영광스런 장소와 시간이긴 하지만 동시에 위험한 장소와 시간이기도 하다. 핵 발전소 표지판처럼 눈에 띄게 큼지막한 위험 표지판을 붙여 두어야 할 것 같다. 종교는 어떤 사람에게 죽음을 가져올 수도 있다. 웃사와 다윗 이야기는 그 위험을 경고하며 그 영광을 말해 주는 이야기다.

이 이야기에서 웃사는 죽었고 다윗은 춤췄다. 법궤는 죽게 하는 계기이기도 하고 춤추게 하는 계기이기도 하다. 웃사처럼 죽을 수도 있고 다윗처럼 춤을 출 수도 있다.

### ✥ 법궤 수도원

몇 년 전 나는 아내와 몇몇 친구들과 함께 다윗이 살았던 고장에서 하루를 보낸 적이 있다. 우리는 차 한 대를 빌려 이른 아침에 예루살렘의 솔로몬 호텔을 떠났다. 예루살렘은 이스라엘을 동과 서로 수직 분할하는 산등성이에 있다. 우리는 예루살렘 서쪽으로 긴 사막 지역을 따라 내려와 언덕 지대를 지나 지중해 쪽으로 차를 몰았다. 세례 요한이 성장했던 곳으로 여겨지는 아인 커렘 마을을 지나 유다 언덕 지대에 들어서니 캐나다 숲이라고 불리는 지역이 나왔다. 50여 년 전 이스라엘은 광범위한 조림(造林) 사업을 벌였다. 세계 각지에서 사람들이 몰려와 나무를 심었는데, 이 곳은 캐나다계 유대인들이 선택한 지역이었다. 반세기 전에 그들이 심었던 묘목—대개 침엽수—은 이제 커다란 아름드리 나무가 되어 멋진 숲을 이루고 있었다.

거기서 한 시간 남짓 운전해 가자 지형이 평평해지더니 연안 평원이 우리 앞에 펼쳐졌다. 우리는 다윗과 골리앗이 싸웠던 엘라 골짜기 근방의 들꽃이 핀 풀밭에 차를 멈추었다. 울타리에 몸을 기대고 서서, 이 지역이 바로 그 싸움터가 아니었을까 생각해 보기도 했다. 거기서 골짜기를 따라 쭉 걸어 올라가면 저녁 때쯤 다윗이 광야 생활을 시작했던 아둘람 굴에 도착할 수 있다는 것을 알았지만, 햇살이 너무 뜨거워지고 있었기에 결국 에어컨이 있는 차 속을 떠나지 못했다. 10분 정도 차를 몰고 가니 고대 마을 벳세메스의 유적지가 나왔는데, 그 곳은 블레셋인들이 사울 왕에게서 법궤를 빼앗아 처음 두었던 장소다. 그곳을 지나자 우리는 곧 텔아비브와 예루살렘을 연결하는 고속 도로에 들어섰는데, 그 길을 따라가면 아침에 우리가 출발했던 지점으로 되돌아갈 수 있었다.

그 현대식 고속 도로가 놓인 길은, 2,500년 동안 수많은 순례자들이 예배하러 예루살렘에 올라가며 밟았던, 고대의 바로 그 길이었다. 당시 순례자들은 세 방향에서 이 길로 모여들었다. 배를 타고 온 사람들은 욥바의 항구에 내려 곧장 이 길로 들어섰고, 이집트를 비롯한 남쪽 지역에서 올라오는 사람들도 연안 평원을 따라 이 길로 들어섰으며, 시리아를 비롯한 북쪽 지역에서 내려오는 사람들도 연안 평원을 따라 이 길로 접어들었다. 서쪽, 남쪽, 북쪽, 세 방향에서 온 여행자들이 모두 이 도로에서 만났고, 함께 한 걸음 한 걸음 예루살렘을 향해 예배하러 올라갔다.[1]

이 길에 들어섰을 때쯤이면, 여행자들은 이제 목적지까지 불과 80킬로미터 정도밖에 남지 않았음을 알았다. 어떤 순례자들은 여러 주, 또 어떤 이들은 여러 달에 걸쳐 여기에 이르렀다. 세계 각지로 흩어졌던 유대인들은 유월절, 오순절, 초막절 축제를 지키기 위해 이 길을 따라 고국으로 돌아왔다. 후에는 그리스도인들도 이 길을 걷게 되었다. 유럽, 아시아, 아프리카, 미국 등지에서 온 그들은 신성한 장소와 이야기의 힘에 이끌려, 말씀이 육신이 되어 우리 가운데 거하신 곳에 예배하러 가는 길이었다.

항구 도시 욥바에서 걸어서 출발하면 다음 날 정오쯤에는 (바알라고도 하는) 작은 마을 기럇여아림에 도착한다. 그 곳은 산등성이의 꼭대기에 위치한 마을로서, 거기서 동쪽으로 넓은 계곡을 가로질러 바라보면 비로소 예루살렘의 모습이 보인다. 아, 이제 거의 다 왔구나! 기럇여아림은 순례자들이 숨을 돌이키고 여행의 마지막 행보를 위해 기운을 차리는 곳이다.

그 마을에는 현재 벱께 수도원이라는 수도원이 있다. 그 곳은 프랑스인 수녀들이 공동체로 모여 사는 곳이다. 친구들과 나는 그 곳 잔디밭의 벤치에 앉아, 점심으로 팔라펠(falafel, 중동의 야채 샌드위치-역주)과 신선한 오이를 먹었다. 그리고 계곡 건너편을 향해 서서, 기럇여아림에 온 모든 순례자들이 기쁨에 겨워 바라보았을 그 곳을 바라보았다. 바로 예루살렘, 예배하러 길을 떠난 순례자들의 최종 종착지 말이다.

우리가 서 있던 곳은, 30년 동안 법궤가 유배되었던 아비나답 제사장 집이었다. 우리가 서 있던 곳은 순례자들이 거룩한 도시 시온을 처음 보았던 곳이다. 우리가 서 있던 곳은 다윗이 통치와 예배의 새로운 중심지 예루살렘으로 법궤를 모셔 가기 위해 왔던 곳이다. 우리는 성경을 꺼내어 함께 사무엘하 6장을 읽었다. 그리고 예배에 대해서, 또 예배하기 위해 우리 각자가 걸어온 길에 대해서 함께 이야기를 나누었다. 우리를 잡아끄는 신성한 장소의 힘에 대해서 그리고 우리의 내면 깊은 곳에 있는, 예배를 향한 다함 없는 갈망에 대해서.

### ✢ 주의 발 아래에 엎드려 경배하자!

그러고 나서 우리는 본문 이야기와 밀접하게 연관된 다윗의 시편,

시편 132편을 가지고 함께 기도했다.

주님,
다윗을 기억하여 주십시오.
그가 겪은 그 모든 역경을
기억하여 주십시오

다윗이 주님께 맹세하고,
야곱의 전능하신 분께 서약하기를
"내가 내 집 장막에 들어가지 아니하며,
내 침상에도 오르지 아니하며,
눈을 붙이고
깊은 잠에 빠지지도 아니할 것이며,
눈꺼풀에
얕은 잠도 들지 못하게 하겠습니다.
주께서 계실 장막을 마련할 때까지,
야곱의 전능하신 분이 계실 곳을
찾아낼 때까지
그렇게 하겠습니다" 하였습니다.

법궤가 있다는 말을
에브라다에서 듣고,

야알의 들에서 그것을 찾았다.

"그분 계신 곳으로 가자.
그 발 아래에 엎드려 경배하자."

주님, 일어나셔서
주께서 쉬실 그 곳으로 드십시오
주의 권능 깃들인 법궤와 함께
그 곳으로 드십시오.
주의 제사장들이
의로운 일을 하게 해주시고,
주의 성도들도
기쁨의 함성을 높이게 해주십시오.
주의 종 다윗에게 약속하셨으니,
주께서 기름부어서 세우신 그 종을
물리치지 말아 주십시오.

주께서 다윗에게 맹세하셨으니,
그는 성실하셔서 변경하지 아니하신다.
"네 몸에서 난 자손 가운데서,
한 사람을 왕으로 삼을 것이니,
그가 네 뒤를 이어서 왕위에 앉는다.

네 자손이

나와 더불어 맺은 언약을 지키고,

내가 가르친 그 법도를 지키면,

그들의 자손이 대대로 네 뒤를 이어서

왕이 되게 하겠다" 하셨다.


주께서 시온을 택하시고, 그 곳을

당신이 계실 곳으로 삼으시기를 원하셔서,

이렇게 말씀하셨다.

"이 곳은 영원히 내가 쉴 곳,

이 곳을 내가 원하니,

**나는 여기에서 살겠다.**

이 성읍에 먹을거리를

가득하게 채워 주고,

이 성읍의 가난한 사람들에게

먹을거리를 넉넉하게 주겠다.

제사장들로 의로운 일을 하게 하고,

성도들로 기쁨의 함성을 높이게 하겠다.

여기에서 나는,

다윗의 자손 가운데서 한 사람을 뽑아서

큰 왕이 되게 하고,

내가 기름부어 세운 왕의 통치가

지속되게 하겠다.

그의 원수들은 수치를 당하게 하지만,

그의 면류관만은

그의 머리 위에서 빛나게 해주겠다."

### ✣ 법궤

법궤는 길이가 1.2미터 조금 안 되고 너비와 높이가 60센티미터가 조금 넘는 직사각형 모양이었다.[2]

재질은 나무인데 그 위에 금이 입혀져 있다. 위를 덮는 판은 순금으로 되어 있으며 속죄소로 불린다. 속죄소의 양끝에는 두 그룹, 즉 천사 모양의 상이 각각 자리잡고 있으며, 날개를 앞으로 펴서 가운데 공간을 덮고 있다. 속죄소는 하나님의 말씀을 듣는 곳이었다. 법궤 안에는 세 가지 물건이 들어 있었다. 모세가 시내산에서 백성들에게 가져온 십계명 돌판, 광야에서 방랑하던 시절 받은 만나가 담긴 항아리, 싹이 난 아론의 지팡이. 이 물건들은 하나님이 그들 사이에서 역사하고 계신다는 사실을 계속해서 상기시켜 주는 증거였다. 즉 그것들은 하나님은 그들에게 계명을 주시며(돌판) 그들에게 필요한 것을 공급해 주시고(만나), 그들을 구원해 주신다(지팡이)는 사실을 상기시켜 주었다. 이스라엘에게 법궤는 그들이 경배하는 하나님의 계시된 성품에 분명하게 그리고 역사적으로 초점을 맞추는 일종의 구심체였다.

법궤는 마법의 상자가 아니었다. 히브리 백성들이 그것(그리고 훗날의 성전)을 마술적 힘과 행운을 가져오는 물건인 양 다룰 때면, 선지자들은 사력을 다해 그들과 맞섰고, 비인격적 유물이 아니라 살아 계신 인격적 하나님을 섬기라고 도전했다. 훗날 예레미야와 에스겔은 이에 대해 특히 맹렬하게 싸운 선지자들이었다. 이스라엘에서는 결코 미신이 조장될 수 없었다. 법궤는 결코 사람이 두고 써먹는 마력을 가진 물건일 수 없었다. 히브리인들은 **역사에 붙박아 사는**(historical) 백성이었다. 그들은 하나님이 그들의 삶 속에서 역사하시고 일을 **하신다**는 것을 믿었다. 하나님은 결코 고조된 감상이 아니었다. 하나님은 추상적 개념이 아니었다. 하나님은 중력의 법칙과 간음에 관한 법을 제정한 막연한 입법자도 아니었다. 하나님은 엄격하고 까다로운 수염 난 재판관도 아니었다. 하나님은 친히 역사에 관여하는 분이셨다. 즉 그분은, 창조하고 이끌고 구원하고 복을 주는 분이셨다. 하나님은 인간 만사에 친히 개입하는 분이셨다. 그분은 그렇게 개입하시며 심판하시거나 구원하셨고, 책임을 물으시거나 복을 주셨다. 무엇보다도 그분은 사랑하는 분이셨다. 그분은 자신의 백성과 언약을 맺으셨고, 그들을 믿음과 사랑의 삶을 통해 하나님의 일에 동참할 수 있는 존엄한 존재로 대하셨다.

법궤는 이 모든 것에 대한 증거였다. 다시 말해 법궤의 목적은 사람들에게 그들이 관계를 맺고 있는 하나님이 어떤 분이신지 증거하는 데 있었다. 법궤는 단순히 과거에 어떤 일이 일어났었는지 보여 주는 것이 아니라, 지금 어떤 일이 일어나고 있는지 보여 준다. 즉 하나님은 언제나 계속해서 사람들의 삶에 쓰이는 물질(돌과 도기와 나무)을 재료로 삼아 일하신다는 것을 보여 준다. 기독교에서 이와 가장 유사한 것이 성례전이다. 성례전은 평범한 물질을 재료로 삼아 우리의 평범한 일상 속에서 일하시는 하나님을 물질적으로 증거하는 것이다. 즉 그것은 우리 삶의 일상(물과 빵과 포도주) 속으로 들어오셔서, 바로 거기서 구원과 성화의 일을 이루어 가시는 하나님을 증거한다.

다윗은 바로 이것을 가져오고자 했다. 기럇여아림의 나이 든 제사장 아비나답의 집에 30년 동안이나 방치되어 있던 법궤를 말이다. 아비나답은 두 아들 웃사와 아히오 제사장에게 법궤를 예루살렘으로 옮기는 일을 맡겼다. 예루살렘으로 옮겨진 법궤는 백성들에게 지금까지 하나님이 그들을 어떻게 대하셨는지 회상시켜 줄 것이다. 예루살렘으로 옮겨진 법궤는 이스라엘과 유다 지파들을, 다윗의 통치뿐 아니라 하나님의 다스리심 밑에 모으는 구심체가 될 것이다.

그들은 황소가 끄는 짐수레에 법궤를 실었다. 아히오가 앞장 서서 황소를 끌었고 웃사는 그 옆을 따라갔다. 그런데 가던 길에 갑자기 한 황소가 발작을 하더니 비틀거렸다. 수레가 한쪽으로 기울었고 법궤가 미끄러지기 시작했다. 웃사는 법궤가 떨어지지 않도록 하기 위해 반사적으로 손을 갖다 대었다. 그 순간 그는 쓰러져 죽었다.

### ✥ 웃사의 죽음

웃사는 왜 죽었을까? 왜 하나님은, 본문이 단도 직입적으로 표현하듯이, 그를 치셨을까? 하나님은 언제나 생명을 주시며, 우리가 회개하도록 오래 참으시고, 끊임없이 잃어버린 자를 찾으시며, 한결같이 우리를 사랑하시는 분이라는 우리의 평소 생각과 이 일화를 조화시키기란 쉽지 않다. 우리는 하나님이 사람을 죽이셨다는 말을 받아들이기가 어렵다. 하나님이 인간을 심판하시는 것이야 당연하지만, 그렇게 급작스럽게 사람을 쳐서 죽이시다니? 사도행전(5장)에 나오는 아나니아와 삽비라의 죽음 이야기도 마찬가지로 우리를 당황하게 만든다. 본문은 우리의 질문에 답하지 않는다. 아마 우리는 무덤에 들어갈 때까지 이 문제에 대해 머리를 갸우뚱할 것이다. 때때로 성경은 답변보다 질문을 줄 때가 많다!

그러나 이야기꾼이 이야기를 들려주다가 뭔가 틈새를 남기면, 그것은 우리더러 그 빈 곳을 채워 넣으라는 암묵적인 초대다. 물론 제멋대로 공상해서 채워 넣어서는 안 되지만—우리의 상상력 발휘는 본문의 맥락에 비추어 무리가 있으면 안 된다—무리가 없는 범위 내에서는, 얼마든지 기도하는 상상력을 발휘해 본문의 세계로 들어가 거기에 적극 참여할 수 있다.

수세기에 걸쳐 그리스도인들은 웃사가 죽은 깊은 이유에 대해 여러 가지 상상력을 발휘했는데, 그 중 반복해서 등장한 한 가지 통찰이 있다. 주제넘게 하나님 관리 책임자 행세를 하려 들면 죽게 된다는 것이다. 웃사는 하나님을 상자에 넣어 가두고, 세상 오물이 묻지 않도록 하나님을 지킬 책임이 자기에게 있는 양 나서는 사람이다. 교계를 살펴보면, 저급한 죄인들과 무지한 대중으로부터 하나님을 보호하는 것이 자신의 천명인 줄 알고 사는 남녀들이 끊임없이 나타난다.

이러한 가상의 맥락에 비추어 볼 때, 우리는 웃사의 반사적인 행동—황소가 비틀거리자 법궤를 고정시키려고 손을 뻗은 행동—이 순간적인 실수가 아니었음을 추측할 수 있다. 그것은 자신이 법궤를 관리하는 사람이라는 그의 오랜 망상이 표출된 것이다. 모세의 율법에는 법궤를 어떻게 다루어야 하는지에 관해 분명한 지시 사항이 기록되어 있다. 법궤는 결코 사람의 손으로 만져서는 안 되고, 레위인들이 법궤에 부착된 고리에 막대기를 끼워서 운반해야 했다.³⁾ 웃사는 이러한 모세의 지시를 따르지 않았고(무시했다!) 대신 블레셋식 최신 혁신 기술―황소가 끄는 수레(삼상 6장을 보라)―을 이용했다. 분명 편리한 황소 수레는 터벅터벅 걷는 레위인들보다 법궤를 운반하는 데 훨씬 더 효율적인 방법이었다. 그러나 그것은 또한 비인격적인 방법이기도 했다. 구별된 사람들 대신에 효과적인 기계를 사용하는 것이었고 인격적인 수단을 밀어내고 비인격적인 수단을 사용하는 것이었다. 이를테면 웃사는, 거룩의 본질을 고려하지 않은 채 무턱대고 효과적 방법론을 받아들이는 그리스도인들의 수호 성인 격이다. 웃사는 하나님을 책임 관리하는 담당자였으며(스스로 그렇게 생각했다) 계속해서 담당자 자리에 있고자 했다. 그는 그가 원하는 곳에 하나님을 집어넣고 계속 가두어 놓고자 한다. 이러한 삶의 최종 결과는 죽음이다. 왜냐하면 하나님은 결코 인간이 책임 관리하는 대상이 아니시기 때문이다. 하나님을 상자에 넣어 보호한다는 것은 있을 수 없는 일이다. 다듬은 나무, 깎은 돌, 훌륭한 사상, 멋진 느낌 등 그 무엇으로 만들어진 상자이건 말이다. 우리가 하나님을 책임지는 것이 아니다. 하나님이 우리를 책임지신다.

웃사는 성경이 우리에게 보여 주는 위험 표지판이다. "하나님을 주의하라." 특히 하나님을 예배하고 공부하는 장소에 그런 표지판이 꼭 필요하다. 우리는 교회나 학교에 들어가 하나님에 대해 배우고 지식을 얻고 순종과 기도의 훈련을 받는다. 그리고 우리는 얻고자 했던 바를 얻는다. 중심을 잡아 주는 진리, 명령과 위로를 주는 말씀, 안정을 주는 예배 의식, 의미 있는 일, 힘을 주는 관계의 공동체, 자유를 주는 용서 등. 우리는 하나님을 발견한다. 삶의 길을 바꾼다. 회개하고 믿고 따른다. 우리는 새롭게 발견한 의미와 소망을 중심으로 생활과 인생 행로를 바꾼다. 새롭고 놀라운 예배와 일의 세계에서 여러 책임을 맡아 간다. 점차 인정을 받고 자기도 모르는 사이에 사람들에게 무엇을 어떻게 할지에 관해 조언을 해주는 위치에 서게 된다. 여기까지는 다 좋고 옳은 일이다. 그런데 우리는 그만 선을 넘는다. 우리는 하나님 자리에 서서 으스대고 까다로운 사람이 된다. 하나님 안에서 바르게 사는 길을 발견한 감격으로 신앙 생활을 시작해 놓고는 점차 하나님을 위해 그분의 일을 대신 떠맡아, 사람들이 바르게 행동하고 믿는 일을 담당한다. 우리는 자신이 중요한 사람이라고 생각한다. 왜냐하면 우리가 가장 중요하신 분의 곁에 있기 때문이다.

종교는 이런 일의 온상이다. 이렇게 하나님을 책임 관리하려 드는 사람들이 지도자 위치까지 오르는 일이 적지 않다. 오래 전 그들이 처음 신앙 생활을 시작할 때의 첫 마음, 즉 삼가는 마음과 경외감, 사랑과 믿음의 정신은 시간이 지남에 따라 점차 부식되어 문드러졌고 마침내 흔적도 남지 않게 되었다. 그들은 하나님께 대하여 죽어 버린 것이다.

웃사는 하나의 경고다. 만일 웃사처럼 생각하고 행동한다면, 우리는 머지않아 죽은 사람이 될 것이다. 영혼이 죽은 사람, 살아 계신 하나님을 마치 죽은 물건인 양 대하는 죽은 사람이 될 것이다. 예수님은 그런 사람들을 두고 "회칠한 무덤 같[다.]…그 안에는 죽은 사람의 뼈와 온갖 더러운 것이 가득하다"(마 23:27)고 하셨다. 웃사는 급작스럽게 죽은 것이 아니었다. 그는 이미 오래 전부터 서서히 죽어 가고 있었다. 그는 죽은 사람의 뼈 같은 '죽은 행위들'만 가득하고 찬양과 믿음과 경배의 영은 내면 속에서 오래 전에 질식사한 사람이었다.

### ✥ 다윗의 춤

이번에는 다윗을 보자. 왜 다윗은 춤을 추었을까? 다윗은 법궤 앞에서 기쁨에 넘쳐 남들의 시선에도 아랑곳하지 않고 덩실덩실 춤을 추었다. 다윗은 하나님에 관해 웃사가 보지 못하고 듣지 못했던 무언가를 알았던 것이다.

다윗은 평생 위험 속에서 살았다. 사자와 곰, 깔보는 거인과 살기 어린 왕, 약탈을 일삼는 블레셋인들과 교활한 아말렉인들과 함께 살았으며 황량한 광야의 동굴과 오아시스에서 살았다. 그러나 그는 또한 하나님과 함께 살았으며 하나님 안에서 살았다. 달려가고 숨으며 기도하고 사랑하며 말이다. 다윗은 결코 하나님 관리 책임자 행세를 하지 않았다. 그에게 하나님은 구원자와 주권자이시며 목자와 바위셨다. 하나님은 다윗이 돌보는 양이 아니었다. 하나님은 결코 길들여질 수 없는 분이셨다. 이러한 삶의 조건들 속에서, 다윗은 하나님 앞에서 자신을 활짝 열고 그분을 신뢰하며 호연지기를 가지고 대범하게 사는 것을 배웠다.

다윗은 하나님에 대해 불안해하지 않았다. 웃사가 죽자, 다윗은 하나님께 화를 냈다. 그는 웃사가 죽은 것만 알았지 그가 왜 그렇게 죽어야 했는지는 몰랐다. 다윗으로서는 황소 수레 옆에서 일어난 그 사건이 이미 수년 동안 서서히 진행된 자살 행위의 끝이었음을 알 길이 없었다. 다윗에게는, 기쁨의 행렬이 중단되고 장례식 행렬로 변한 것이 보이는 전부였다. 하나님께 화가 난 다윗은 뿌루퉁해지고 삐쳐서 집으로 돌아갔다.

다윗은 하나님께 화를 내었지만 죽지 않았다. 다윗이 죽지 않은 것은, 화를 내는 다윗은 전에 찬양하고 있을 때의 다윗 못지않게 하나님을 향해 살아 있는 다윗이었기 때문이다. 하나님을 향해 살아 있는 다윗. 그렇기에 살아 있는 다윗. 물론 다윗은 하나님이 하신 일이 불만스러웠다. 그러나 적어도 그는 하나님을 하나님으로 대했던 것이다. 웃사는 결코 하나님께 화를 낸 적이 없었다. 그는 너무도 예의 바르고 깍듯했다. 그도 그럴 것이 상자에게 화를 내는 사람은 없으니까 말이다.

예루살렘으로 돌아온 다윗은 시간을 두고 그 일에 대해 곰곰이 생각해 보았고, 석 달 후 다시 행진 악단을 소집해 거문고와 수금, 탬버린, 캐스터네츠, 심벌즈 등을 울리며 장엄한 행렬 가운데 법궤를 예루살렘으로 가져왔다.

다윗은 춤을 추었다. 하나님 안에서, 다윗은 자신의 이해력과 통제력을 초월한 삶에 들어섰다. 그는 신비와 영광에 다가갔다. 그래서 그는 춤을 추었다. 제 힘으로 일을 척척 해 낼 때 우리는 걷는다. 걷는 것은 우리가 몸을 움직이는 정상적인 방식이다. 그러나 사랑으로 제정신을 잃을 때, 너무도 충만한 의미를 발견할 때, 자아에 대한 집착에서 해방될 때 우리는 춤을 춘다. 다윗은 춤을 추었다. 만일 다윗이 단순히 종교적 직무를 수행하거나 국가 예식을 진행하고 있었던 것이라면, 그는 근엄하게 법궤 앞에서 걸으며 엄숙한 모습으로 행렬을 예루살렘으로 이끌었을 것이다. 그러나 이것은 직무 수행이 아니었다. 하나님을 이용해 예루살렘의 권위를 높이려는 정치적 행동도 아니었고 하나님을 높여 드리기 위해 수고스럽게 벌이는 종교적 활동도 아니었다. 그는 그저 경배하며 살아 계신 하나님께 반응하고 있었던 것이다. 그는 자신을 휘감아 돌며 자신을 통해 흐르는 하나님의 생명에 열려 있었다. 그 하나님은 법궤가 증언하는 대로 역사를 가로지르는 하나님, 구원하고 계시하고 복을 주는 하나님이셨다.

종교 집회 장소와 시간은 우리가 하나님을 향해 기쁨으로 자신을 여는 법을 연습하는 자리다. 우리는 하나님 앞에서 자신을 열기 전까지는 결코 온전한 우리 자신일 수 없다. 하나님의 실재에 주목하고 우리 안에 계신 하나님의 일하심에 반응하며 우리를 위한 하나님의 말씀을 받을 때까지 말이다. 예배는 우리가 자아 집착을 중단하고 하나님의 임재에 주목하기 위한 전략이다. 예배는 우리가 의도적으로 하나님께 주목하기 위해 따로 떼어 놓은 시간과 장소다. 그분이 그런 시간과 장소에만 계시기 때문이 아니다. 우리의 자기 집착이 너무도 뿌리 깊고 고질적이어서, 그것을 의도적으로 중단시키기 위한 정규적 시간과 장소가 없다면, 우리는 다른 시간과 장소에서도 그분께 주목할 가능성이 전혀 없기 때문이다.

그러나 여기에도 위험이 존재한다. 왜냐하면 그런 시간과 장소가 정해지면, 때때로 우리는 멋대로 그 시간과 장소를 지배하려 들고, 감히 하나님을 그 시간과 장소 속에 가두려 들기 때문이다. 웃사가 되는 것이다. 이것이 바로 성경 여기저기에 다음과 같은 위험 표지판이 붙어 있는 이유다. "하나님을 두려워하라", "주님을 경외하는 것이 지혜의 근본이다", "조심하라!"

그러나 그 경고들은 우리더러 하나님 앞에서 몸을 움츠리고 살라고 하지 않는다. 다윗을 보면 그 반대임을 알 수 있다. 그 경고들은 하나님을 우리의 취급 물품으로 전락시키지 않도록 지켜 준다. 종교 활동을 하다가 죽음을 당하는 일이 없도록 예방해 주는 것이다.

### ✢ 미갈의 조롱

다윗의 아내 미갈은 다윗이 법궤 앞에서 덩실덩실 춤을 추는 광경, 하나님의 구원과 인도와 명령을 받은 사람들과 함께 흥겹게 어우러지는 광경을 지켜보았다. 그리고 그녀는 그를 업신여겼다. 왜 좀더 왕다운 품위를 지키지 못하는 것일까? 왜 다른 나라 왕들처럼 처신하지 못하는 것일까? 그는 왕을 섬기는 신상을 세우고 화려하고 장엄한 궁궐을 짓고 그를 **왕답게**, 중요한 인물답게 보이게 해주는 종교를 조직해야 한다. 미갈에게 하나님은 단지 사회적 편의 장치, 정치적 지지물(支持物)에 불과했다. 미갈은 다윗의 춤을 보고 처음에는 당황했고 나중에는 경멸했다. 알렉산더 화이트(Alexander Whyte)는 미갈에 대해 참 근사한 말을 하나 남겼다. "귀먹은 이들은 언제나 춤추는 이들을 경멸하게 마련이다."[4]

미갈은 웃사와 함께 법궤 옆을 걸었더라면 흡족했을 것이다. 품위 있고 고상하게 염려스럽다는 듯 걷고 있는 웃사, 그러나 사실상 죽어 있는 웃사와 함께 말이다.

그러나 그녀는 법궤 앞에서 춤추는 다윗을 보고 경멸했다. 아무것도 개의치 않고 신경 쓰지 않고 염려하지 않고 그저 전심으로 찬양하는 다윗, 참으로 살아 있는 다윗을 경멸했던 것이다.

다윗은 신경 쓰지 않았다. 왜냐하면 다윗은, "충만하게 살아 있는 인간은 하나님의 영광이다"(이레나이우스)[5]라는 것을, 하나님을 두고 염려하거나 불안해할 필요가 없다는 사실을, 근엄하고 고상하게 하나님 관리 책임자 행세를 하려 들다가는 죽음에 이른다는 것을, 영생이란 그분이 우리를 돌보시게끔 하는 것이라는 사실을 알고 있었기 때문이다.

# 15. 주권적 은혜
## 다윗과 나단

사무엘하 7장

> 예수께서 대답하셨다. "내 나라는 이 세상에 속한 것이 아니다.
> 내 나라가 세상에 속한 것이라면, 내 부하들이 싸워서, 나를 유대 사람들의 손에
> 넘어가지 않게 했을 것이다. 그러나 내 나라는 이 세상에 속한 것이 아니다."
> 빌라도가 예수께 "그러면 네가 왕이냐?" 하고 물으니, 예수께서 대답하셨다.
> "네가 말한 대로 나는 왕이다. 나는 진리를 증언하려고 태어났으며,
> 진리를 증언하려고 세상에 왔다. 진리에 속한 사람은, 누구나 내가 하는 말을 듣는다."
> - 요한복음 18:36-37

순풍에 돛을 단 듯하다. 만사가 제대로 풀리고 있다. 다윗은 거침없이 전진했다. 블레셋인들도 평정했고, 멋지게 북쪽과 남쪽을 합쳐 나라를 통합했으며, 새로운 수도 예루살렘을 세웠고, 장대한 축제 행렬과 함께 법궤를 수도로 가져왔다. 그리하여 우리가 지금 다윗 이상의 존재를 대하고 있음을 드러냈다. **하나님이** 통치자이신 것이다. 다윗은 보통 의미로서의 왕이 아니라 하나님이 왕이심을 증거하는 자로서의 왕이다. 이 나라에는 모든 인간과 정치를 초월하는 차원이 있음을 어렵지 않게 알아볼 수 있다.

골리앗도 죽었다. 사울도 죽었다. 그러나 다윗은 살아 있다. 그것도 백성들에게서 최고의 환호와 칭송을 받으며 충만히 살아 있다. 만사가 다윗을 통해 제자리가 잡혔다. 사울이 엉망으로 만들어 놓은 왕정도 다윗에 의해 제 모습을 찾았다. 다윗은 왕이지만, 으레 정의되는 대로의 왕은 아니다. 다윗은 권력을 휘두르는 오만하고 지체 높은 우두머리가 아니다. 그는 순종하는 종이다. 하나님의 주권을 나타내며 공포하는 종이다. 다윗은 자신의 보좌를 하나님의 통치를 전하는 강단으로 사용한다.

주님은 위엄을 갖추고 다스리셨으며,
능력을 띠로 띠셨습니다.
세계도 굳건히 서서,
흔들리지 아니합니다.
주님의 왕위는
예로부터 견고히 서 있었으며,
주님은 영원 전부터 계십니다.

주님, 강물 소리가 높습니다.
강들이 물결 소리를 높입니다.
그러나 높이 계신, 위엄이 있으신 주님은,
큰 바다의 소리보다 더 크시고,
광란하는 바다보다 더 힘세십니다.

주의 법령은 매우 확실하고,

주의 집이 거룩함은 당연합니다.

주님, 영원무궁토록 그러할 것입니다(시 93편).

다윗의 기도에는 하나님의 주권적 통치에 대한 이미지와 확신이 흠뻑 배어 있다. 하나님의 주권은, 시편에서 수세기에 걸쳐 다윗이 쓴 것으로서 수집되고 정리된 다양한 기도들 전체에 통일성을 부여하는 신념 체계에서 가장 두드러지는 요소다. 다윗의 시대로부터 300년 후 예루살렘에서 이사야도 다윗의 기도와 동일한 바를 선포했다. 즉 "하나님이 통치하신다"는 말씀에 관해 강력하고 감동적인 설교를 했다. 천 년 후 예수님도 "하나님의 나라가 가까이 왔다.…"는 말씀으로 공적 사역을 시작하셨으며(막 1:15), 천 년 동안 기도와 설교들 가운데서 기대되고 약속되었던 모든 것—그 이상—을 결정적으로 계시하심으로써 예루살렘에서의 사역을 마감하셨다. 그리고 요한도 성경 전체의 계시를 멋들어지게 최종 요약할 때, 전에 다윗이 매우 자주 그리고 매우 훌륭하게 노래하고 기도한 바를 반복하는 것 외에 더 나은 길을 찾지 못했다.

할렐루야,

주 우리 하나님,

전능하신 분께서 왕권을 잡으셨다(계 19:6).

### ✤ 하나님께 '집'을 지어 드리기로 결심한 다윗

다윗은 하나님이 주권적으로 통치하신다고 선포했다. 하지만 곧 그 증거의 분명함과 정확성을 의심스럽게 만드는 일이 벌어졌다. 그것도 뜻밖에 바로 증인인 다윗 자신으로 인해서 말이다.

다윗이 이름 없는 목동으로 자랐던 베들레헴에서, 그가 지금 이스라엘의 근사한 왕으로 있는 예루살렘까지는 겨우 10킬로미터 미만의 거리다. 하지만 그가 그 노정을 걷는 데는 대략 20여 년의 세월이 걸렸다. 시련과 불안정, 위험과 갈등의 시간이 끝나고 마침내 도착지에 무사히 도달한 그는, 진실로 하나님이 자신에게 복을 주셨고 약속을 이루셨으며 정의롭게 심판하셨음을 깨닫고 가슴 속에서 벅차오르는 감사를 느꼈다. 이제 그에게는 집이 있다. 그것은 집 없이 방랑했던 광야 세월 후에 얻은 안정되고 건실한 처소요 보금자리였다. 적들로부터도 안전했다. 블레셋과 싸우고 사울에게서 도망가느라 힘겨웠던 기나긴 세월이 마침내 지나가고 이제 평온한 날이 온 것이다(삼하 7:1).

당연히 다윗은 하나님을 위해 무언가 하고 싶었다. 그토록 많은 것을 주신 하나님을 위해서. 그는 하나님을 위해 성소를 지어 드리기로 마음먹었다. 자신에게는 이제 집이 있다. 그러므로 하나님께 집을 지어 드려야 한다. 하나님은 그에게 명예롭고 편안한 처소를 베풀어 주셨다. 그러므로 하나님께 명예롭고 편안한 처소를 베풀어 드려야 한다.

다윗은 그 결심을 그의 목사 나단에게 이야기했다. 나단은 열렬히 찬성했다. "주께서 임금님과 함께 계시니, 가서서, 무슨 일이든지 계획하신 대로 하십시오"(삼하 7:3).

목사들은, 하나님께 무언가 받으려고만 하던 신자가 하나님께 무언가 드리고자 하는 모습을 보이는 순간을 사랑한다. 대부분의 목사처럼 나단 역시, 하나님으로부터 무언가 받고자 하여 도움을 구하러 찾아오는 사람들로 인해 생애 대부분의 시간을 보냈을 것이다. 보통 목사, 사제, 선지자들은 하나님으로부터 무언가를 받는 방법을 아는 사람으로 여겨진다. "나단, 저를 위해 기도해 주십시오. 남편/아내가 구제 불능이랍니다.…아이들이 너무 말을 안 들어요…직장이 위태로워요…신경이 너무 쇠약해졌어요(기타 등등). 나단, 저를 위해 기도해 주십시오."

그러면 나단은 그들을 위해 기도했다. 나단은 즐거이 그렇게 했다. 어려움에 처했을 때 하나님께 도움을 청하는 것은 하나님 앞에서 가장 기본적이고 정직한 자세다. 하나님의 도움 없이도 잘 해 나갈 수 있는 삶의 분야는 단 한 가지도 없다. 우리에게는 하나님이 필요하다. 더 이상 하나님이 필요 없는 단계로 성장하거나 진보하는 일은 있을 수 없다. 전에 나는 뛰어난 이디시 말(Yiddish, 독일어와 히브리어의 혼성 언어-역주) 이야기꾼인 아이작 바셰비스 싱어(Isaac Bashevis Singer)가 어느 라디오 인터뷰에서 이렇게 말하는 것을 들은 적이 있다. "저는 어려움에 처했을 때만 기도합니다. 그런데 저는 항상 어려움 가운데 있기에 항상 기도합니다." 성경은 곳곳에서 우리더러 소원 목록을 가지고 하나님께 나아가라고 격려한다. 하나님은 후하게 주시며 아무리 주셔도 복이 동나지 않는 분이시다. 하나님은 주는 것을 기뻐하신다. 주는 것이야말로 바로 그분의 특기다. 생명과 구원, 치유와 기쁨, 평화와 사랑을 주시며 햇빛과 비, 빵과 포도주, 웃음과 눈물, 피난처와 쉼을 주신다. 주시되 다함이 없이 주신다.

오늘날은 찬양의 기도가 다른 모든 형태의 기도보다 우선돼야 한다고 주장하는 이상한 가르침이 유행하고 있다. 이것은 정직하지 못한 말일 뿐더러, 성경을 정면으로 거스르는 말이다. 물론 찬양과 감사는 두말 할 나위 없이 좋은 것이다. 그리고 분명, 우리의 최종적 기도는 **모든** 찬양—천국에는 우리의 아멘과 할렐루야가 울려 퍼질 것이다—일 것이기에, 그러한 단계의 기도를 미리 연습하자는 것은 좋은 생각이다. 그러나 지금 여기에 사는 우리가 드리는 기도의 대부분은 간청이다. 예수님은 우리에게 간청하는 기도를 하라고 **가르치셨다**. 예수님은 우리에게 가르쳐 주신 모범 기도(주기도문-역주)를 통해서도 우리에게 간청하는 훈련을 시키신다. 그 기도문에는 여섯 번이나 간청이 나오지만, '감사합니다'라는 기도는 한 문장도 없다.

다윗은 자신에게 필요한 것을 하나님께 간청하는 데 대가였다. 그는 당차고 거침없이 간청했다. 도움, 피난처, 치유, 구원, 구조, 용서, 자비 그리고 성령을 구했다. 그는 찬양하는 데 있어 놀랍도록 견고했다. 그러나 그러한 찬양들은 모두 힘들여 간청하는 기도의 삶에서 캐내어진 것들이었다. 시편 21편은 이렇게 간청하며 살았던 다윗의 자세를 보여 준다.

주님,
주께서 왕에게 힘을 주시므로,

주께서 승리하게 하시므로,

왕이 크게 기뻐합니다.

왕이 마음으로 바라는 바를

주께서 들어 주시고,

왕이 입술로 청원하는 바를

주께서 물리치지 않으셨습니다.


온갖 좋은 복을 왕에게 내려 주시고,

왕의 머리에

순금 면류관을 씌워 주셨습니다.

왕이 주께 장수하기를 빌었을 때,

주께서는 그에게 장수를 허락하셨습니다.

오래오래 살도록

긴긴날을 그에게 허락하셨습니다.

주께서 승리를 안겨 주셔서

왕이 크게 영광을 받게 하셨으며,

위엄과 존귀를 왕에게 입혀 주셨습니다.

주께서 영원한 복을

왕에게 내려 주시고,

그와 함께 계시니,

왕의 기쁨이 넘칩니다.

왕이 오직 주님을 의지하고,

가장 높으신 분의 사랑에 잇닿아 있으므로,
그는 결코 흔들리지 않습니다.

임금님,
임금님의 손이
임금님의 모든 원수를 찾아내며,
임금님의 오른손이
임금님을 미워하는 자를 찾아낼 것입니다.
임금님께서 나타나실 때에,
원수들을 화덕 속에 던지실 것입니다.
주께서도 진노하셔서 그들을 불태우시고
불이 그들을 삼키게 하실 것입니다.
임금님께서는 원수의 자손을
이 땅에서 끊어 버리실 것이며,
그들의 자손을
사람 가운데서 멸종시킬 것입니다.
그들이 임금님께 악한 손을 뻗쳐서
음모를 꾸민다 해도,
결코 이루지 못할 것입니다.
오히려, 임금님께서
그들의 얼굴에 활을 겨누셔서,
그들이 겁에 질려 달아나게 하실 것입니다.

주님,

힘을 떨치시면서 일어나 주십시오.

우리가 주의 힘을 기리며, 노래하겠습니다.

나단의 위치에 있는 이들은 사람들이 하나님께 도움을 청할 때 함께 청하고, 그들이 하나님으로부터 도움을 받을 때 함께 기뻐하는 일에는 익숙하다. 그러나 누군가가 하나님께 무언가를 드리고 싶다며 자신을 찾아오는 데는 익숙하지 못하다. 너무도 흔치 않은 일이라, 그런 경우 선지자와 목사들은 무조건 긍정해 준다. 너무도 고무되는 까닭이다. 너무 감격하면 즉각적으로 판단력 없이 반응하게 된다. 다윗의 제안을 들은 나단은 즉시 전폭적으로 지지해 주었다. 더 생각할 것이 무엇이 있는가? 재고해 볼 여지가 무엇이 있겠는가? 하나님을 위해 집을 짓겠다는데, 이보다 더 좋은 일이 어디 있단 말인가?

그러나 그 날 밤 하나님은 나단을 잠깐 멈추게 하셨다. 하나님은 다윗의 제안을 나단과는 상당히 다른 관점에서 보셨다. 나단은 재고할 여지가 **있다**는 사실을 깨달았다.

다음 날 아침 나단은 다윗을 다시 찾아가 어제의 건축 허락을 취소했다. 목사, 선지자, 사제들은 자주 이런 상황에 처하는데, 그럴 때마다 여간 곤란스럽지 않다. 왜 선지자가 선한 뜻이 담긴 하나님을 위한 일을 막아야 하는가? 불순종과 태만과 타성이 하나님의 백성들 사이에 전염병처럼 퍼져 있는 이 시대에, 하나님이 함께하시고 하나님을 위해 열심인 것이 분명한 다윗에게 왜 "아니오"라고 말해야 하는가?

왜 찬물을 끼얹어야 하는가? 하나님을 향한 그 열정, 하나님을 위해 위대한 일을 하겠다는 그 정열에 대해 인정해 주고 인도해 주기는커녕 왜 도리어 "아니오"라고 말해야 한단 말인가?

그러나 하나님을 위해 거창한 인간적 계획을 세웠지만 하룻밤 기도하고 나면 그것이 오히려 하나님이 우리를 위해 하고 계신 일에 막대한 지장을 초래하게 됨을 깨닫는 경우가 있다.[1] 나단은 그 밤에 바로 이 사실을 깨달았던 것이다. 하나님은 나단에게, 하나님을 위한 다윗의 건축 계획이 다윗을 위한 하나님의 건축 계획에 방해가 됨을 보여 주셨다.

하나님이 나단을 통해 다윗에게 하신 말씀은 본질상 다음과 같다. "네가 나를 위해 집을 세우고 싶다고? 잊어버려라. 내가 **너를 위해** 집을 세워 줄 것이다. 나는 네가 나를 위해 하는 일이 아니라 내가 너를 통해 하는 일을 통해서 이 왕국을 세우는 중이다. 집을 세우는 이는 나지, 네가 아니다. 내가 너의 건축 시도를 허락하지 않는 것은 네가 이것을 혼동하지 않도록 하기 위함이다. 만일 예루살렘이 온통 너의 건축 사업이 진행되는 광경과 소리—목수의 망치, 석공의 끌, 트럭 운전사의 고함소리 등—로 가득해지면, 곧 사람들은 모두 **내가** 하는 일에 집중하는 것이 아니라 **네가** 벌인 일에 휩쓸릴 것이다. 이것은 우리가 다루고 있는 왕국이고 이 왕국의 왕은 **나다**. 나는 지금까지 오랫동안 소위 집 없이도 잘 지내 왔다. 도대체 누가 너한테 와서 나에게 집이 필요하고, 내가 집을 원한다고 하더냐? 집을 지을 일이 있거든 **내가** 지을 것이다. 너의 목동 시절부터 나는 너와 함께 일하며, 구원과 정의와 평화가 실현되는 내 왕국을 건설해 왔다. 사람들로 하여금 네가 하는 일에 주목하게 하는 것이 아니라, 내가 하는 일을 그들이 알아볼 수 있게 드러내는 것이 바로 네가 할 일이다. 사울은 이 일에 실패했고 실패자는 하나로 족하다. 네가 지금 생각하는 그 집을 세우기에 적당한 때가 올 것이다—사실 네 아들이 그 일을 할 것이다—그러나 지금은 때가 아니다. 우선 우리가 할 일은, 백성들의 상상력과 삶 속에 이 왕국의 주권자는 바로 **나**라는 것을 그리고 너는 나의 왕권을 축소시키는 것이 아니라 증거하기 위한 왕이라는 것을 분명히 새기는 것이다. **이것이** 바로 내가 지금 세우고 있는 집이다. 바로 나의 주권에 대한 증거와 대표로서의 너의 왕권이다. 중요한 일부터 먼저 행하라"(삼하 7:4-17).

나단이 다윗에게 전한 메시지는 하나님이 지금까지 무엇을 해 오셨고 지금 무엇을 하고 계시며 앞으로 무엇을 하실 것인지에 관한 이야기로 가득하다. 이 메시지에서 하나님은 스물세 개 동사의 일인칭 주어로 등장하시며 능동적 활동을 주도하고 계신다. 하나님을 위해 무언가 하겠다는 마음으로 가득했던 다윗은, 오히려 하나님이 그를 위해/그를 통해 무엇을 하셨고 무엇을 하고 계시며 무엇을 하실 것인지에 관해 장대한 이야기를 듣게 된다. 다윗이 하나님을 위해 벌이겠다던 일이 어제까지만 해도 대단해 보였지만, 이제 보니 참으로 별것 아니다.

■ ■ ■

내가 말하고자 하는 바를 알겠는가? 나는 이 때가 다윗이 하나님으로 가득했던 상태에서 자기 자신으로 가득한 상태로 넘어가기 직전이었다고 생각한다. 표면적으로는 달라진 것이 없다. 다윗 스스로 자기 행동의 변화나 마음가짐의 변화를 인식하지 못한다. 그러나 적들을 평정하고 하나님의 백성을 통합시켰으며 이스라엘과 유다의 충성을 손에 넣어 칭송을 한 몸에 받고 있던 다윗은, 그만 성공에 취해서 이제 자신의 능력으로 하나님께 무언가 호의를 베풀겠다는 생각을 한 것이다. 이런 마음가짐을 알게 해주는 단서가 그가 나단에게 한 제안 속에 들어 있다. "나는 백향목 왕궁에 사는데, 하나님의 궤는 아직도 휘장 안에 있습니다"(삼하 7:2). 이 비교의 말(백향목 왕궁/휘장) 속에는, 이제 자신은 하나님보다 더 좋은 집에서 하나님보다 더 잘 살고 있으며, 자신의 힘있는 지위를 이용해 하나님을 위해 무언가 대단한 일을 해드릴 수 있다는 생각이 깔려 있다.

만일 이런 식의 사고 방식을 가지고 계속 나갔다면, 다윗은 곧 하나님의 왕으로서 실패했을 것이다. 하나님과 하나님의 행하심보다 자신과 자신의 행함을 더 중요시하는 사람이라면, 그의 왕업은 실패할 수밖에 없다. 이럴 때는 우리 상황에 개입해서 우리가 하기 싫어하는 일을 대신 해주는 친구, 목사, 선지자가 필요하다. 하나님은 나단에게 말씀하셨고 나단은 그 말씀을 다윗에게 전했다. 나단은 하나님의 메시지를 들고 다윗의 걸음을 멈추어 세웠다. "아니다. 네가 나를 위해 집을 지어 주는 것이 아니다. 내가 **너를 위해** 집을 지어 줄 것이다."

### ✥ 앉은 다윗

"다윗 왕이 성막으로 들어가서, 주 앞에 꿇어앉아…"(삼하 7:18). 다윗은 **앉았다.** 이것은 지금껏 다윗이 행한 것 중 가장 중대한 행동이다. 행동하지 않기로 한 행동. 이것은 골리앗을 죽인 것보다도, (그의 적) 사울이 받은 하나님의 기름부음을 존중한 일보다도, 법궤를 예루살렘으로 가져온 일보다도 더 중대한 행동이었다. 왜냐하면 그가 지금껏 기름부음과 훈련과 보호와 권능을 받으며 준비한 왕업에 대한 자격 여부가 바로 지금 그가 나단의 목사적/선지자적 권고에 어떤 반응을 보이느냐에 달려 있기 때문이다.

다윗은 지금 전성기에 있다. 단단하고 건장한 신체, 예리한 지성, 경배와 순종으로 뜨거운 영혼. 시련을 통해 성숙한 다윗. 하나님의 백성의 신뢰와 칭송을 한 몸에 받고 있는 다윗. 하나님으로부터 받은 모든 것에 대해 하나님께 감사하는 다윗. 하나님을 위해 무언가 하려는 열정에 불타는 다윗. 왕관을 쓰고 보좌에 앉은 다윗. **왕** 다윗.

이제 왕이 된 다윗. 과연 그는 인접 국가들―이집트, 시리아, 에티오피아, 앗시리아―의 왕과 똑같은 왕이 될 것인가? 자신의 뜻만을 강요하는 폭군이 될 것인가? 권력을 휘두르는 오만한 왕이 될 것인가? 아랫사람을 자신을 위한 물건과 부속품으로 다루는 잔인한 왕이 될 것인가? 사울처럼 자신을 왕으로 세우신 하나님을 자신의 왕권을 위한 보조물 정도로 취급하려 들 것인가? 아니면 왕권에 대한 당시의 문화적·종교적·정치적 관습을 거부하고, 자신의 인간다움을 굳게 지키고, 왕이요 주권자요 전능자이신 하나님을 대표하고 증거하는 자로서의 왕이고자 할 것인가?

다윗은 앉았다. **하나님 앞에** 앉았다. 그렇게 앉아서 왕으로서의 주도권을 포기하고 권세를 내려놓고 권좌에서 내려와 그의 왕이신 하나님 앞에 잠잠히 그리고 겸손히 나아갔다.

고대 중동 사람들은 즉위식을 신성을 부여하는 의식으로 여겼다. 보위에 오른 사람은 더 이상 인간이 아니라 신이었다. 그에게는 신이 갖는 모든 특권이 주어졌다. 현대인들의 눈에는 그러한 사고 방식이 우스꽝스럽기 그지없게 보이겠지만, 현 문화 속에도 매우 유사한 현상이 존재한다. 우리가 의사, 법률가, 정치가, 목사, 위원장, 회장 등의 자리에 '오를'(crown) 때를 생각해 보라. 우리는 사람들이 우리를 다소 이상하게 대하기 시작한다는 사실을 발견한다. 즉 사람들은, 팔꿈치가 멍들고 무릎이 깨지면서 크던 어린 시절, 갈팡질팡 혼란스러웠던 사춘기, 거듭된 시행 착오와 실수를 통해 일을 배우던 견습 시절의 우리를 대하던 방식과는 다르게 우리를 대한다. 일, 직업, 역할 등의 면에서 우리는 신까지는 아니지만 최소한 보통 사람과는 다른 존재인 양 취급받는다. 우리는 권위나 특권에 의해서 보통 사람들과 구별된다. 그러나 이런 식으로 높임을 받는 것은 오히려 우리를 인간 이하로 떨어뜨린다. 우리가 무엇을 하는 사람이건 우리는 결코 보통 사람과 다른 사람일 수 없다. 보통 사람과 다른 대접을 받는다는 사실을 발견하는 순간, 우리는 바울처럼 재빨리 이렇게 말해야 한다. "여러분, 어찌하여 이런 일들을 하십니까? 우리는 여러분과 똑같은 성정을 가진 사람입니다…"(행 14:15).

다윗은 앉았다. 우리가 그의 입장이 되어 보면 이것이 얼마나 놀라운 행위인지 알 수 있다. 하나님을 향한 뜨거운 열정 가운데 하나님을 위해 위대한 계획을 품었던 다윗. 그런 다윗을 멈춰 세운다는 것은 마치 한 무리의 도망치는 말을 따라잡아 멈춰 세우는 것과 같다. 그러나 나단은 그를 멈춰 세웠다. 더 정확히 말하자면, 다윗은 자신을 멈춰 세우시는 하나님께 순종했다.

### ✜ 전략적으로 '아무 일도 안 하기'

때로는 하나님을 위해 무언가 '하는 것'보다 '하지 않는 것'이 훨씬 더 중요하다. 하나님은 세계와 인간 실존의 시작이요 중심이요 끝이시다. 그런데도 우리는 세계와 인간 실존 속에서 일하시는 하나님의 활동을 희미하고 어렴풋하게만 인식할 때가 많다. 특히 우리가 자신만만할 때는 즉 아는 것이 많고 하는 일이 잘 풀리고 사람들이 우리를 추켜세울 때는 마치 우리가 세계—최소한 자신의 실존 세계—의 시작이요 중심이요 끝인 양 상상하기 쉽다. 이럴 때 우리에게는 선지자의 간섭이 필요하다. 나단이 필요하다. 무엇을 하는 중이건 우리는 그것을 그만두고 자리에 가만히 앉을 필요가 있다. 그렇게 앉을 때 우리가 그간 달려가느라 일으켰던 먼지가 가라앉는다. 일을 벌이느라 일으켰던 소음이 사라진다. 우리는 비로소 진짜 세계, 즉 하나님의 세계를 알아보게 된다. 그리고 보이는 광경에 놀라 숨을 죽이게 된다. 너무도 커다란 세계를 발견한 까닭이다. 나의 열정보다 훨씬 더 뜨거운 열정에 의해 움직이고 있는 세계, 나의 계획보다 훨씬 더 뚜렷하고 현명한 계획에 의해 움직이고 있는 세계.

현대 그리스도인들의 특징은 자신이 하나님을 위해 너무 적게 일하는 것을 들킬까봐 대단히 걱정한다는 것이다. 아무 일도 안 한다는 것은 생각조차 할 수 없다. 그러나 우리가 생각하는 것 이상으로, 아무 일도 하지 않는 것이야말로 복음에 합당한 일거리일 때가 많다. 때때로 이러한 경건한 순종에서 비롯된 의미 심장한 '아무 일도 안 하기'를 그릇되고 무책임한 '아무 일도 안 하기'로 왜곡시키는 오래된 이단이 다시 출현한다. 그들은, 하나님이 모든 것을 하시기에 우리는 아무 일도 안 하는 법을 배워야 하며 일종의 경건한 나태를 계발해야 한다고 가르친다. 우리가 하나님을 위해 일을 적게 하면 할수록 하나님이 우리를 위해 더 많은 것을 하실 수 있다는 것이다. 또 어떤 이들은, 모든 일은 다 '하나님의 뜻'이므로 우리는 스토아 철학에서 가르치는 것처럼 모든 것을 체념하고 받아들여야 한다고 말하기도 한다. 또 어떤 이들은 기도와 믿음의 삶을, 피할 수 없는 일을 마지못해 받아들이는 삶과 같은 것으로 오해하기도 한다. 그러나 성경적인 '아무 일도 안 하기'는 나태도 아니고 스토아 철학적 체념도 아니다. 그것은 다름 아니라 전략이다.

다윗이 하나님 앞에 앉았을 때, 그것은 수동성이나 체념과는 거리가 멀어도 한참 멀었다. 그것은 기도였다. 그것은 하나님의 임재 안으로 들어가는 것, 하나님의 말씀을 알아차리는 것, 자신의 계획 대신 하나님의 계획을 따르는 것, 자신의 권위와 힘으로 하나님을 위해 열심을 내는 왕이기를 포기하고 만왕의 왕이신 하나님의 주권에 참으로 순종하는 왕이기를 선택한 것이었다.

■ ■ ■

다윗은 하나님 앞에 앉아서 기도했다(삼하 7:18-29). 그의 기도를 들어 보면 우리는 그가 나단을 통해 전해진 하나님의 말씀에 얼마나 진지하게 귀 기울였는지 알 수 있다. 하나님의 메시지는 일인칭 화법으로 전달되었다. 즉 하나님이 그 문장들의 주어이셨다. 일하시는 분은 하나님이라는 선포였다. 다윗이 이것을 귀담아 들었음을 알게 해주는 증거는 우선 그의 문법에서 드러난다. 이제 다윗은 하나님을 위해 자신이 무엇을 할 것인지 알리는 대신에 하나님을 다윗을 위해 일하셨고 또 일하시고 계신 분으로 부른다. 하나님을 일인칭 주어로 하는 스물세 개의 동사로 이루어진 나단의 메시지(삼하 7:4-17)를 듣고, 다윗은 하나님을 비인칭 목적어('하나님의 궤'-역주)로 부르던 사람에서(삼하 7:2) 이인칭으로-'그것'이 아니라 '당신'으로-부르는 사람으로 바뀌었다.² 다윗은 전에는 자기 자신으로 가득했지만 이제는 하나님으로 가득하다. 다윗은 그의 기도에서 하나님을 열일곱 번은 이름으로 부르고-하나님, 주 하나님, 여호와, 만군의 주-마흔다섯 번은 이인칭 대명사로 불렀다(개역개정성경과 표준새번역성경에서는 '주'로 되어 있으나 영어 성경에는 '당신'으로 되어 있다-역주).

다윗의 기도는 그의 근본적 변화를 보여 준다. "만군의 주, 이스라엘의 하나님, 주께서 몸소 이 계시를 이 종에게 주시고 '내가 너의 집안을 세우겠다!' 하고 말씀하여 주셨으므로, 주의 종이 감히 주께 이러한 간구를 드릴 용기를 얻었습니다"(삼하 7:27). 제 힘 쓰기를 그만두고 갓 오른 높은 위치에서 내려와 '일을 중지하고' 그저 예수님의 발 아래 앉는 것은 용기를, 커다란 용기를 요하는 일이다.

다윗은 앉았다. 그 때 진짜 일이 시작되었다. 다윗이 하나님을 위해 집을 세우는 것이 아니라, 하나님이 다윗을 위해 집을 세우시는 것이다.

이렇게 아무 일도 안 하는 행위에 우리가 결국 아무 일도 못하게 될 위험 같은 것은 없다. 다윗은 그가 앉기 전에도 많은 일을 했고 그 후에도 많은 일을 했다. 하나님이 명령하시면 우리는 순종한다. 하나님이 보내시면 우리는 간다. 우리 안에서/우리를 통해 성령님이 그리스도의 일을 하실 때 그리스도인의 삶은 영광스럽도록 활동적인 삶이다. 주님 앞에 잠시 앉아 있다고 해서 우리의 다리가 다시는 일어서지 못할 만큼 쇠약해질 염려는 전혀 없다. 그러나 반면에 하나님을 위해 스스로 세운 계획에 너무나 사로잡힌 나머지 하나님 자신에 대해서는 완전히 잊어버릴 염려는 분명히 **있다**.

시편 2편은 다윗의 이러한 중대한 경험에 우리의 시선을 집중시켜 준다. 왕으로 오신 예수님을 통해 자세히 드러나고 확증된 바로 그 경험에.

> 어찌하여 뭇 나라가 공모하며,
> 어찌하여 뭇 민족이
> 헛된 일을 꾸미는가?
> 어찌하여 세상의 임금들이 나서고,
> 어찌하여 통치자들이 음모를 꾸며

주를 거역하고,

'기름부음 받은 분'을 거역하면서 이르기를

"이 족쇄를 벗어 던지자.

동여맨 이 사슬을 끊어 버리자" 하는가?

하늘 보좌에 앉으신 분이 웃으신다.

내 주께서 그들을 비웃으신다.

마침내 주께서 분을 내고,

진노하셔서,

그들에게 호령하시며 이르시기를

"내가 거룩한 산 시온 위에

'나의 왕'을 세웠다" 하신다.

"나 이제 주께서 내리신 칙령을 선포한다.

주께서 나에게 이르시기를

'너는 내 아들,

내가 오늘 네 아버지가 되었다.

내게 청하여라.

뭇 나라를 유산으로 주겠다.

땅 이 끝에서 저 끝까지

네 것이 되게 하겠다.

네가 그들을 철퇴로 부술 때에,

질그릇 부수듯이 부술 것이다' 하셨다."

그러므로 이제, 왕들아, 지혜를 배워라.
땅 위에 있는 통치자들아,
경고하는 이 말을 받아들여라.
두려운 마음으로 주를 섬기고,
떨리는 마음으로 주를 찬양하여라.
그의 아들에게 입맞추어라.
그렇지 않으면, 그가 진노하실 것이니,
너희가, 걸어가는 그 길에서 망할 것이다.
그의 진노하심이
지체 없이 너희에게 이를 것이다.

주께로 피신하는 사람은
모두 복을 받을 것이다.

■ ■ ■

월터 브루그만은 이 다윗과 나단 이야기를 가리켜 "사무엘서 전체의 극적/신학적 중심부…복음적 신앙을 위해 가장 중요한 구약 본문들 중의 하나"라고 칭한다.[3] 옳은 평가가 아닐 수 없다. 왜냐하면 겉으로 보기에는 나무랄 데 없는 좋은 의도 때문에 오히려 중대한 문제에 봉착하게 될 때가 너무 많기 때문이다. 잘못된 일을 저지를 때 우리는 보통 곧 깨닫고 회개하고 다시 제자리를 찾아간다. 그러나 좋은 일을 하고 있을 때는, 스스로 우쭐해하고 지도자들과 친구들의 박수 갈채와 칭찬에 고무되어서 그만 하나님을 의지하는 마음을 잃어버리기 쉽다. 우리는 언제나, 아니 시간이 갈수록 더욱 은혜, **하나님의 주권적 은혜**가 절실히 필요하다는 사실을 망각하기 쉽다. 예수님이 준엄하게 경고하셨듯이, 그러한 사람의 나중 형편은 처음보다 훨씬 더 나빠진다(눅 11:26).

# 16. 사랑
다윗과 므비보셋

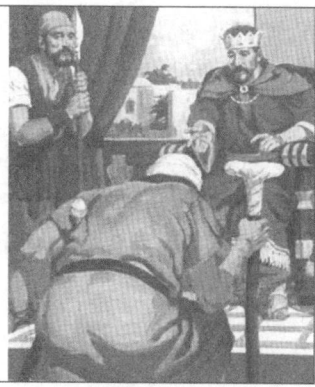

사무엘하 9장

> 이제 나는 너희에게 새 계명을 준다. 서로 사랑하여라.
> 내가 너희를 사랑한 것과 같이, 너희도 서로 사랑하여라.
> 너희가 서로 사랑하면, 모든 사람이 그것으로써
> 너희가 나의 제자인 줄을 알게 될 것이다.
> – 요한복음 13:34-35

므비보셋은 다윗과 가장 절친했던 친구 요나단의 아들이다. 다윗 이야기에서 그의 이름은 세 차례 우리의 주의를 끈다. 그 세 이야기는 점증적으로 므비보셋을 우리의 상상 속에 새겨 넣어, 단순히 그 이름을 언급하는 것만으로도 우리 마음속에 자비심을 불러일으키고 예수 그리스도를 믿는 삶에 헌신한 사람들에게 사랑을 실천하며 사는 법을 전해 준다.

### ✣ 므비보셋 1

므비보셋이 다섯 살이었을 때, 기브온에 있는 사울의 궁전에 끔찍한 소식이 전달되었다. 그것은 사울 왕과 요나단 왕자가 길보아 산에서 블레셋인의 손에 죽었다는 소식이었다. 궁전은 즉시 온통 공포에 사로잡혔다. 블레셋인들은 무자비하기로 유명했다. 사울과 그의 아들들이 죽어 버린 지금, 궁전과 그 곳에 남아 있는 사람들은 파괴와 살상의 대상이었다. 사울이나 요나단과 연관된 사람들은 블레셋인들의 자비를 기대할 수 없었다. 게다가 여전히 소탕되지 않은 다윗의 게릴라 부대도 커다란 불안거리였다. 다윗이 하나님의 기름부음 받은 자로 존중했던 사울도 죽고 다윗과 우정의 언약을 맺은 요나단도 죽은 지금, 다윗이 쳐들어와서 그 동안 자신을 방랑자로 만든 정권의 남아 있는 모든 사람과 물건을 없애 버리지 말라는 법이 없었다.

최악말고 달리 기대할 것이 없는 상황이었기에 하인들은 모두 살기 위해 도망쳤다. 므비보셋의 유모는 당시 다섯 살이던 아기를 업고 허겁지겁 달려가다가 그만 발을 헛디디고 말았다. 넘어지는 와중에 아이의 발목이 부러지는 사고가 났다. 양발목이 다 부러졌다(삼하 4:4). 하인들은 발목이 부러진 아이를 안고 요단강 계곡 동쪽에 위치한 작은 마을 로드발을 향해 황급히 도망쳤다. 뼈가 제대로 아물지 못했다. 그래서 므비보셋은 그 후로 다시는 제대로 걷지 못하는 불구가 되고 말았다. 그는 그 마을에 숨어서 절름발이로 자라났다.

므비보셋은 한때 위대했던 사울 가문의 남아 있는 유일한 후손이었지만 아무도 그 사실을 몰랐다. 그 사실이 알려진다면 그의 목숨이 위태로워질 것이기에 그는 왕족 신분을 숨겼고, 따라서 왕족의 특권도 전혀 누리지 못한 채 자랐다. 두 가지 조건은 모두 그의 신체적 장애로 인해 악화되었다. 이 중 어떤 것도 그의 잘못이 아니었다. 모든 것이 그가 너무 어렸을 때 일어난 일이었기에 그에게는 아무런 책임이 있을 수 없었다. 갑작스런 도망, 끔찍한 사고와 그에 따른 영구적인 불구, 장래의 상실 등은 모두 그의 책임이 아니었다. 므비보셋은 희생자였다.

유랑하는 집단은 흔히, 자신들이 역사 속에서 얼마나 크게 이름을 떨쳤으며 어떤 연유로 이렇게 수치스런 방랑자 신세가 되었는지에 관한 이야기를 후손들에게 들려줌으로써 그들의 정체성—심지어 자긍심—을 유지한다. 므비보셋도 늦은 저녁 로드발의 한 화로 옆에서 옛 하인들로부터 그러한 이야기를 들으며 자랐을 것이라고 쉽게 상상해 볼 수 있다. 아마 그의 유모가 주된 이야기꾼이었을 것이며, 그녀가 들려주는 이런저런 이야기들은 므비보셋에게 깊은 피해 의식을 심어 주었을 것이다. 또 그 모든 이야기에는 이 모든 불행을 일으킨 장본인으로서 다윗의 이름이 어두운 그림자처럼 덮여 있었을 것이다. 므비보셋의 아버지와 할아버지가 블레셋인들에게 죽임을 당한 것은 결국 다윗 때문이었다. 만일 다윗이 없었더라면, 사고도 없었을 것이고 므비보셋이 이렇게 평생 장애를 안고 살아야 하는 신세가 되지도 않았을 것이다. 그들이 로드발에 숨어서 이렇게 비참하게 사는 것은 결국 다 다윗 때문이었다. 이처럼 므비보셋은 다섯 살 때부터 다윗이 악당과 원흉으로 등장하는 이야기를 들으며 마음속에 쓰라림을 키웠다. 므비보셋은 다섯 살 때부터 자신의 불행의 원인을 밖에서 찾고, 남을 비난하고, 세상을 향한 원한 속에 갇혀 자신의 참된 정체성과 자신이 처한 삶의 한계 문제를 회피하는 데 익숙했다. 그리고 그에게 있어 그토록 험악하고 비열하고 무정한 세상은 곧 다윗의 얼굴이기도 했다.

### ✣ 므비보셋 2

두 번째 므비보셋 이야기는 그로부터 여러 해 후에 나온다. 이제 므비보셋은 성인이고, 그 때 그 사고로 인해 여전히 지독한 장애를 지닌 채였다. 게다가 쓰라림을 심화시켜 주는 이야기를 들으며 자란 까닭에, 그의 영혼 역시 지독한 장애를 안고 있었다. 그는 자신의 이름의 뜻인 '지독한 치욕'을 그대로 살아 내고 있었다.[1]

그런데 어느 날 낯선 사람들이 그를 찾아 로드발에 왔다. 그들은 그를 만나 예루살렘에서 다윗 왕이 그를 찾는다고 전해 주었다. 다윗 앞에 출두하라는 명령에 그는 공포밖에 느낄 수 없었다. 그 출두 명령에 대해서는 오직 한 가지 해석만이 가능했다. 다윗이 나라 전체를 샅샅이 뒤져 남아 있는 사울의 후손을 찾아내서, 장차 자신의 왕국에 위협이 될지 모를 그들을 모조리 제거하기로 작정한 것이다. 다윗은 전에 사울의 핍박 때문에 너무도 고생을 많이 한 사람인지라, 장차 반란의 불씨가 될지 모를 요소를 철저히 없애기로 단단히 마음먹은 것이다. 그래서 결국 나—므비보셋—를 찾아내고 말았다.

므비보셋은 당나귀를 타고 예루살렘으로 인도되었다. 한 걸음 한 걸음 예루살렘에 가까워질 때마다 므비보셋은 닥쳐올 운명에 몸을 떨었다. 희생자로 비참하게 살아 온 내 인생은 이제 피비린내 나는 사형으로 끝나는구나.

다윗 앞에 선 순간, 거의 분명히 므비보셋은 최악—사형 선고—을 기대했을 것이다. 그가 최악밖에 기대할 줄 몰랐던 것은, 오랜 세월 동안 최악을 곱씹으며 살아왔기 때문이다. 그 동안 너무도 자주 또 너무도 철저히 내팽개침을 당했기 때문에, 그는 더 이상 눈을 들어 다른 사람—왕은 말할 것도 없이—을 쳐다보지 못했다. 왕의 피를 이어받은 왕족이었음에도 말이다. 그러한 왕족의 피는 이미 오래 전에 굳어 버렸다. 므비보셋은 스스로를 왕족의 찌끼로 여겼다. 그는 다윗 앞에서 자신을 죽은 개라고 부르며 스스로를 인간 이하로 취급했다. 다윗 앞에서 비참한 공포를 느끼며 벌벌 떨었던 것이다. 그러나 두려워 떠는 므비보셋을 본 다윗은 그의 이름을 부른다. "므비보셋," 그리고 이런 뜻의 말을 건네며 그의 마음을 진정시켰다. "마음 푹 놓게. 걱정할 것 없다네"(삼하 9:6-7).

다윗의 궁전으로 인도된 므비보셋이 몰랐던 것은 그리고 늘 피해의식에 젖어 있던 그로서는 꿈조차 꿀 수 없었던 것은, 그는 그 곳에 다름 아니라 사랑받기 위해 와 있다는 사실이었다. 며칠 전 다윗은 신하들에게 남아 있는 사울의 후손이 있는지 물었다. 그것은 친구 요나단의 이름으로 사랑을 베풀기 위함이었다. 지금까지는 전쟁을 치르고 국가 안보를 확립하는 등 왕권을 다지는 일로 여력이 없었지만, 이제 본격적으로 왕업을 시작할 준비가 된 것이다. 그리고 그가 가장 먼저 한 일은 사랑이었다.

므비보셋은 지금 자신이 아는 세상에는 도무지 있을 수 없는 전혀 다른 왕 앞에 서 있다는 사실을 알지 못했다. 여기에는 그의 조부가 보여 주었던 편집증적 의심이 없었다. 사울의 궁전에 들끓던 광적인 질투심도 없었다. 다윗은 사울의 악한 통치가 남긴 혼란과 와해를 바로 잡았다. "다윗이 왕이 되어서 이렇게 온 이스라엘을 다스릴 때에, 그는 언제나 자기의 백성 모두를 공평하고 의로운 법으로 다스렸다"(삼하 8:15). 공평과 의. 이것이 바로 하나님이 통치자들을 세워 이루시려는 목적이다. 그리고 다윗은 그렇게 하고 있었다. 그러나 이 때만 해도 다윗 통치의 초창기였기 때문에, 벽촌 로드발에 숨어 살던 이 비극의 주인공은 아직 그 성군(聖君)에 대한 소문을 듣지 못했던 것이다.

게다가 므비보셋은 오래 전에 아버지 요나단과 다윗이 서로 사랑을 다짐하는 언약을 맺었다는 사실도 몰랐다. 요나단이 다윗을 도와 사울의 살인 음모를 피하게 해주었을 때, 다윗은 어떤 일이 있어도 요나단과의 의리를 지킬 것이며 요나단의 자손들에게도 같은 사랑을 베풀 것을 엄숙하게 다짐했다(삼상 20:14-15). 다윗과 요나단이 마지막으로 만났을 때 그들은 그들의 사랑을 자손들에게까지 이어지게 하자고 언약을 맺었다. 요나단이 다윗에게 한 마지막 말은 그 언약에 대한 다짐이었다. "잘 가게. 우리가 서로 주의 이름을 걸고 맹세한 것은 잊지 않도록 하세. 주께서 나와 자네 사이에서뿐만 아니라, 나의 자손과 자네의 자손 사이에서도, 길이길이 그 증인이 되실 걸세"(삼상 20:42). 그런데 이제 다윗 앞에 그 자손이 온 것이다. 비록 므비보셋은 알지 못했지만, 그는 다윗이 그 날 약속하고 언약했던 사랑의 대상이었다. 요나단에게서 그토록 아름답고 굳건한 사랑을 받았던 다윗은 이제 그 사랑을 요나단의 아들 므비보셋에게 베푸는 것이다.

여기서 다윗은 사랑하는 자로서 우리 앞에 등장한다. 그의 통치는 이미 공평과 의로움을 갖추었다. 그러나 다른 모든 자질을 비로소 완전하게 만드는 꼭 필요한 한 가지 요소는 사랑이다. '사랑'이라고 번역되는 이 '헤세드'(chesed)라는 히브리어는 사실 그보다 넓은 의미를 갖는다. 그것을 꼭 맞게 옮길 수 있는 단어가 없기에, 우리는 이 사랑이 갖는 특징과 범위를 표현하기 위해 그 앞에 형용사를 붙여 사용한다. 변함없는 사랑, 충성된 사랑, 언약을 맺은 사랑 등. 우리는 이런 형용사를 붙임으로써 이 '헤세드'라는 말에 우리가 때때로 부모와 자식, '연인'과 친구로서 경험하는 보통 사랑의 특징—애정, 갈망, 친밀감 등—이 포함된 동시에, 우리 자신과 다른 사람들에게서는 쉽사리 찾아보기 어려운 다른 요소들—항구성, 믿음직스러움, 변함없는 헌신, 한결같은 신뢰 등—이 융합되어 있음을 말하고자 하는 것이다. 성경에서 '헤세드'는 종종 하나님의 사랑을 지칭하는 말로 사용된다. 그러나 우리 인간들도 하나님의 형상대로 창조되었기에, 비록 썩 잘 하지는 못한다 해도 이러한 종류의 사랑을 할 수 있다. '헤세드'는 환경, 호르몬, 감정 상태, 개인적 편익 등의 변화에 구애받지 않는 사랑이다. 이것은 "하나님이 세상을 이처럼 사랑하사…"라고 할 때의 그 사랑이다. 이것은 우리가 "병들 때나 건강할 때나, 죽음이 우리를 갈라 놓을 때까지" 사랑하겠노라고 결혼 서약을 할 때 바라는 사랑이다. 모든 성경 기자들이 성경 밖의 허다한 증인들과 더불어 증거하듯이, 이런 종류의 사랑을 (비록 너무 너무 어렵지만) 시도하고 실천하는 것이야말로 생물학적 수준 이상의 삶을 살기 위한 절대적 필요 조건이다.[2)]

다윗은 그 날 바로 이러한 종류의 사랑으로 므비보셋을 사랑했다.

므비보셋은 이전에는, 혹은 적어도 오랜 세월 동안 이런 종류의 사랑을 받아 본 적이 없었다.

■ ■ ■

이 장면은 다윗의 생애에서 한 획을 긋는 결정적 순간 중 하나다. 이는 우리가 진정한/신성한 의미의 인간이 되기 위해서는 무엇을 갖추어야 하는지 가르쳐 준다. 이제 다윗은 자신이 받은 은사와 가진 힘을 어떻게 사용할 것인지 결정해야 할 위치에 있다. 질문은 이것이다. 그는 자신의 삶을 움직여 가는 수단으로 무엇을 선택할 것인가? 힘인가, 아니면 사랑인가? 그는 통제권을 쥐기 위해 조종하고 관리하는 사람이 될 것인가, 아니면 사랑하기 위해 관대하고 마음을 여는 사람이 될 것인가?

다윗은 요나단과 맺은 사랑의 언약을 지킬 방도를 찾으려 했을 때, 이 질문에 답한 것이다. 므비보셋을 데려와—권력에 대한 위협으로 보아 처단하려 하지 않고—사랑의 언약을 지킬 대상으로서 예우하기로 결정했을 때, 그는 이 질문에 답한 것이다.

요나단의 이름으로 사랑을 베풀기 위해, 사울의 가족('사울의 집안') 중에 남아 있는 자가 있느냐고 물었을 때, 사실상 다윗은 이렇게 물은 것이다. "내가 사랑하려 하는데, 원수의 진영에 남아 있는 사람이 없는가?" 그 때 다윗은 너무도 짧은 기간밖에 나누지 못했던 요나단과의 아름다웠던 사랑을 대신할 것을 찾고 있던 것이 아니다. 그는 사랑할 원수를 찾고 있었다.

다윗은 안정된 자리에 오르자 사랑할 방법을 찾는 데 자신의 힘을 쓴다. 요나단과 다윗이 언약을 맺었을 당시, 그들은 그들 중 누가 이스라엘의 왕이 될지 알지 못했다. 그러나 그들은 **어떠한 일이** 벌어진다 해도 사랑의 관계를 유지하기로 약속했다. 힘 겨루기가 아닌 사랑, 복수가 아닌 사랑, 편익 추구가 아닌 사랑 말이다.

■ ■ ■

다윗이 므비보셋에게 건넨 첫마디는 그 젊은이의 이름이다. 므비보셋을 한 사람의 인격체로 알아 준 것이다. 그는 단순히 이름 없는 유랑자가 아니다. 그는 단순히 어떤 희생자 부류가 아니다. 그에게는 이름—므비보셋—이 있고 다윗은 그것을 안다. 우리가 짐작한 대로, 그동안 그 이름이 치욕과 수치를 연상시켰다면, 또 호칭이라기보다는 욕설에 가까운 이름이었다면, 다윗이 왕다운 위엄과 사랑을 가지고 그 이름을 부를 때 그 모든 불명예는 완전히 닦여 나갔을 것이다. 두 사람이 처음 만난 이 이야기에서 그 이름은 일곱 번 사용되는데, 조롱이나 욕설의 느낌은 전혀 섞여 있지 않다. 이제부터 므비보셋은 어원(語源)이 아니라 언약에 따라서 규정될 것이다. 이제 그는 어휘 사전이 아니라 사랑에서 자신의 정체성을 찾을 것이다.

므비보셋. 한 개인의 이름. 우리는 일반인을 막연하게 사랑할 수는 없다. 어떤 부류를 뭉뚱그려 사랑할 수는 없다. 어떤 법령이나 법규에 입각해 사랑할 수는 없다. 우리는 오직 과거와 현재와 미래를 가진, 구체적인 이름을 가진 한 개인을 사랑할 수 있을 뿐이다. **므비보셋**을 말이다.

다윗이 므비보셋을 안심시키며 한 말에서 우리는 사랑의 본질을 발견할 수 있다. "겁낼 것 없다"(삼하 9:7). 우리는 성경 전체에서 이 구절을 자주 만난다. 그것이 자주 등장하는 데는 그럴 만한 이유가 있다. 삶에는 두려운 것이 많기 때문이다. 우리는 계속해서 우리보다 더 많은 힘을 가진 사람들을 만난다. 그들은 그 힘과 권력을 어떻게 사용할 것인가? 우리를 깔아뭉개고 학대하고 이용하고 해치우는 데 사용하지는 않을까? 우리는 조심하고 방어 태세를 갖추는 법을 배운다.

우리는 이런 경험을 지닌 채 하나님 앞에, 힘과 신비의 하나님 앞에 선다. 그분은 우리를 어떻게 대하실 것인가? 우리를 벌주시고 멸하시고 우리의 자유를 앗아 가시지는 않을까? 사람들에게서 경험한 바에 비추어 볼 때, 이는 분명 가능한 일일 뿐더러 충분히 있음직한 일이기도 하다. 그래서 우리에게는 안심을 시켜 주는 말이 필요한 것이다. "마음 푹 놓아라. 염려할 것 없다." 하나님의 좋은 소식을 전하는 대사인 천사들도 자주 이 말을 했다. 예수님도 겁먹고 어쩔 줄 몰라 하는 사람들을 하나님의 임재 앞으로 인도해 주시며 종종 이 말씀을 하셨다. 여기서 다윗도 이 말을 하고 있다.

우리가 살펴본 대로, 므비보셋에게는 그 때 다윗을 죽도록 무서워할 이유가 충분히 있었다. 다윗이 사울 가문의 마지막 흔적인 자신을 잡아 없애려 한다고 생각하지 않을 이유가 없었다. 그러나 "겁내지 말라"는 복음의 말씀은 그로 하여금 들었던 무기를 내려놓게 했고 사랑을 맞이할 준비를 갖추게 해주었다.

다윗이 므비보셋에게 조부 사울의 모든 소유지를 넘겨 주어 자활할 수 있게 해주었을 때, 그는 **사랑**이라는 말에 내용을 채워 넣은 것이다. 다윗은 전에 사울의 종이었던 시바로 하여금 므비보셋의 농지와 업무를 돌보게 했고, 므비보셋을 가족의 한 사람으로 받아들였다. 이것이 바로 사랑의—**느낌**이 아니라—**모습**이다. 관대하게 아낌없이 넘치도록 내어 주는 사랑 말이다. 언약 속에서 싹을 틔웠던 사랑은, 오랫동안 잃어버린 상속자를 찾아내어 몰수된 토지를 되찾아 주고 매일같이 함께 왕의 식탁에 함께하게 하는 사랑으로 원숙하게 성장했다. 이런 사랑은 연하장을 보내는 정도의 감상이 아니다. 그것은 질 좋은 토지 위에 굳건히 세워져 있고 매일 세 끼 식사로 더욱 굳세어져 가는 사랑이었다.

### ✣ 므비보셋 3

세 번째 므비보셋 이야기는 여러 해 후 압살롬이 반역을 일으켰던 기간(삼하 16-19장)에 나온다. 므비보셋은 영예로운 다윗가(家)의 한 사람으로서 왕과 함께 식사를 하고 왕의 아들처럼 대우를 받으며 오랫동안 살았다. 그는 사랑의 집에서 사랑을 받는 자로 살았다.

이제 우리는 그가 과연 사랑하기를 배웠는지 궁금해진다. 므비보셋은 과연 변했을까? 예전의 그 쓰라린 마음은 다 떨쳐 버렸을까? 그는 위엄과 왕족다운 긍지를 회복할 수 있었을까? 이제는 매일같이 사랑을 받으며 살게 되었으므로 예전에 유모의 이야기가 끼쳤던 해독은 다 사라졌을까?

아니면 계속 피해 의식에 붙잡혀 살았을까? 겉으로는 다윗의 호의를 받아들이는 것 같지만, 속으로는 다윗이 자신을 집안으로 들인 진짜 이유는 자신을 늘 감시하고 사울 추종자들이 자신을 중심으로 결집하지 못하도록 하기 위한 것이라고 의심했을까? 혹은 자신은 지금 일반 대중에게 다윗의 너그러움을 홍보하는 '벽보용 모델'로 이용되고 있다고 생각했을까? 다윗의 호의는 블레셋 킬러라는 다윗의 옛 이미지를 좀더 부드럽고 온화한 이미지로 대체하기 위한 홍보 전략의 일환에 불과하다고 냉소적으로 바라보았을까?

이 모든 것이 다 가능한 반응이다. 그런데 이야기의 화자는 그 중에 어느 것이 므비보셋의 반응이었는지를 분명히 밝히지 않는다. 이런 모호함은 의도적인 것인데, 이는 관대한 사랑이라고 해서 반드시 진실한 감사의 보답을 받는다는 보장은 없다는 사실을 우리에게 가르치기 위한 것이다. 모든 사랑이 다 그에 상응하는 보답을 받는 것은 아니다. 아니, 대부분은 그렇다는 말도 할 수 없다. 사랑의 언약을 살아 내는 일에서 우리는 현실을 직시할 필요가 있다. 사랑의 언약을 지키는 일은 위험을 무릅써야 하는 일이다. 우리는 이용당할 수 있다. 우리는 배신당할 수도 있다. 예수님이 그런 일을 당하셨고 지금도 당하신다. 아마 다윗도 그랬을지 모른다.

■ ■ ■

다윗의 사랑을 헤아려 볼 때 우리는, 므비보셋에게로 돌아와 그가 다윗의 사랑에 어떻게 반응했을지 생각하게 된다. 그는 사랑으로 보답했을까? 다윗의 식구로 받아들여진 것에 대해 기뻐했을까? 요나단과 맺은 언약을 지키며 자신에게 복을 베푸는 다윗에게 고마워했을까? 아니면, 계속 옛날의 악감정을 품고 다윗의 사랑을 왜곡되게 해석하여 피해자로서의 자신의 가엾은 운명을 강화하고 드러냈을까? 다윗의 호의 아래에서, 그 은근한 구속에서 구출되어 사울의 합법적 후계자인 자신이 언젠가 다시 영광의 보좌에 오를 대 역전의 날을 꿈꾸며 쓰라린 나날을 보냈을까?

본문에는 이러한 두 가지 가능성을 각각 뒷받침해 주는 두 가지 이야기가 있다. 첫 번째는 과거 사울의 종이었다가 이제는 므비보셋을 섬기는 책임을 맡고 있는 시바가 들려준 이야기다. 시바의 이야기는 므비보셋이 다윗을 배신했다며 고소하는 내용이다. 두 번째는 므비보셋 자신이 한 이야기로서, 다윗에 대한 자신의 충실한 사랑을 밝히는 내용이다.

두 이야기는 다윗이 압살롬의 반역으로 인해 예루살렘에서 도망쳤다가 돌아온 사건을 배경으로 한다. 압살롬 반란 사건은 내란이다. 압살롬은 아버지를 권좌에서 내쫓고 왕이 된다. 상황은 전적으로 다윗에게 불리하게 돌아가고 있다. 그는 몇몇 충성스러운 신하들만을 거느린 채, 저주와 악담을 듣고 수치를 당하며 예루살렘에서 탈출한다. 시바는 그 탈출의 밤에 자신의 상전이 어떻게 행동했는지에 대해 다윗에게 고한다(삼하 16:1-4). 그 후에 벌어진 전쟁에서 압살롬은 죽임을 당한다. 다윗은 환호와 축복 속에서 승리의 행진을 벌이며 예루살렘으로 돌아온다. 승리의 재입성을 하고 있는 다윗에게 므비보셋은 자신의 이야기를 들려준다(삼하 19:24-30).

시바는 다윗이 예루살렘에서 탈출할 때 합류한다. 그는 "너의 상전은 지금 어디에 있느냐?"는 다윗의 물음에, "므비보셋은 지금 이 혼란과 무정부 상태가 자신이 왕이 될 호기일지 모른다고 생각하고 예루살렘에 그대로 남아 있다"고 대답한다. 다시 말해, 시바의 말은 이것이다. "므비보셋은 당신을 배신했습니다. 그는 배신자입니다. 그는 왕이 될 기회를 포착하고서 그것을 움켜쥐었습니다. 그러나 **저는** 당신 편입니다. 아무리 어렵고 힘든 시기에도 저는 당신과 함께할 것입니다." 다윗은 더 묻지 않은 채 시바의 이야기를 사실로 받아들이고, 그 자리에서 므비보셋의 모든 소유지를 시바에게 넘겨준다고 선언한다.

그러나 여러 날 후 반란이 평정되고 예루살렘으로 돌아오는 길에 다윗은 전혀 다른 이야기를 듣는다. 므비보셋은 자신도 다윗을 따라 예루살렘을 떠나기 위해 준비를 했는데 시바가 자신을 배신하는 바람에, (제대로 걷지 못하는 그로서는) 탈것이 없어서 꼼짝 못 했다고 말한다. 므비보셋의 행색은 그의 이야기가 진실임을 확증해 준다. 수염도 깎지 않고 옷도 한 번 갈아입지 않은 듯한 그의 모습은 분명 다윗이 없는 동안 비탄 속에서 지낸 자의 행색이다. 분명 왕으로 옹립되기를 꿈꾸며 지난 며칠을 보낸 사람의 행색은 아니다.

자, 그렇다면 누구의 이야기가 진실인가? 시바인가, 므비보셋인가? 이 이야기를 읽는 독자들 대부분은 자연스레 므비보셋 편에 서게 되지만, 화자는 고의적으로 최종 판결을 보류하고, 그럼으로써 다윗의 반응을 돋보이게 만든다.[3)]

전에 다윗은 므비보셋을 고발하는 시바의 이야기를 그대로 믿었다. 하지만 이제 므비보셋의 이야기도 듣게 된 그로서는 두 이야기 중 하나는 진실이 아니라는 것을 알았을 것이다. 그런데 여기서 우리는 아주 뜻밖의 반응을 만나게 된다. 다윗은 누구의 말이 진실인지를 **따지려** 하지 않았던 것이다. 그는 반대 신문도 하지 않았고 증인을 불러오게 하지도 않았다. 그는 그저 두 사람 모두를 자신의 도시와 집으로 다시 받아들였다. 그의 사랑은 배신과 무책임, 거짓말과 위선을 포용할 수 있을 만큼 크고 넓었던 것이다.

이는 독특한 다윗의 특징, 곧 복음의 예기(anticipation)다. 전에 다윗은 자신의 힘있는 지위를 이용해 므비보셋을 찾아냈다. 관대한 사랑의 **언약**을 지키는 일에 자신의 힘을 사용한 것이다. 사랑은 부패하지 않은 권력을 통해 거침없이 흘러나왔다. 다윗은 자신을 구원하신 하나님의 사랑을 가지고 므비보셋을 대했다.

다윗은 므비보셋에게 두 번째 사랑의 행위를 베푸는 상황에서, 전쟁으로 인해 몹시 지쳐 있다. 그는 생애 최악의 거절과 배신을 겪고 거의 죽을 뻔했고 아들의 끔찍한 죽음으로 인해 비탄에 빠져 있으며 믿었던 많은 친구들로부터 버림받았다. 이런 다윗 앞에 지금 므비보셋―시바에 따르면(삼하 16:3) 다윗을 배신한 자―이 서 있다. 다윗은 지난 며칠 동안 너무도 많은 변절, 너무도 많은 배신을 당했다. 므비보셋 역시 그의 사랑을 저버린 또 한 사람의 배신자가 아니겠는가? 친아들에게서도 배신을 당한 판국인데, 하물며 합법적 왕위 계승자인 므비보셋이랴?

그러나 다윗은 문제 삼지 않는다. 그는 더 알려고 하지 않는다. 그는 므비보셋의 말을 액면 그대로 받아들이며(삼하 19:26-28) 그를 끝까지 믿어 준다. 그는 므비보셋을 사랑하되 끝까지 사랑한다. 나라는 쑥대밭이 되고 다윗 자신도 약해질 대로 약해져 있지만, 그의 사랑은 여전히 강하다. 그의 사랑은 언약이라는 강철 버팀대가 있어서 언제나 견고하고 한결같으며 헌신적으로 지켜 주는 사랑이다.

■ ■ ■

나는 언제나 이 이야기를 사랑한다. 내가 이 이야기를 사랑하는 까닭은, 내게 바로 이런 이야기가 필요했기 때문이다. 내게는 다윗 같은 사람들이 필요했다. 처리해야 할 일로 바쁘고 까다로운 사람들과 반항하는 자녀들을 다루며 온갖 시련과 유혹에 대처하는 등 힘겨운 삶의 와중에서도 별 볼일 없는 낯선 이에게 기꺼이 사랑을 베풀기로 결정하고, 그 다음에는 무슨 일이 있어도 그 사랑을 한결같이 지켜 가는 사람들 말이다.

그리고 이 다윗과 므비보셋 이야기를 사랑하는 또 다른 까닭은, 내가 속한 삶의 이야기들 속에서 나는 계속해서 그 이야기의 반영과 반향을 보고 듣고 있기 때문이다. 우리와 같은 인간들도 때로는 권력과 성공의 마수에 굴하지 않고, 우리에게 등을 돌리고 배신할 가능성이 농후한 사람에게조차도 상처받을 위험을 무릅쓰고서 사랑을 베풀기도 한다. 이는 복음과 같은 기적이 아닐 수 없다. 누군가 용기를 내어 그러한 사랑을 시도할 때마다 복음은 한 번 더 선포되는 것이며, 그럴 때마다 우리는 하나님 나라를 전보다 더 잘 믿을 수 있게 된다.

# 17. 죄
## 다윗과 밧세바

사무엘하 11-12장

> 예수께서 몸을 일으켜, 여자에게 말씀하셨다.
> "여자여, 사람들은 어디에 있느냐? 너를 정죄한 사람이 하나도 없느냐?"
> 여자가 대답하였다. "주님, 한 사람도 없습니다."
> 예수께서 말씀하셨다. "나도 너를 정죄하지 않는다.
> 가서, 이제부터 다시는 죄를 짓지 말아라."
> – 요한복음 8:10-11

다윗과 관련해서 사람들이 결코 잊지 못하는 두 이름이 있다. 아무리 성경에 대해 무지한 사람이라도 이 이름들만은 알고 있다. 하나는 거인 골리앗이고 또 하나는 여인 밧세바다. 그들은 신체적 특징상 서로 극과 극을 이룬다. 추하고 잔인한 거인 골리앗과 아름답고 부드러운 밧세바. 악한 폭군 골리앗과 죄 없는 희생자 밧세바. 성격과 외모와 정신 측면에서는 골리앗과 밧세바가 서로 다르지만, 다윗과의 관계 측면에서는 유사점이 있다. 그 둘은 모두 다윗을 일종의 시험장, 곧 그의 속마음이 어떠한지를 드러내는 만남의 자리로 데려간다.

그 거인과 여인을 만날 당시 다윗의 상황은 완전한 대조를 보인다. 다윗과 골리앗 이야기는, 다윗이 아직 어리고 무명이었으며 세상 경험이 많지 않았던 시절에 일어난 일이다. 반면 다윗과 밧세바 이야기는 다윗이 나이가 충분히 들고 그간 겪어 온 많은 힘겨운 시련을 통해 백성들로부터 충직한 친구요 용기 있는 지도자요 지혜로운 왕으로 인정받고 있던, 그의 생애 최대의 전성기 시절에 일어난 일이다.

골리앗과의 만남은 다윗이 기도의 사람이었음을 드러내 준다. 그는 보이는 거인보다 보이지 않는 하나님에게 훨씬 더 많은 영향을 받는 사람이다. 다윗은 심지어 어린 시절에도 기도의 삶―내면으로부터 흘러나오는 삶, 즉 믿음과 신뢰와 간구의 내적 운동이 순종과 정의와 사랑의 외적 행동을 일으키는 삶―을 산 사람으로서 드러났다.

그리고 다윗은 밧세바와의 만남을 통해, 기도하는 사람으로서의 정체성을 회복하게 된다. 그런데 이번 이야기는 한층 복잡하다. 왜냐하면 그간 숱한 전투와 실패와 낙심을 경험한 다윗은 이제 더 이상 순진한 어린아이가 아니기 때문이다. 여전히 하나님은 그의 삶의 일부이시다. 하지만 이제 그의 삶은 그 안에 죄와 은혜가 서로 복잡하게 뒤엉켜 있는 다층의 구조를 가진 삶이다.

### ✢ 죄짓는 다윗

봄이다. 다윗의 군대는 당시의 관습에 따라 이웃 부족과 싸워서 물건을 빼앗아 오기 위해 출전 중이다. 그러나 다윗은 뒤에 남았다. 이제 왕으로서 위치가 굳건해진 그로서는 더 이상 전장에서 실력을 증명해 보일 필요가 없다. 게다가 이것은 중요한 전쟁도 아니다. 그러나 부하들은 전쟁터에 나가 있는데 다윗은 그저 후방에 남아 있다는 대목에서 우리는 좋지 않은 일의 전조를 느끼게 된다. 집에 남았다는 것은 그의 영혼의 빈혈 증세를 보여 주는 것이 아닐까? 그는 지금 **삶**으로부터 뒤로 물러선 것이 아닐까? 뜨거운 기도와 담대한 신앙의 삶으로부터 말이다. 우리는 오래 기다릴 것도 없이 곧 이에 대한 답을 듣게 된다.

어느 날 오후 다윗은 근처 집들의 안뜰이 내려다보이는 궁전 옥상을 거닐다가 우연히 한 여인이 목욕하는 장면을 목격한다. 그녀는 너무도 아름답다. 그는 그녀를 데려오게 해서 잠자리를 같이 하고, 그 다음에는 내팽개치듯 그녀를 돌려보낸다. 그녀의 이름은 밧세바다. 그녀의 남편 우리아는 그 때 싸움터에 나가 있었다. 한 달쯤 지났을 때, 밧세바는 자신이 임신한 사실을 알고 다윗에게 전갈을 보낸다(삼하 11:5). 이제 문제를 다루는 데 능수 능란해진 다윗은 우리아를 전쟁터에서 불러들여 그에게 한 달의 휴가를 줌으로써 이 문제를 해결하려 한다. 우리아는 곧장 집으로 가서 아내와 잠자리를 같이 할 것이고, 그러면 장차 태어날 아이는 당연히 우리아의 아이로 여겨지리라 생각한 것이다. 그러나 충직한 군인인 우리아는, 동료들은 지금 전쟁터에서 고군분투하고 있는데 자신은 아내와 즐거운 시간을 갖는다는 것이 영 내키지 않는다. 그래서 그는 다윗 궁전의 문간에서 잔다. 계략이 먹혀들지 않자 다윗은 요압 장군에게 보내는 편지 한 통과 함께 우리아를 다시 전쟁터에 보낸다. 그 편지에는 요압에게 우리아를 거의 죽을 것이 확실한 전방에 배치시키라고 명령하는 내용이 적혀 있다. 요압은 그러한 음모를 내심 반기며 지시대로 실행한다. 다음 날 전투에서 우리아는 전사한다. 그의 죽음을 알리는 전갈이 다윗에게 도착한다. 애도의 기간이 끝나자 다윗은 밧세바를 데려와 그녀와 결혼한다.

우리는 놀란다. 다윗이 어떻게 이럴 수 있는가? 순간적인 정욕의 발동으로 시작한 것이 나중에는 급기야 극악 무도한 성-살인죄로까지 발전한다. 어떻게 해서 이 지경까지 이른 것인가? 죄가 대부분 그렇듯이, 다윗의 죄 역시 은밀하고 점진적인 과정을 거친다.

이야기의 화자는 도덕적 의미가 없는 듯한 단어를 솜씨 있게 반복 사용함으로써 교묘하게 우리로 하여금 상황을 파악하게 한다. 바로 '보내다'라는 단어다. 우리는 여기서 그것이 도덕적 판단과 결부되어 사용되고 있음을 점차 깨닫게 된다. 이 이야기에서 그 단어는 힘의 비인격적 사용을 나타낸다. 이 동사가 사용된 용례를 하나씩 살펴보면, 우리는 사랑하고 순종하던 다윗이 교활하고 잔인한 다윗으로 타락한 과정을 추적할 수 있다. 매번 그 동사가 쓰일 때마다, 그는 애정을 갖고 남에게 귀 기울이며 사람들과 친밀한 관계를 맺던 다윗에서, 사람들과 관계를 끊고 오히려 그들 위에 군림하여 명령하고 힘을 부리는 다윗으로 변한다.

성경 본문은 "다윗이 요압[을]…**보내니**"(삼하 11:1)라는 짧은 구절로 시작된다. 그 단어는, "다윗이 신하를 **보내서**" 밧세바에 대해 알아보게 했을 때 힘을 더한다(삼하 11:3). "다윗이 사람을 **보내어서**" 밧세바를 데려오게 했을 때(삼하 11:4) 이야기는 점점 복잡해진다. 이러한 '보내는 행위'들이 냉혹한 권력의 행사라는 것은, 사무엘하 11:6에서 '보내다'

가 무더기로 쓰인 데서 분명해진다. "다윗이 그 소식을 듣고는, 요압에게 전갈을 **보내어**, 헷 사람 우리아를 왕궁으로 **보내게** 하였다. 요압이 우리아를 다윗에게 보내니." 자신의 계략이 완수되자, "다윗이 사람을 **보내어서**" 밧세바를 데려왔고 그녀와 결혼했다(삼하 11:27).

이 이야기에서 보내다가 쓰인 다른 두 번의 경우는, 다윗이 아무리 왕권을 마구 휘둘러댄다 하더라도 그가 모든 것을 지배할 수는 없다는 진실을 확인시켜 준다. 밧세바는 "다윗에게 사람을 **보내서**" 자신이 임신한 사실을 알렸고(삼하 11:5), 요압은 "다윗에게 사람을 **보내서**" 전쟁 상황을 알리며 자신은 다윗의 흉계를 알고 있는 사람임을 주지시켰다(삼하 11:18). 밧세바의 아기 밴 자궁과 교활하고 음흉한 요압의 마음은 다윗의 지배력이 미치지 않는 범위였던 것이다.

**보내다**가 마지막으로, 그리고 결정적으로 쓰인 곳에서 하나님의 주권이 이야기에 등장한다. "주께서 예언자 나단을 다윗에게 **보내셨다**"(삼하 12:1). 사람들의 삶에 대해 '하나님 노릇'을 했던 다윗의 탈선은 이것으로 끝난다. 하나님, 오직 하나님만이 진정한 주권자이시기 때문이다."

■ ■ ■

이것이 다윗과 밧세바 이야기다. 이것은 수세기에 걸쳐 조금씩 다른 형태로 수없이 반복되고 반복되어 왔던 이야기다. 범죄 이야기들은 서로 비슷비슷하다. 사실 모든 죄란 결국 같은 주제—스스로 신이 되려는 것, 자신의 삶을 제멋대로 하려는 것, 다른 사람의 삶을 지배하려

드는 것—를 여러 가지 방법으로 되풀이해서 말하는 것에 불과하기 때문이다. 그런데 그 방법의 수는 한정되어 있기에, 다윗과 밧세바 이야기를 읽는 사람은 누구라도 별 어려움 없이 그 속에서 자신의 모습을 발견하게 된다. 이 이야기에서 실제든 상상이든 자신의 모습을 발견하게 되는 것은 그리 놀라운 일이 아니다. 우리는 모두 죄인이기 때문이다. 죄의 세부 사항에 관해서는 다르겠지만 죄를 짓고 또 짓고 있다는 사실에서는 다윗과 우리가 서로 다를 바가 없다. 자신이 다윗과 동일한 부류의 죄인임을 인정하는 순간, 우리는 비로소 진정한 놀라움을 맞이할 준비를 갖추게 된다! 죄 이야기 속에서 솟구쳐 올라오는 복음 이야기를 맞이할 준비를 갖추게 되는 것이다.

### ❖ 설교하는 나단

이 이야기의 복된 전환점은, 다윗의 목사 나단이 등장하여 그에게 설교를 들려줄 때다. 다윗은 설교를 들으면서도 자신이 지금 설교를 듣고 있다고 생각하지 못한다. 왜냐하면 그는 회중석에 앉아 있지 않고 나단 역시 강단에 서 있지 않기 때문이다. 그 설교에는 하나님의 이름도 명확히 언급되지 않고, 회개하는 사람은 제단 앞으로 나오라는 초청도 없다. 나단은 이 일에 능숙하다. 그는 눈치채지 못하게 가만히 먹이에 접근한다. 그는 짧고 단순한 이야기를 하나 들려준다. 그 이야기는 다음과 같다. 많은 양을 가진 부자가 있는데 그는 손님들을 위해 식탁에 올릴 양이 필요하다. 그는 자기 양을 잡지 않고 잔인 무도하게 이웃집 가난한 사람이 가진 한 마리밖에 없는 소중한 양을 빼앗아 그것으로 손님들을 접대한다. 그 이야기 속에 빨려 들어간 다윗은 그 부자의 잔인 무도함에 몹시 분개하며, 의로운 재판관으로서 그에게 사형 선고를 내린다. 그러자 나단은 냅다 달려든다. "임금님이 바로 그 사람입니다"(삼하 12:7).

이것이 바로 복음이 겨냥하는 초점이다. **당신이** 바로 그 남자다. **당신이** 바로 그 여자다. 복음은 결코 누군가 다른 사람에 관한 것이 아니다. 그것은 언제나 당신 자신에 대한 것, 나 자신에 대한 것이다. 복음은 결코 어떤 사상이나 문화나 상황에 대한 논평이 아니다. 복음은 언제나 실제 사람, 실제 고통, 실제 문제, 실제 죄에 대한 것이다. 당신과 나에 대한 것, 당신의 정체와 당신이 저지른 일 그리고 나의 정체와 내가 저지른 일에 대한 것이다.

우리는 이러한 초점을 잃어버리고 복음을 그저 일반적 선언, 막연한 견해, 종교적 분개 정도로 희석시키기 쉽다. 또 실제 그런 일이 잦다. 다윗이 바로 그렇다. 그는 목사의 설교를 다른 사람에 대한 설교로, 다른 사람의 죄와 다른 사람의 곤경에 대한 이야기로 듣는다. 이런 식의 종교적 반응은 쓸모가 없다. 그것은 대학 기숙사 잡담 시간의 종교, 텔레비전 프로그램의 종교, 토크쇼의 종교다. 그것은 저만 의로운 도덕적 율법주의의 종교, 남을 손가락질하는 비난과 책망의 종교다.

나단의 설교를 한 마디 한 마디 들을수록, 다윗은 점점 더 종교적이 되어 간다. 애지중지하는 양을 잃은 가난한 사람에 대해서는 동정심을 느끼고 그 양을 빼앗은 부자에 대해서는 분개한다. 동정심과 분개는 우리가 끝도 없이 즐길 수 있는 종교적 감정으로서, 우리에게 굉장한 우월감을 불어넣어 주지만 정작 우리의 삶은 조금도 변화시키지 못한다. 다윗은 동정하며 분개하며 매순간 더 종교적이 되어 가고 도덕적 감상(感傷)의 거대한 진창에 빠져든다.

그런데 갑자기 복음이 정확히 초점을 맞춘다. 당신이 바로 그 사람이다—바로 **당신이**.

이것이 바로 설교자들이 해야 할 일이다. 우리를 향해 초점을 돌리는 것 말이다. 설교의 예술이란, 우리의 삼인칭 방어망을 피해 돌아와서 이인칭으로 냅다 찌르고 그것이 일인칭 반응을 이끌어내는 것이라 할 수 있다. 나단은 이 예술의 명수였다.

다윗은 이제 복음의 초점에 있다. 그 개인적인 도전에 그는 개인적으로 응답한다. "내가 주께 죄를 지었습니다"(삼하 12:13). 그는 막연한 종교심을 버린다. 그는 이제 다른 사람의 삶에 대해 이러쿵저러쿵 판단하기를 그만두고, 하나님 앞에서 자신이 누구인가를 깨닫는다. 그는 바로 죄인이다! 문제 있는 사람, 도움이 필요한 사람, 하나님이 필요한 사람이다.

## ✧ '펠릭스 쿨파'

복음을 모르는 사람들이 흔히 오해하는 것들 중의 하나—아마도 이것이 가장 흔한 오해일 것이다—는 다음과 같다. 그들은 죄를 고백하는 것이 자신이 굉장히 나쁜 사람이라며 자신을 비하하는 고백을 하는 것인 줄 안다. 그러나 죄의 고백은 '자신을 괴롭히는 것'과 전혀 상관이 없다. 복음을 아는 사람들은 "내가 주께 죄를 지었습니다"라는 선언이, 실은 소망이 가득 담긴 선언이라는 사실을 안다. 그 이유는 그것이 바로 하나님으로 가득 찬 선언이기 때문이다.

아우구스티누스가 한 말로 여겨지는 라틴어 어구 '펠릭스 쿨파'(felix culpa)는 이 소망을 슬로건으로 표현한 것이다. "오, 경사스런 죄여!"(O happy sin!) 나의 죄를 인지하고 고백할 때에야 비로소 나를 나의 죄로부터 구원하시는 하나님을 인지하고 응답할 수 있게 되는 것이다. 만일 나의 죄에 대해 무지하거나 무관심하다면, 나는 저 위대한 복음의 핵심에 대해서도 무지하고 무관심할 것이다. 바로 "예수께서 구원하신다!"는 소식에 대해서 말이다.[2)]

그리스도인이 해야 할 가장 주된 임무는 죄를 **피하는** 것이 아니라—이는 결국 불가능하다—내가 범한 죄를 **인지하는** 것이다. 우리가 죄인이라는 사실은 말 그대로 사실이다. 그러나 죄에는 터무니없이 자기를 기만하는 속성이 있기에, 여기에 사탄의 기만 책동까지 합세하면 자신의 죄를 인지하는 일은 그만큼 더 어려워진다.

우리가 자신의 죄를 있는 그대로 직시하기 싫어하는 이유는, 스스로를 신이라고 생각해 왔던 환상을 잃어버리고 싶지 않기 때문이다. 그리고 내가 나의 삶과 행동을 마음대로 하는 신이 아니라면 나는 무엇인가 하는 두려움이 있기 때문이다. 그러나 이와 같은 이야기들은 그러한 죄 공포증으로부터 우리를 자유롭게 해준다. 죄가 발견될 때 우리는 죄를 지었다는 두려움으로 인해 자주 정죄감을 느낀다. 그러나 그 이야기—하나님 이야기, 다윗 이야기, 예수님 이야기—곁에 계속 머물기만 한다면 오래지 않아 서서히 혹은 갑자기 그 정죄감은 사라지고 놀라운 은혜와 자비와 용서를 깨닫게 된다. 죄가 제거되면 우리는 전보다 부족한 존재가 될 것이라고 생각한다. 그러나 실제로는 더 큰 존재가 된다.

그래서 우리는 새를 탐구하듯이 죄를 탐구하는 법을 배워 간다. 즉 일종의 기대감과 즐거움을 가지고 죄를 찾아 나서는 것이다. 왜냐하면 죄를 발견하는 매순간은 은혜를 받기 직전도 되기 때문이다. 그러므로 이제 회개의 명령은 경고나 위협이 아니라 정직할 수 있게 하는 격려, 열린 곳으로 나와 "치료하는 광선"을 발하는 "의로운 해"(말 4:2)를 맞이하라는 초대가 된다. 이것은 많은 사람들을 부인(否認)이나 죄책감 속에 가두는 침울한 도덕주의와는 너무도 대조적인, 그야말로 복된 소식이 아닐 수 없다. 참으로 '펠릭스 쿨파'인 것이다!

인간됨의 가장 근본적이고 기본적인 조건은 하나님이다. 인간은 하나님에 의해 창조된다. 인간은 하나님에 의해 구속된다. 인간은 하나님에 의해 복을 받는다. 인간은 하나님에 의해 부양된다. 인간은 하나님에 의해 사랑받는다. 죄는 인간됨의 이러한 기본 조건을 부인하거나 알지 못하거나 회피하는 것이다. 죄는 스스로 신이 되려 하거나 스스로를 위해 신을 만들려 하는 인간의 뒤틀린 의지를 가리킬 때 사용하는 단어다. 본질적으로 죄는 인간의 나쁜 행동을 가리키는 도덕 용어가 아니라, 하나님에 대한 거부와 신인 양 행세하는 것을 가리키는 영성 용어다.

인간이 죄를 너무도 자주 짓는다는 사실은 참 놀라운 일이다. 죄는 언제나 인간의 삶을 왜소하게 만드는데도 그렇게 하니 말이다. 그러나 인간에게 죄지을 수 있는 역량이 있다는 사실은 전혀 놀라운 일이 아니다. 왜냐하면 사랑과 자유의 본질상 그것은 필수적이기 때문이다. 사랑과 자유는 하나님이 창조하신 인간됨이 갖는 양면이다. 강요된 사랑은 사랑이라 부르기 어렵다. 강제된 자유는 결코 자유가 아니다. 하나님이 인간을, 하나님의 사랑을 경험하고 자유롭게 사랑하며 하나님의 자유를 경험하고 자유롭게 사랑하는 존재로 창조하시려 했다면, 인간에게는 반드시 사랑하지 **않을** 역량, 자유롭지 **않을** 역량도 있어야 한다. 우리가 이러한 선택권을 부정적으로 사용하면 그것이 어떤 행동 양식으로 표출되든지 우리는 죄인이 된다.

다윗의 목사 나단은 설교를 통해 바로 이 점을 지적한다. 하나님은 뒷전으로 물러서셨고 다윗이 전면에 나서서 설치고 있다. 다윗이 커진 만큼 하나님은 작아지신다. 하나님께 주목하지 않는 만큼 점점 더 다윗은 자신이 마치 신이라도 된 듯이 행세한다. 밧세바의 신이라도 되는 양 그녀를 끌어다가 자신에게 종속시키고, 우리아의 신이라도 되는 양 그의 운명을 결정짓는 명령을 내린다.

죄의 묘한 점은, 죄를 짓고 있는 동안에는 그것이 죄라고 느끼지 못한다는 사실이다. 오히려 신이 된 듯한 느낌, 종교적인 느낌, 성취감과 만족감이 든다. 마치 에덴에서 유혹하는 목소리가 "너희는 죽지 않으리라.…너희는 신들같이 되리라"(창 3:4-5, KJV)고 했던 것처럼. 사람을 보내어 밧세바를 불러왔을 때 다윗은 자신이 죄인이라고 느끼지 못했다. 오히려 사랑하는 자라고 느꼈다. 사랑하는 자, 이 얼마나 멋진 느낌인가? 사람을 보내어 우리아를 불러왔을 때도 다윗은 자신이 죄인이라고 느끼지 못했다. 오히려 왕이라고 느꼈다. 왕, 이 얼마나 멋진 느낌인가? 그러는 와중에 그의 경배하는 삶은 어디론가 사라졌다. 하나님을 향한 예배는 뒷전으로 밀려나고, 자신에 대한 집착이 그 자리를 차지했다.

### ✣ 기도하는 다윗

하나님의 **보내심**을 받고 다윗을 찾아온 나단은 그 날 그에게 하나님에 대한 인식을 회복시켜 주었고 동시에 비유 설교를 통해 죄에 대한 감각을 일깨워 주었다. 다윗의 마음은 녹아 내렸다. 이렇게 하나님과 죄를 동시에 인식하게 된 다윗이 드린 기도가 바로 시편 51편이다.

> 하나님,
> 주의 한결같은 사랑으로
> 내게 자비를 베풀어 주십시오.
> 주의 긍휼을 베푸시어
> 내 반역죄를 없애 주십시오.
> 내 죄악을 말끔히 씻어 주시고,
> 내 죄를 깨끗이 없애 주십시오.
> 내 반역죄를 내가 잘 알고 있으며,
> 내가 지은 죄가 언제나 내 앞에 있습니다.
> 주님께만, 오직 주님께만,
> 나는 죄를 지었습니다.

주의 눈 앞에서,

내가 악한 짓을 저질렀으니,

주님의 유죄 선고가

마땅할 뿐입니다.

주님의 유죄 선고는

옳습니다.

실로, 나는

태어날 때부터 이미 죄인이었고,

어머니의 태 속에 있을 때부터

죄인이었습니다.


마음속의 성실과 진실을 기뻐하시는 주님,

제 마음을 주의 지혜로

가득 채워 주십시오.

우슬초로 내 죄를 정결케 해주십시오.

내가 깨끗하게 될 것입니다.

나를 씻어 주십시오.

내가 눈보다 더 희게 될 것입니다.

기쁨과 즐거움의 소리를 들려주십시오

비록 주님께서 나의 뼈를 꺾으셨어도,

내가 다시 기뻐하며 외치겠습니다.

주의 눈을 내 죄에서 돌리시고,

내 모든 죄악을 없애 주십시오

아, 하나님,
내 속에 깨끗한 마음을 새로 지어 주시고
내 안에 정직한 새 영을 넣어 주십시오.
주님 앞에서 나를 쫓아내지 마시며,
주의 거룩한 영을
나에게서 거두어 가지 말아 주십시오.
주께서 베푸시는 구원의 기쁨을
내게 돌려주시고,
너그러운 영을 보내셔서
나를 붙들어 주십시오

반역하는 죄인들에게
내가 주의 길을 가르칠 것이니,
죄인들이 주께로 돌아올 것입니다.

하나님, 구원의 하나님,
내가 살인죄를 짓지 않게 지켜 주십시오
내 혀가
주의 의로우심을 소리 높여 외칠 것입니다.
주님,

내 입을 열어 주십시오.
주님을 찬양하는 노래를
내 입으로 전파하렵니다.

주님은 제물을 반기지 않으시며,
내가 번제를 드려도
기뻐하지 않으십니다.
하나님께서 원하시는 제물은
깨어진 마음입니다.
깨어지고 짓밟힌 심령을,
하나님은 멸시하지 않으십니다.

주의 은혜로 시온을 돌보시어,
예루살렘 성벽을 다시 세워 주십시오.
그 때에 주님은
올바른 제사와 번제와 온전한 제물을
기쁨으로 받으실 것이니,
그 때에 주의 제단 위에
수송아지를 드리겠습니다.

다윗은 나단의 힘있는 설교를 통해 자신의 죄를 보았다. 밧세바와 간음하고 우리아를 죽인 표면적인 죄 전에 하나님을 모독한 죄가 있다는 것을 알았다. 그는 밧세바에게 크나큰 잘못을 저질렀다. 함부로 대하고 수치를 주었다. 우리아에게 사악한 짓을 했다. 속였고 나중에는 죽였다. 이러한 잘못으로부터 파생되는 도덕적 결과—고통과 괴로움, 죽음과 비탄—는 남은 생애 동안 다윗을 줄곧 따라다닐 것이다. 그러나 이러한 잘못 이전에 근본적 죄가 있었으니 하나님 대신 자신을 중심에 놓은, 하나님에 대한 죄가 바로 그것이다.

다윗의 시편 51편은 하나님을 다시 찾은 것에 대한 감동적인 고백의 시다. 이 기도 안에서 그리고 이 기도를 통해 우리는 자유가 풍부하고 사랑이 메아리치는 공간을 발견한다. 우리는 하나님 앞에서 우리 자신을 발견할 때—정직과 찬양과 믿음으로 하나님 앞에 나아갈 때—우리의 진정한 인간성을 발견한다. 우리는 덜 우리다워지는 것이 아니라 더 우리다워진다. 수치를 당하는 것이 아니라 존귀한 대우를 받는다. 정죄를 당하는 것이 아니라 구원을 받는다.

다윗의 죄가 아무리 극악 무도하다 해도, 하나님의 은혜는 그것을 훨씬 넘어선다. 다윗의 죄는 결코 작지 않고 또 작게 여겨서도 안 되지만, 하나님의 구원에 비하면 새 발의 피에 지나지 않는다. 자신이 범한 죄 문제에 계속 골몰하는 태도는 옳지 못하다. 중요한 것은 우리의 죄가 아니라 우리의 죄에 대해 하나님이 하신 일이다. 우리의 죄는 흥미로울 것이 없다. 우리가 흥미를 가져야 할 것은 우리의 죄에 대해 하나님이 하신 일이다. 죄는 전혀 매력적이지 못하다. 죄를 매력적으로 보이게 하는 것은 사탄이 하는 일이다. 죄는 우리를 왜소하게 만들고 비인간화시키고 곧 지루해진다. 일단 죄를 인식하고 고백한 다음에는,

그것에 대해 적게 말할수록 좋다. 시편 51편이 그것을 보여 준다. 죄를 명명하여 드러내는 데는 겨우 네 개의 다른 단어가 사용되었을 뿐이다. 죄의 전체 풍경을 묘사하는 데는 이 네 단어로 충분한 것이다. 그러나 용서하시고 회복시키시는 하나님의 활동을 기원하고 선포하는 데는 무려 열아홉 개의 다른 단어가 사용되었다.[3] 우리가 죄를 짓는 방법은 한정되어 있지만 하나님이 우리를 용서하시는 방법은 무한하다. 몇 해만 세상사를 관찰해 보면 죄란 대개 그 전 죄의 재연임을 알게 된다. 전 세대의 죄를 이 세대 사람들이 똑같이 반복하고 있는 것에 불과하다. 죄짓는 일에는 그다지 많은 상상력이 필요하지 않다. 그러나 용서와 구원은 어떠한가? 그것은 전혀 다른 이야기다. 용서와 구원은 매번 일어날 때마다 항상 신선하고 창의적이며 우리를 놀라게 만든다. 죄는 창조적인 일이 아니다. 지으면 지을수록 죄는 점점 더 지루해진다. 그러나 반대로 구원은 늘 "아침마다 새롭다"(애 3:23).

> 마지막 빛이 검은 서쪽 너머 가 버렸어도
> 오, 아침은 동쪽 갈색 가장자리에서 솟아오른다—
> 왜냐하면 성령께서 구부러진 세계를 따뜻한 가슴,
> 그리고 아! 빛나는 날개로 품고 계시기 때문이다.[4]

### ✣ 예수님

나단 앞에 서 있는 다윗과 빌라도 앞에 서 있는 예수님. 이 두 이야기 사이에는 주목할 만한 공명 현상이 있다. 두 이야기 모두

'passion'의 이야기다. 밧세바를 향한 다윗의 열애(passion), 우리를 위한 예수님의 수난(passion). 빌라도가 예수님에 대해서 한 말, "보시오, 이 사람이오"(요 19:5)는 나단이 다윗에게 한 말, "당신이 바로 그 사람입니다"를 생각나게 한다.

이 두 선언은 한 사람에게 우리의 시선을 집중시킨다는 점에서 유사하다. 당신, 다윗이 바로 그 사람이다. 이 예수님이 바로 그 사람이다. 하나님이 그 안에서 자신의 일을 하시는 바로 그 사람 말이다. 우리는 어떤 사상, 대의, 법, 꿈, 비전, 조직을 통해 제정신을 차리고 참 현실을 깨닫는 것이 아니다. 구체적인 **인물**을 알 때 제정신을 차리고 참 현실을 깨닫는 것이다. 내가 누구인지를 알 때, 예수님이 누구이신지를 알 때.

두 선언은 서로 다르기도 하다. 나단의 선고는 다윗을, 따라서 우리를 하나님 앞으로 이끌어 간다. 그가 자신이 누구인지를 깨닫는 장소는 자신 안이 아니라 하나님 앞이다. 그가 관계를 맺어야 할 분은 하나님이다. 그 이인칭 선고는 그를 하나님 앞에 개인으로 서게 만든다. 진실하고 솔직하고 열린 개인으로. 이 이야기는 우리를 하나님 앞에서 나 자신, 바로 나 자신이 되게 만들어 준다. 반대로 빌라도의 선고는 예수님을 우리의 실체 앞으로 이끌어 온다. 하나님이 관계를 맺으셔야 할 사람은 나와 당신이라는 것을 드러내면서 말이다. 하나님이 우리 앞에 개인으로서 서신다. 진실하고 솔직하고 열린 개인으로. 이 개인적인 하나님이 나의 개인적인 죄를 직면하고 처리하신다. **나를** 하나님과 바른 관계로 이끌어 주시면서.

이것은 믿을 수 없을 만큼 그리고 도저히 안 믿을 수 없을 만큼 좋은 소식이다. 죄인의 자리는 책망과 정죄를 받는 자리가 아니라 구원을 받는 자리라는 소식 말이다. 복음의 초점은 고발이 아니라 인정(recognition)과 초대다. 인정: 죄를 깨닫고 그럼으로써 하나님을 깨달아야 할 사람은 바로 나다. 초대: 예수님은 나로 하여금 하나님을 알게 하시며—하나님이 이렇게 가깝고 좋고 매혹적인 분이시라니!—사랑과 구원을 주시는 그분과 개인적인 관계를 맺게 해주시는 분이다. 다른 어떤 것—밧세바를 즐기는 쾌락이나 우리아를 부리는 권력—보다도 하나님이 더 절실히 필요한 사람은 바로 나다. 내게는 하나님이 필요하다. 그리고 내가 필요로 하는 하나님을 내게 주시는 분이 바로 예수님이시다.

# 18. 고통
## 다윗과 압살롬

사무엘하 16-18장

> 낮 열두 시가 되었을 때에, 어둠이 온 땅을 덮어서, 오후 세 시까지 계속되었다. 세 시에 예수께서 큰소리로 "엘로이 엘로이 레마 사박다니?" 하고 부르짖으셨다. 그것은 번역하면 "나의 하나님, 나의 하나님, 어찌하여 나를 버리셨습니까?" 하는 뜻이다.
> – 마가복음 15:33-34

내 아들 압살롬아,

내 아들아, 내 아들 압살롬아,

너 대신에 차라리 내가 죽을 것을,

압살롬아, 내 아들아, 내 아들아!(삼하 18:33)

이것은 역사상 가장 애처롭고 가장 가슴을 찢는 통곡 중 하나일 것이다. 이는 아들이 에브라임 숲에서 살해되었다는 소식을 들은 다윗이 창자를 쥐어짜며 외친 통곡이었다. 다윗이 죽음, 눈물, 살인, 낙심, 죄를 경험한 적이 없는 것은 아니었다. 그러나 압살롬 사건처럼, 다윗이 그 모두를 한꺼번에 그토록 강렬하게, 정말 그토록 격렬하게 경험한 사건은 없었다.

그것은 마셔야 할 쓴 잔이었다. 그는 그 잔 앞에서 어떤 마음이었을까? 그토록 많은 축복을 경험했고 그토록 풍성한 기쁨을 누렸던 다윗, 하나님의 관대하심을 표현하는 관용구 "내 잔이 넘치나이다"를 만들어 냈으며, 세상과 자신을 향한 하나님의 선하심과 복 주심을 "구원의 잔"을 높이 들며 건배했던 다윗…. 그는 그 쓴 잔 앞에서 어떤 마음이었을까? 한 잔 가득히 담겨 있는, 뼛속 깊이 체험해야 할 그 거절과 소외와 반역의 잔 앞에서 말이다. 다윗은 몰려오는 크나큰 배신과 파멸 앞에서, 아마 천여 년 후 예수님이 드리셨던 기도를 드렸을 것이다. "내게서 이 잔을 거두어 주십시오. 그러나 내 뜻대로 되게 하지 마시고, 아버지의 뜻대로 되게 하십시오"(눅 22:42).

그러나 그 잔은 옮겨지지 **않았다**. 우리 주님이 훗날 그리하셨던 것처럼, 다윗은 그 잔을 마지막 한 방울까지 마시고 비웠다. 그 쓴맛을 다 맛보았고, 죄에서 비롯된 그 고통의 현실을 남김 없이 다 들이마셨다. 서열을 매기기 어렵지만, 아마 이것이 다윗이 겪은 가장 완전한 인간적/신적 경험이었을 것이다. 다윗은 복잡하게 엉켜 있는 사랑과 미움, 의와 죄, 선과 악의 현실─압살롬 사건은 그 절정이었다─을 마음속 가장 깊은 곳에서 대면하고 맛보고 체험했다. "내 아들 압살롬아, 내 아들아, 내 아들 압살롬아, 너 대신에 차라리 내가 죽을 것을, 압살롬아, 내 아들아, 내 아들아!"

### ✣ 고통의 문제

새로울 것은 없지만 적어도 우리 문화 속에서는 자주 반복하여 확인될 필요가 있는 사실 하나가 있다. 믿음의 삶, 다윗 같은 삶, 예수님을 따르는 삶, 예배를 중심으로 하는 삶을 산다고 해서 고통으로부터 면제되는 것은 아니라는 것이다. 그리스도인들도 비그리스도인들과 똑같은 비율로 암에 걸린다. 신자들도 비신자들과 똑같은 비율로 교통사고를 당한다. 망치로 엄지손가락을 내리치면, 당신이 그리스도를 주님과 구세주로 받아들이기 전이나 후나 똑같이 아프다.

이는 내게도 그리 유쾌한 일이 못 된다. 그리스도인만 되면 여러 현실적 이점이 확실히 따른다고 약속해 줄 수 있다면 나로서도 얼마나 좋겠는가! 그런데 요즘 북미의 유명하고 잘 나가는 종교 지도자들 중에는 그런 식의 약속을 해주는 이들이 있다고, 그들은 자기 말대로만 하면 결혼 생활과 사업에서 성공할 수 있다고, 확실히 더 잘 살게 해주겠으니 헌금만 더 내라고 말한다. 그들은 지금 책과 강의와 설교를 통해, 초자연을 상금으로 걸어 놓은 복권 장사를 하고 있는 것이다.

그러나 우리는 참되고 거룩한 성경과 지혜롭고 거룩한 선조들로부터 그런 식으로 신앙을 배우지 않았다. 마태복음, 마가복음, 누가복음, 요한복음은 성공을 위한 마케팅 혹은 동기 부여 기술을 가르쳐 주는 책이 아니다. 다윗의 삶 역시 아무 문제 없는 삶과는 거리가 멀다. 우리의 성경과 복음적 전통은 늘 현실과의 일치성—바로 이것이 우리 삶에 대한 진리로서 또 우리 가운데서 이루어지는 하나님의 구원 사역으로서 하나님이 계시하시는 것이다—을 역설해 왔다. 현실과의 일치성은 압살롬으로 인해 다윗이 겪는 고통의 문제에 주목하게 한다.

### ❖ 고통의 역사

고통에는 역사가 있으며 그것을 아는 것이 도움이 된다. 아무 연고도 없이 힘든 일이 생기는 것은 아니다. 그것은 복잡하게 서로 엉켜 있는 죄와 자비의 연결 망에서 비롯된다. 이것은 우리가 고통의 문제에서 그 인과 관계나 책임 문제를 정확히 설명해 낼 수 있다는 말은 아니다. 다만 고통은 비인격적 운명이나 미리 정해진 도덕적 징계가 아니라는 사실을 알 필요가 있다. 우리는 죄의 세계—때로는 자신의 죄, 때로는 다른 이의 죄—에 연루되어 있고 그렇기에 고통의 세계에 연루되어 있는 것이다.

압살롬으로 인한 다윗의 비탄은 11년 전 압살롬의 아름다운 누이 다말의 강간 사건에서 비롯되었다. 압살롬과 다말의 배다른 형제였던 암논은 다말의 미모에 이성을 잃고 음흉한 계획을 세워 마침내 그녀를 강간하고 만다. 강간 사건을 알게 된 압살롬은 격분했고 누이를 위해 보복을 결심했다. 압살롬은 자제심을 잃지 않았고, 냉정하고 신중하게 살인 음모를 꾸몄다. 마침내 계략을 실행에 옮길 때가 오자, 그는 잔혹하게 암논을 살해했다(삼하 13:1-29).

압살롬은 다윗이 자식들 중에서도 자신을 가장 아끼고 사랑한다는 사실을 알고 있었지만, 그렇다고 자신의 범죄가 무마될 수는 없으리라는 것도 알았다. 그 이유가 무엇이었든, 살인은 어디까지나 살인이었던 것이다. 그래서 압살롬은 요단강을 건너 어머니의 고향인 그술로 도망갔다(삼하 13:37-39).

압살롬은 3년 동안의 유랑 생활 끝에 집으로 돌아와도 좋다는 허락을 받았다(삼하 14:1-23). 이 때 다윗은 장차 자신이 받을 고통의 중대한 원인을 만들게 된다. 압살롬을 보기를 거부했던 것이다(삼하 14:24, 28). 다윗의 용서는 비인격적이었다. 그 용서는 사법적인 행위였지 아버지로서의 포옹은 아니었다. 그는 압살롬이 자신의 성으로 돌아오도록 허락했고 그에게 살 장소를 주었지만, 그를 만나려 하지 않았고 찾아오게 허락하지도 않았다. 쳐다보고 싶지도 않았던 것이다. 다윗은 암논을 살해한 압살롬에게 여전히 증오심을 품고 있었다. 물론 증오심만 있었던 것은 아니었을 것이다. 다윗이 암논의 죽음에 대한 충격에서 서서히 헤어났고 압살롬을 보고 싶어했다는 말도 나오기 때문이다(삼하 13:39). 다윗의 태도는 아마도 정치적 압력과 개인적 감정이 혼합된 결과였을 것이다. 그러나 어쨌든 결과적으로 압살롬이 경험한 것은 아버지의 거절이었다.

죄는 죄를 키운다. 다말 강간 사건은 암논 살해 사건을 키웠고 암논 살해 사건은 다윗의 무정한 행동을 키웠다. 압살롬은 암논의 죄에 죄로써 반응했고 다윗 역시 압살롬의 죄에 죄로써 반응했다. 압살롬은 암논을 죽여 버림으로써 그를 제거했고, 다윗은 압살롬을 멀리함으로써 그를 제거했다. 다윗은 압살롬의 죄 때문에 아들 암논을 잃었고, 자신의 죄 때문에 아들 압살롬을 잃었다.

아버지로부터 버림받은 압살롬은 속이 탔다. 그는 집에 있었지만 집에 있는 것이 아니었다. 이것은 삶이 아니라 그저 목숨을 부지하는 것일 뿐이었다. 그는 용납받기를 원했고, 인격적인 용서를 원했다. 그는 아버지의 사랑을 원했다. 그에게는 생존을 위한 먹을 것과 마실 것 이상이 필요했다. 그에게는 삶을 위한 은혜와 자비가 필요했다. 압살롬은 처음에는 그저 돌아온 것이 기뻤겠지만, 점차 자신에게는 법적 호의 이상의 무언가가 필요하다는 사실을 깨닫게 되었다. 그에게는 아버지가 필요했다.

나는 잠시 멈추어, 만일 이 이야기가 예수님이 들려주신 탕자 이야기처럼 전개되었더라면 얼마나 달라졌을까 생각해 본다. 탕자 이야기에서, 그 아들은 집을 떠나 먼 나라로 가서 방탕하게 살며 아버지 집에 수치만 안겨 주다가 마침내 집으로 돌아왔다. 그러나 아들이 못된 짓을 저질렀음에도 불구하고, 아버지는 결코 그를 찾는 일을, 그를 용서하고 다시 아들로 완전히 받아들일 방법을 찾는 일을 멈추지 않았다. 마침내 아들이 돌아왔을 때 아버지는 달려가 그를 맞이하고 포옹했으며, 거대한 잔치를 벌이며 집으로 맞아들였다(눅 15:11-32). 만일 다윗이 그 아버지 같았더라면 어떻게 되었을까? 만일 압살롬이 아버지와 함께 자리에 앉아 자신이 다말을 얼마나 아꼈으며 암논이 얼마나 미웠으며 집 떠난 생활이 얼마나 힘들었는지에 대해 이런저런 이야기를 나눌 수 있었더라면 어떻게 되었을까? 아버지는 아들을 되찾았을 것이고 아들은 아버지를 되찾았을 것이다.

그러나 다윗은 그렇게 하지 않았다. 다윗은 압살롬에게 모질게 대했다. 물론 나름대로 이유가 있었을 것이다. 자신이 그렇게 하는 것─살인죄에 대해 책임과 고통을 뼈저리게 느낄 때까지 계속 벌을 주는 것—이 압살롬을 위해 좋은 일이라고 생각했을 것이다. 그러나 다윗이 내세우는 합리화가 무엇이든 그 이면에는 용서하기를 거절하고 은혜 베풀기를 거절하고 자비 베풀기를 거절하는 마음이 숨어 있었다.

이것이 다윗이 생애 동안 범한 세 번째 중대한 죄로서, 가장 변명의 여지가 없고 가장 많은 대가를 지불한 죄다. 밧세바와의 간음은 순간적 정욕을 못 이겨 범한 혼외 정사였고, 그것을 은폐하려고 왕으로서 저지른 죄가 우리아를 죽인 것이다. 그러나 압살롬을 거절하는 행위는, 자신은 하나님으로부터 그토록 풍성히 받았던 것을 아들에게 나누어 주기를 지속적으로 결연하게 거부한 죄였다. 날마다 그는 사랑 베풀기를 거절하는 가운데 완고해져 갔다. 이것은 아예 단단히 마음먹고 저지르는 죄였다. 이것은 오랜 기간에 걸친 작정과 광범위한 전략이 요구되는 죄였다. 예루살렘은 작은 도시였다. 압살롬을 보지 않고 압살롬을 피하는 것은 여간 용의 주도하지 않고서는 불가능한 일이었다.

아버지와 가까워질 희망을 포기한 압살롬은 스스로 일을 추진하기 시작했다. 그는 자신이 당한 대로 갚아 주기로 마음먹었다. 아버지가 자신을 쫓아냈다면 이번에는 형세를 뒤집어 자신이 아버지를 쫓아낼 것이다. 아예 이 나라 밖으로. 그는 음모를 꾸미고 피를 보고 복수를 하는 예전의 모습으로 돌아왔다. 그는 전에 여동생 강간 사건을 부당하게 여겼듯이 아버지의 태도를 부당하게 여겼다. 그는 복수하기로 계획을 세웠다. 때가 무르익자 마침내 그는 일을 저질렀다(삼하 15:1-12).

4년에 걸쳐 꾸민 일이었다. 그간 백성들로 하여금 다윗 왕에 대해 불만을 갖도록 유도하고 추종 세력을 하나씩 모으다가, 이제 민심이 자기 쪽으로 기울었다는 확신이 들자 마침내 들고일어선 것이다. 그는 자신을 왕이라고 선포했고 예루살렘과 궁전을 점령했으며 아버지 다윗 왕을 암살하려 했다. 다윗은 목숨을 구하기 위해 광야로 도망쳤다. 전에 오랜 세월을 보낸 바 있던 그 험난한 광야로 **다시** 간 것이다(삼하 15:13-23).

### ✤ 회복되는 다윗

광야는 다윗의 인격이 형성되었던 곳이다. 그 곳으로 다시 돌아온 다윗에게서, 우리는 그의 **다윗다움**이 다시 회복되는 모습을 보게 된다. 시련은 다윗 속에서 최선을 끄집어 내었다. 고통은 우리의 태도에 따라 우리를 더 나빠지게 하는 대신 더 나아지게 할 수 있다.

이 시점에서 나는 약간 추측을 해 보고자 한다. 짐작컨대, 압살롬을 무정하게 대하는 동안에는 하나님에 대한 다윗의 관심 역시 점점 줄었을 것이고 기도의 삶도 줄었을 것이다. 그는 하나님 나라의 정의와 자비보다는 자신의 정부의 법과 질서 문제에 더 열중했다. 압살롬과 가까워지기를 거부할수록 하나님과도 멀어졌다. 아버지답지 못해질수록 점점 더 인간답지 못해졌다. 독선적인 왕이 되어 갈수록 사람들에게 신 행세를 하려 들었다. 자기 곁의 사람들에게 자애심을 잃어 갈수록 자신 안에 있는 하나님을 향해서도 열정을 잃어 갔다.

그러다가 그는 보위에서 쫓겨나 광야로 내몰렸다. 이제 그는 왕 노릇과 궁전 생활이라는 장식물 없이 순전히 그 자신이었다. 그의 곁에는 여전히 친구들이 있었다. 그 곳에서 그는 비로소, 존 헨리 뉴먼(John Henry Newman)의 날카로운 표현대로, "언제나 사랑해 왔지만 잠시 잃어버렸던" 것을 되찾을 수 있었다.[1] 그는 다윗다운 삶을 회복했다.

고통이 언제나 그리고 쉽게 우리를 더 나아지게 해주는 것은 아니다. 고통은 흔히 우리를 더 나빠지게 만든다. 그것은 다윗을 더 나쁘게 만들 수도 있었다. 다윗은 고통으로 인해 더 거만하고 지독하고 외로워질 수도 있었다. 그러나 그는 그렇게 되지 않았다. 그는 다시 진정한 다윗다움을 되찾았다. 겸손하고 기도하며 자애로운 다윗으로 돌아온 것이다. 이러한 회복 하나하나를 보여 주는 이야기가 있다.

■ ■ ■

다윗은 고통 속에서 겸손을 회복했다. 그는 자신을 되찾았다. 본연의 자기, 원래의 자기를. 그는 시므이의 저주를 통해 겸손을 회복했다(삼하 16:5-14). 다윗이 압살롬의 반란을 피해 예루살렘에서 도망치고 있을 때였다. 시므이라는 사람이 다윗의 행렬 옆을 따라 걸으며 돌을 던지고 저주를 퍼부었다. 우리는 무슨 욕이었을지 쉽게 상상할 수 있다. 아마 이런 말이었으리라. "썩 꺼져라! 이 쓸모 없는 늙은이 같으니라고 살인마! 더러운 늙은이. 살인마!" 그리고 돌을 던지며 욕설을 더 퍼부었다. 돌보다도 욕설이 더 큰 상처를 주었을 것이다. "이 썩어 빠지고 아둔한 왕! 살인자!"

다윗의 부하 지휘관 중 하나인 아비새가 말했다. "제가 가서 그의 목을 베어 오게 허락해 주십시오. 임금님께 저렇게 말하도록 그냥 놔

둘 수 없습니다." 그러나 다윗은 그를 제지했다. 다윗은 말했다. "시므이가 옳다. 그는 사실을 말하고 있다. 이 밤에 그는 내게 하나님의 말씀을 선포하고 있다. 하나님이 그로 하여금 나를 저주하게 하시는 것이다. 시므이는 단지 하나님의 저주를 대신 전하는 대변자일 뿐이다. 그를 놔두어라. 그의 저주 설교는 나를 향해 선포되는 하나님의 말씀이다."

그 저주의 선포는 다윗을 자기 자신으로 돌아오게 만들었다. 그는 현재의 자기 모습을 깨달았다. 그가 범한 모든 잘못과 그가 저버린 모든 사람을 기억했다. 그는 자신을 방어하고 보복할 수도 있었지만 그렇게 하지 않았다. 그는 자신에 관한 진실과 대면했다. 자신 역시 다른 사람과 조금도 다를 바 없다는 사실, 자신의 가장 기본적 정체성은 '왕'이 아니라 '죄인'이라는 사실 그리고 자신은 오직 하나님의 자비에 의해서만 살 수 있을 뿐이라는 사실. 시므이의 저주는 다윗에게서 모든 화려한 겉치장을 벗겨 내고 그의 영혼을 노출시켰다. 그는 시므이의 저주가 자신을 향한 하나님의 말씀이게 했다. 그는 시므이를 말씀의 선포자로 삼았다.[2] 그는 고통을 자비와 은혜와 사랑의 하나님을 만나는 계기로 삼았다.

■ ■ ■

고통 속에서 다윗은 기도를 회복했다. 인격적인 하나님과의 인격적인 관계를 회복했다. 아히도벨의 배신 사실을 알게 되었을 때 다윗은 기도를 회복했다.

어느 모로 보나 아히도벨은 악당과는 거리가 멀었다. 그는 악한 일을 했으나 악한 사람은 아니었다. 아히도벨은 현명한 사람으로 평판이 나 있었고 그것은 의심할 여지 없는 사실이었다. 그는 다윗의 신임을 받는 조언자로서 믿음직스럽고 사려 깊은 신하였다. 다윗은 어찌해야 할지 모르는 일이 생길 때마다 아히도벨에게 조언을 구했다. 그러면 할 일이 분명해지곤 했다. 아히도벨은 세상 사람들로부터 신뢰와 존경을 받는 인물이었다. 그는 삶에 대해 환상이 전혀 없으며, 따라서 왜곡이나 축소나 부인 없이 현실을 있는 그대로 직시하며 대처하는 사람이었다.

다윗은 아히도벨을 신하로 둔 것을 행운으로 여겼다. 본문은 "사람들은 아히도벨이 베푸는 모략은, 무엇이든지, 마치 하나님께 여쭈어서 받은 말씀과 꼭 같이 여겼다"(삼하 16:23)고 말한다. 아히도벨은 항상 그 자리에 있으면서, 숨을 돌리고 기도할 자리를 마련해 주는 사람이었다. 다윗은 혼란스럽고 확신이 서지 않을 때마다 아히도벨을 찾아가서 한 시간 정도 대화를 했다. 그러면 어떤 결정이 하나님의 영광을 위해 지혜로운 것인지 분명해지곤 했다. 이렇게 오랜 세월 지혜로운 조언자로서 신뢰와 우정을 쌓았건만, 아히도벨은 다윗이 자신을 가장 필요로 하는 순간에 그를 배신했다.

상황을 볼 때, 아마 다윗은 그 동안 아히도벨이 너무나 믿음직스럽고("마치 하나님께 여쭈어서 받은 말씀과 꼭 같이") 바로 자기 곁에 있다는 이유로 하나님께 나아가 조언을 구하는 일을 조금씩 등한히 하고, 대신 아히도벨에게 조언을 구하는 것으로 만족했을 가능성이 높다. 그것이 기도하는 것보다 더 쉽기 때문이다.

반란이 일어난 밤 아히도벨은 다윗을 배신했다. 왕국의 미래가 이제 압살롬에게 있다고 생각했기 때문이다. 그 밤 눈치 빠른 이들은 모두 압살롬 편에 섰는데, 눈치 빼면 시체였던 아히도벨 역시 마찬가지였다. 아히도벨은 사실은 기회주의자였던 것이다. 온화한 현자로서의 명성 이면의 아히도벨은 자신의 이익만을 챙기는 소인배에 불과했다. 다윗이 잘 나갈 때는 그에게 돈을 걸었다. 그가 지금껏 다윗을 충실하게 모신 것은 **당연했다**. 지금까지는 다윗이 가장 밝은 별이었기 때문이다. 그러나 그 별이 지기 시작하자, 금세 아히도벨은 떠오르는 다른 별 쪽으로 가서 붙었다. 멋지고 야심적이고 카리스마적인 압살롬에게 간 것이다. 아히도벨은 대중적 이미지는 화려했지만 사실은 줏대 없는 인간이었다. 도덕적인 뼈대도, 영적인 근육도 없는 인간이었던 것이다. 각종 표어와 문구로 포장되어 있지만 속은 텅 빈 인물에 불과했다. 압살롬의 반역으로 정치 현실이 갑자기 바뀌자 그는 그 권력의 새 바람을 타고 철새처럼 옮겨 간 것이다.[3]

그의 배신 소식이 다윗에게 전해졌다. "압살롬과 함께 반역한 사람들 가운데는 아히도벨도 끼어 있다"(삼하 15:31). 이보다 더 치명적인 소식은 있을 수 없었다. 모략과 명성을 가진 아히도벨은 압살롬에게 천 명의 군사보다 더 가치가 있었기 때문이다. 아히도벨이 압살롬 편에 가담했다는 소문이 돌자 압살롬의 입지는 한층 견고해졌다.

시편 55편은 아히도벨의 배신 소식을 들은 다윗의 기도문으로서, 그의 충격과 분노를 보여 준다.

나를 비난하는 자가 차라리,

내 원수였다면,

내가 견딜 수 있었을 것이다.

나를 미워하는 자가 차라리,

자기가 나보다 잘났다고 자랑하는

내 원수였다면,

나는 그들을 피하여서

숨기라도 하였을 것이다.

그런데 나를 비난하는 자가 바로 너라니!

나를 미워하는 자가 바로,

내 동료, 내 친구,

내 가까운 벗이라니!

함께 두터운 우정을 나누며,

하나님의 집을

사람들과 어울려 드나들던 너라니!(12-14절)


…나의 옛 친구가 손을 뻗쳐서,

가장 가까운 친구를 치는구나.

그들과 맺은 언약을 깨뜨려서

욕되게 하는구나.

그의 입은 엉긴 젖보다 더 부드러우나,

그의 마음은 다툼으로 가득 차 있구나.

그의 말은 기름보다 더 매끄러우나,

그의 본모습은 뽑아 든 비수로구나(20-21절).

다윗은 다시 무릎을 꿇었다. 그의 삶의 정수였던 기도 생활을 다시 회복했다. "주님, 부디, 아히도벨의 계획이 어리석은 것이 되게 하여 주십시오"(삼하 15:31).

기도하는 다윗. 집중적이고 포괄적으로 하나님과 관계를 맺는 삶, 기도하는 삶을 회복한 다윗. 고통이 언제나 이런 결과를 낳는 것은 아니다. 어떤 이들에게 고통은 하나님을 버리고 온갖 다른 도움을 찾아 나서는 계기가 되기도 한다. 그러나 고통은 기도하는 삶을 회복하는 자극제가 될 수도 있다. 전통적으로 시편 3편은 다윗이 압살롬에게서 도망치던, 고통과 기도의 밤을 배경으로 한 것으로 여겨진다.

주님, 나를 대적하는 자들이

어찌 이렇게도 많습니까?

나를 치려고 일어서는 자들이

어찌 이렇게도 많습니까?

나를 빗대어

"하나님도 너를 돕지 않는다"

하고 빈정대는 자들이

어찌 이렇게도 많습니까?

그러나 주님,

주님은 나의 방패,

내 명예를 회복시켜 주시는 분,

나를 떳떳하게 살게 해주시는 분이시니,

내가 주님을 바라보며

소리 높여 부르짖을 때에,

주께서는 그 거룩한 산에서

응답하여 주십니다.

내가 누워 곤하게 잠들어도

또다시 깨어나게 되는 것은,

주께서 나를 붙들어 주시기 때문입니다.

나를 대적하여 사방에서 진을 친 자들이,

천만 대군이라 하여도,

나는 두려워하지 않으렵니다.

주님, 일어나십시오

나의 하나님, 이 몸을 구원해 주십시오

아, 주께서

내 모든 원수들의 턱을 치시고,

악인들의 이빨을 부러뜨리셨습니다.

구원은 주께만 있습니다.

주의 백성에게

복을 내려 주십시오.

■ ■ ■

고통 속에서 다윗은 자애를 회복했다. 그는 오랫동안 관계가 소원했던 아들 압살롬에 대해 부드러운 마음을 다시 찾았다. 그는 비범한 사랑의 능력을 다시 회복했다.

압살롬이 반란을 일으키고 다윗이 도주한 이래 며칠이 지났다. 요단 강 동쪽 지역에서 내전이 벌어졌다. 양쪽 군대가 접전을 벌였고, 다윗은 그 동안 묵혀 두었던 전투 실력을 다시 발휘했다. 그는 군대를 집결시킨 뒤 세 부대로 나누었다. 그는 사기를 진작시키고 용기를 북돋위 주기 위해 직접 전선으로 나가 전투를 지휘할 생각이었다. 하지만 군대 장관들은 그더러 뒤에 남아 있어 달라고 간청했다. "임금님은 우리들 만 명과 다름이 없으십니다"(삼하 18:3). 다윗은 그들의 조언을 받아들였지만, 압살롬에 관해서만은 엄하고 분명한 지시를 내렸다. 압살롬을 죽이지 **말라**는 지시였다. "나를 생각해서라도, 저 어린 압살롬을 너그럽게 대하여 주시오"(삼하 18:5).

우리는 여기서 깜짝 놀란다. 이게 무슨 소리인가? 어떻게 다윗의 입에서 이런 말이 나올 수 있단 말인가? 방금 다윗은 안락하고 영예로운 보위에서 밀려나 험하고 삭막한 광야로 쫓겨났다. 불과 며칠 전에 그는 생애 최대의 충격적인 소식을 들었다. 압살롬이 이미 수년 전부터 다윗의 통치를 허물어뜨릴 공작을 폈다는 것이다. 다윗은 그것을 전혀 눈치채지 못했다. 왕위를 빼앗고 아버지를 죽일 계략은 압살롬이 이미 오래 전부터 꾸며 온 것이었다. 그리고 다윗이 험한 광야로 몰려난 지금, 그 계략은 언제라도 성공할 수 있는 상황이었다. 지금 다윗 왕은 수년 전 사울에게 쫓겨다녔던 것처럼 아들에게 쫓겨다니고 있다. 그러나 그 때는 다윗이 젊었지만 지금은 더 이상 젊지 않다. 게다가 나라를 뒤집고 자신을 죽이려고 안달하고 있는 자는 다름 아니라 그의 아들이었다.

다윗이 신하들에게 한 말―"나를 생각해서라도, 저 어린 압살롬을 너그럽게 대하여 주시오"―을 통해 우리는 이제 다윗이 거의 완전히 회복되었음을 알게 된다. 예루살렘 고지(高地)에서 '여리고 길'을 따라 요단 광야로 내려가는 다윗의 내면에는 깊은 변화가 일어나고 있었다. 그는 천 년 뒤 예수님이 고난받고 돌아가시기 위해 올라가셨던 바로 그 길을 내려가고 있었다. 이러한 지형학적 유사성은 그리스도인에게 깊은 묵상거리를 제공한다. 헤라클레이토스(Heraclitus)의 말처럼 "내려가는 길은 올라가는 길과 같은 길이다." 이미 다윗은 시므이의 설교를 통해, 자신이 누구인지를 알고 자신의 진정한 자아를 아는 삶을 회복했다. 또 아히도벨의 배반을 통해, 하나님이 자신에게 어떤 분인지를 아는 삶, 기도하는 삶을 회복했다. 이제 압살롬의 반란과 경멸을 통해, 그는 자애의 삶, 사랑의 삶을 회복했다. 생애 최악의 버림받은 경험은 가장 놀라운 사랑―압살롬에 대한 사랑―을 촉진시키는 계기가 되었다.

그러나 다윗의 부하 장군 요압은 다윗의 그러한 자애에 함께하지 않았다. 그는 후에 전쟁터에서 기어이 압살롬을 죽이고 만다. 노새를 타고 달려가던 압살롬의 멋진—평소 몹시 뽐내던—머리채가 나무 가지에 걸렸다. 노새는 그냥 달려가고 그는 거기에 대롱대롱 매달려 있었다. 그를 처음 발견한 사람은 다윗의 지시를 존중했기에 그저 요압에게 보고만 했다. 그러나 요압은 다윗의 명령을 그저 감상에서 나온 말이겠거니 생각했는지, 지체하지 않고 달려가 잔인하게 압살롬을 칼로 찔렀다. 요압의 무기를 들고 다니는 열 명의 부하도 한꺼번에 달려들어 무자비하게 압살롬을 난도질해서 죽여 버렸다(18:9-15).

그러나 다윗의 명령은 결코 감상에서 나온 말이 아니었다. 그것은 자신이 누구이며 하나님이 어떤 분인지를 다시금 깊이 깨달은 데서 나온 말이었다. 그것은 싸구려 감상에서 비롯된 말이 아니라, 겸손과 기도에 대한 바위처럼 단단한 확신에서 비롯된 말이었다. 자신의 죄인 됨과 하나님의 살아 계심을 아는 데서 나온 말이었다. 다윗은 참으로 자기 자신을 되찾고 하나님을 되찾았기 때문에 마음속에서 압살롬을 되찾고 다시 사랑할 수 있었던 것이다.

그 날 압살롬에게 사랑을 베푼 것은 다윗이 한 가장 장엄한 일 중 하나였다. 겸손과 기도의 열매였던 그 일은 훗날 다윗의 자손께서 하신 그 너무도 좋고 어려운 명령의 발현이었다(이 말씀 역시 배신자가 가까이 있는 상황에서 하신 것이다). "서로 사랑하여라"(요 13:34-35).

다윗은 압살롬이 죽었다는 소식을 듣자 슬피 울었다. 그간 겪었던 고통은 수년 동안 아들을 거부하며 굳어졌던 그의 마음을 이처럼 애끓는 비탄의 마음으로 바꾸어 놓았다.

내 아들 압살롬아,

내 아들아, 내 아들 압살롬아,

너 대신에 차라리 내가 죽을 것을,

압살롬아, 내 아들아, 내 아들아!

■ ■ ■

이 비탄에서, 예루살렘으로부터 가장 멀리 내려간 곳에서 그리고 에브라임 광야 숲 속 깊숙한 곳에서 다윗의 이야기는 가장 분명하게 복음 이야기를 예기하며 예수님 이야기에 가장 가까이 다가간다. 지금 우리의 이야기에까지 뻗어 내려오는 예수님 이야기 말이다. 그것은 수난의 이야기다. 또한 그것은 고통의 이야기, 즉 우리를 빈곤하게 만들거나 파괴시키는 고통이 아니라, 우리를 더욱더 인간답게 만들고, 더욱더 기도하고 사랑하는 사람으로 만드는 고통의 이야기다.

## 19. 신학
### 다윗과 하나님

사무엘하 22장

> 나는 양들이 생명을 얻고 더 얻어서 풍성함을 얻게 하려고 왔다.
> – 요한복음 10:10

결말 부분에 이르자 다윗 이야기의 목소리가 바뀐다. 지금까지는 제삼자가 다윗에 **대해** 말했지만, 이제는 다윗이 직접 앞으로 나와 자신의 목소리로 (노래가 아니라) 이야기를 한다.

대대로 사람들이 다윗 이야기를 들려주던 방식에 따라, 지금까지 나는 이야기 사이사이 적절하다고 생각되는 부분에, 외적인 사건들의 내면적 내용을 보여 주는 시편 기도문을 삽입했다. 그런데 이제는 이야기 본래의 화자가 그런 식으로 이야기를 들려준다. 다윗의 생애 마지막의 이야기를 들려주는 시점에 이르러, 화자는 시편 18편을 이야기 중간(삼하 22장)에 들여다 놓는다.[1]

시편 18편은 생동감이 넘쳐흐르는 기도문이다. 이 시편만큼 다윗의 생명력이 약동하는 기도문도 없다. 초대교회 지도자 중 하나였던 이레나이우스는 "충만하게 살아 있는 인간은 하나님의 영광이다"라고 말한 적이 있다.[2] 다윗에게 딱 들어맞는 말이다. 시의 중간에서 다윗은 소리친다. "주께서 나와 함께 계셔서 도와주시면, 나는…높은 성벽이라도 뛰어넘을 수 있습니다"(30절). 이것은 내가 매우 좋아하는 외침의 기도로서 다윗의 묘비명으로 선택하고 싶은 구절이다.

### ✢ "하나님은 나의 반석"

주님은
나의 반석, 나의 요새, 나를 건지시는 분,
나의 하나님은
나의 반석, 내가 피할 바위,
나의 방패, 나의 구원의 뿔,
나의 산성, 나의 피난처,
나의 구원자이십니다.
주께서는 언제나 나를
포악한 자에게서 구해 주십니다.
나의 찬양을 받으실 주님,
내가 주님께 부르짖었더니,
주님께서 나를

원수들에게서 건져 주셨습니다.

죽음의 물결이 나를 에워싸고,
파멸의 파도가 나를 덮쳤으며,
스올의 줄이 나를 동여 묶고,
죽음의 덫이 나를 낚았다.
내가 고통 가운데서 주께 부르짖고,
나의 하나님을 바라보면서 부르짖었더니,
주께서 그의 성전에서
나의 간구를 들으셨다.
주께 부르짖은 나의 부르짖음이
주의 귀에 다다랐다(2-7절).

다윗의 삶에서 가장 특징적인 것 한 가지를 고른다면, 바로 하나님이다. 다윗은 하나님을 믿었고 하나님을 생각했으며 하나님을 상상했고 하나님의 이름을 불렀으며 하나님께 기도했다. 다윗의 실존에서 가장 커다란 부분을 차지했던 것은 다윗 자신이 아니라 하나님이었다.

다윗이 온통 하나님으로 젖어 있었다는 증거는 그가 풍부한 은유를 썼다는 데서 찾을 수 있다. 반석, 요새, 방패, 구원의 뿔, 산성, 피난처 등. 보이는 모든 것은 그에게 보이지 않는 것을 드러내 주었다. 다윗은 은유를 통해 하나님을 명명했다. 창조 세계 전체, 보이는 세계와 보이지 않는 세계, '하늘과 땅'의 모든 것에는 유기적인 상호 연관성이 존재한다. 그것에 의해, 우리가 보고 듣고 맛보고 만지고 경험할 수 있는 모든 것은—만일 우리가 충분히 넓고 깊게 이해한다면—우리를 하나님 앞으로 인도해 줄 수 있다. 심지어 바위까지도 바위는 다윗이 하나님을 표현하는 데 가장 자주 쓴 은유 중 하나다. 그가 여러 가지 창의적 변화형을 사용한 것으로 보아 어쩌면 그가 가장 좋아한 은유였을지도 모른다. 사실 바위는 하나님에게서 가장 거리가 먼 것이다. 창조 세계 전체에서 바위보다 더 낮은 곳에 있는 것이 또 있는가? 그러나 다윗은 그 극도의 비유사성 속에서 오히려 유사성을 인식해 냈다. 다윗은 주변에 있는 모든 것에 주목했고, 더 많이 주목할수록 더 많이 **하나님께** 주목했다. 다윗은 신학자, 곧 하나님께 주목하는 자, 하나님을 명명하는 자였다. 그것도 최고의 신학자—계시와 경험을 직접 받아들이는 가운데 하나님께 주목하고 하나님을 명명하는 자였다.

그리고 다윗은 하나님에 대해 주목하고 명명했던 모든 것을 빠짐없이 자신의 기도로 삼았다. 그는 하나님에 대해 알게 된 그 어떤 것도 단지 한가한 사색이나 토론거리로 남겨 두지 않았다. 그에게 하나님은 인격적인 분이셨고 지금 여기에 계신 분이셨으며 따라서 **반응**을 요구하는 분이셨다. "나는 당신을 사랑합니다.…나는 당신 안에서 살아갑니다.…나는 온힘을 다해 당신께 달려갑니다.…나는 당신께 노래합니다.…나는 당신께 소리쳐 도움을 구합니다." 여기서는 기도를 뜻하는 여러 가지 동사들을 통해 놀랍도록 광범위하고 다양한 경험들이 묘사되고 있다. 하지만 모두 개인적인 직접성을 묘사한다는 점에서는 동일하다. 다윗이 하나님에 대해 알고 있는 것들 중 자신의 기도로 삼지 않은 것은 하나도 없었다.

 수십 세기에 걸친 유대교와 기독교의 역사를 돌이켜볼 때 기도로 이어지지 않는, 하나님에 대한 지식은 곧 썩게 마련이라고 말하는 것은 전혀 과장이 아니다. 하나님의 이름이 하나님을 향한 기도로 쓰이지 않을 때 그것은 불경한 표현의 재료가 된다. 하나님에 대한 진리가 하나님을 향한 사랑 없이 사용될 때 그것은 곧 사람을 억압하는 도구가 된다. 아마추어든 전문가든 소위 신학자들 중에 기도하지 않는 이들은 가히 사탄과 결탁한 이들이라 하겠다. 사탄을 가리켜, 하나님에 대해 모든 것을 알고 있지만 그분과 아무 관련이 없는 신학자 종족이라고 정의하는 것도 전혀 무리가 아니다.

 다윗은 기도했다. 다윗은 은유로 기도했고 경험을 기도로 삼았으며 계시를 기도로 삼았다. 그리고 기도를 통해 그에게 일어난 모든 일은 그의 내면에서 하나님의 구원이 되었다.

### ✣ "가장 높으신 분께서 그 목소리를 높이셨다"

주께서 크게 노하시니,
땅이 꿈틀거리고, 흔들리며,
하늘을 받친 산의 뿌리가 떨면서 뒤틀렸다.
그의 코에서 연기가 솟아오르고,
그의 입에서
모든 것을 삼키는 불을 뿜어 내시니,

그에게서 숯덩이들이

불꽃을 튕기면서 달아올랐다.

주께서 하늘을 가르고 내려오실 때에,

그 발 아래에는 짙은 구름이 깔려 있었다.

주께서 그룹을 타고 날아오셨다.

바람 날개를 타고 오셨다.

어둠으로 그 주위를 둘러서

장막을 만드시고,

빗방울 머금은 먹구름과

짙은 구름으로 둘러서 장막을 만드셨다.

주 앞에서는 광채가 빛나고,

그 빛난 광채 속에서

이글거리는 숯덩이들이 쏟아졌다.


주께서 하늘로부터 천둥소리를 내시며,

가장 높으신 분께서 그 목소리를 높이셨다.

주께서 화살을 쏘아서 원수들을 흩으시고,

번개를 번쩍이셔서

그들을 혼란에 빠뜨리셨다.

주께서 꾸짖으실 때에

바다의 밑바닥이 모조리 드러나고,

주께서 진노하셔서 콧김을 내뿜으실 때에

땅의 기초도 모두 드러났다.

주께서 높은 곳에서 손을 내밀어
나를 움켜잡아 주시고,
깊은 물에서 나를 건져 주셨다.
주께서 원수들에게서,
나보다 더 강한 원수들에게서,
나를 살려 주시고,
나를 미워하는 자들에게서,
나를 살려 주셨다.
내가 재난을 당할 때에,
원수들이 나에게 덤벼들었으나,
주께서는 오히려
내가 의지할 분이 되어 주셨다.
이렇게, 나를 좋아하시는 분이시기에,
나를 넓고 안전한 곳으로 데리고 나오셔서,
나를 살려 주셨다(8-20절).

몇 줄 읽지 않아도 우리는 곧 이 시편이 어떤 사건을 토대로 한 것인지 쉽게 알아볼 수 있다. 하나님의 백성이 이집트에서 구출된 사건, 그들이 시내 산에서 하나님을 예배한 사건이 바로 그것이다. 하나님이 자신의 백성을 이집트의 노예 생활로부터 구원하시고 시내 산에서 그들과 언약을 맺으신 사건 말이다. 그 이야기에 대해서는 우리도 출애 굽기에서 읽은 바 있다. 그런데 다윗이 이 시에서 묘사하고 있는 세세한 내용들을 대체 어디서 알게 된 것일까? **그것들은** 출애굽기에 기록되어 있지 않다. 분명 다윗은 지금 단순히 모세의 글을 인용하거나 권위 있는 원문을 언급하고 있는 것이 아니다. 그는 갈라져서 두 동강이 난 바다, 천둥으로 흔들리는 산의 모습을 **상상해 낸** 것이다. 그는 단순히 정보를 찾기 위해서가 아니라 그 속에 능동적으로 참여하기 위해 그 이야기들 속으로 들어간다. 그렇다고 그가 사실을 날조한 것은 아니다. 그는 그 이야기를 완전히 '자기 것'으로 만들고 있다.

다윗은 평상시 그답게 말을 놀랍도록 멋지게 사용하고 있다. 그는 노래하며 기도하는 데 말을 사용한다. 그는 현실을 신선하고 눈부시게 만들어 내는 데 말을 사용한다. 다윗은 시인이다. 즉 그는 단순히 무언가에 대해 이야기하기 위해서가 아니라, 무언가를 **만들어 내기** 위해 말을 사용한다.

하나님이 우리에게 실재를 계시하시는 것은, 우리더러 그 주위에 서서 구경하라는 뜻이 아니라, 그 속에 들어가 그것을 자기 것으로 삼으라는 뜻이다. 언어는 우리가 실재를 '자기 것'으로 삼는 주된 수단이다. 언어를 배움으로써, 우리는 '바깥 세계'(what's there)가 아닌 '내가 속한 세계'(where we are)를 발견한다. 우리는 이웃됨을 배우며, 우리를 바깥 세계/타인과 이어 주는 말들을 발견한다. 그렇게 이어 주고 연결시켜 주고 관계를 맺게 해주는 것이 바로 상상력이다. 상상력이란 빈 곳을 채우며 행간을 읽는 능력이다. 우리는 애초에 모두 시인이다. 우리는 말로써 세계를 의미 있게 **만든다**. 우리는 말로써 나의 길을 **만들어** 간다. 우리는 없던 것을 말로써 여기에 있게 만든다. 우리는 상대가 모르던 것을 말로써 알게 만든다. 만든다, 만든다, 만든다,…말로써. 우리는 시인이다.

시와 기도는 서로 뗄래야 뗄 수 없는 동지다. 그 둘이 다윗이라는 개인 속에서 하나로 융합되었다는 사실은 결코 우연이 아니다. 그리고 오늘날까지도 다윗이 **인간다움**의 전형이 되어 온 것은 적잖이 그러한 융합의 결과다. 왜냐하면 기도는 하나님의 실재가 직접적이고 인격적이심을 인식하는 데서 나오는 것이고, 시는 언어를 가장 직접적이고 인격적으로 사용하는 것이기 때문이다. 우리 삶에서의 기도의 회복은 시의 회복과 맞물려 있다. 다윗이 시인이었다는 사실은 다윗이 기도하는 사람이었다는 사실만큼이나 우리가 참된 인간성을 회복하는 데 많은 의미를 준다.[3]

다윗의 기도와 시는, 성경의 사건은 자신에게 일어난 사건이기도 하다는 그의 깨달음 안에서 하나가 된다. "주께서…나를 움켜잡아 주시고…나를 넓고 안전한 곳으로 데리고 나오셔서, 나를 살려 주셨다." 하나님이 행하신 과거의 활동은 결코 과거의 일로만 머물지 않는다. 그것은 현재의 활동이 된다. 지금의 다윗과 관계 있는 현재의 활동이 되는 것이다. 모세와 다윗 사이의 시간 차이는 사라진다. 그 둘은 믿음과 기도를 통해 동시대인이 된다. 이러한 복음의 삶 속에는, 단순히 과거이기만 하거나 단순히 교리이기만 한 것은 없다. 모든 것은 현재적이며, **삶**을 위한 것이 된다.

너희는 여호와의 선하심을 맛보아 알지어다.

그에게 피하는 자는 복이 있도다(시 34:8, 개역개정).

### ❖ "주께서 나에게 상을 내려 주시고"

그런데 이 시편의 분위기와 운율이 중간에 뜻밖의 변화를 보인다. 숙고하고 반추하고 명상하는 분위기와 운율로 느닷없이 변한 것이다. 전후 문맥을 고려하지 않고 볼 때 이는 우리를 오도할 수 있는 변화다. 왜냐하면 이 부분은 원숙한 성취감과 확신, 심지어 '이제 다 도달했다'는 식의 어조로 되어 있어서 자칫 자기 만족이나 독선으로 오해받을 여지가 있기 때문이다. 그러나 이 부분의 전후 문맥을 살펴볼 때, 즉 자신이 참여했던 하나님의 영광스러운 계시 사건에 대한 고백인 전반부 기도(1-20절)와 하나님의 구원에 대한 생명력 넘치는 증언인 후반부 기도(21-51절) 내용을 고려해 볼 때, 이 부분은 결코 다윗이 자신의 경건을 자화 자찬하는 본문으로 취급될 수 없다.

내가 의롭게 산다고 하여,

주께서 나에게 상을 내려 주시고,

나의 손이 깨끗하다고 하여,

주께서 나에게 보상해 주셨다.

진실로 나는,

주께서 가라고 하시는

그 길에서 벗어나지 아니하고,

무슨 악한 일을 하여서,

나의 하나님으로부터 떠나지도 아니하였다.

주의 모든 법도를 내 앞에 두고 지켰으며,

주의 모든 법규를 내가 버리지 아니하였다.

그 앞에서 나는

흠 없이 살면서 죄짓는 일이 없도록

나 스스로를 지켰다.

그러므로 주께서는 내가 의롭게 산다고 하여,

나에게 상을 주시며,

주의 눈 앞에서 깨끗하게 보인다고 하여,

나에게 상을 주셨다(21-25절).

이러한 것들이, 변화를 일으키는 우리의 **행동들이다**. 성품을 함양하고 결정을 내리고 습관을 기르고, 한 곳에 열중하고 계명에 순종하고 죄를 고백하는 일 같은 것 말이다. 물론 이런 일들이 그리스도인의 삶의 가장 커다란 부분은 아니지만—**하나님이 어떤 분이시며 하나님이 어떤 일을 하시는지**가 단연 가장 큰 요소다—그 일부라는 사실만큼은 분명하다. 일단 다윗의 삶을 철저하게 하나님 중심적으로 들여다볼 줄 안다면, 우리는 다윗의 삶의 평범한 면 역시 들여다볼 수 있다.

그런데 이 뒤에 한층 더 다윗과 어울리지 않는 듯한 구절이 등장한다. 기교를 부린 금언 같은 행들이 그것이다.

주님, 주께서는,

신실한 사람에게는

주님의 신실하심으로 대하시고,

흠 없는 사람에게는

주님의 흠 없으심을 보이시며,

깨끗한 사람에게는

주님의 깨끗하심을 보이시며,

간교한 사람에게는

주님의 교묘하심을 보이십니다.

주께서는 불쌍한 백성은 구하여 주시고,

교만한 사람은 낮추십니다(26-28절).

왜 이 부분이 다른 부분들과 안 어울려 보이는 것일까? 우리는 왜 다윗이 드린 기도의 깊숙한 중심부에서 이런 구절을 발견하는 것을 뜻밖이라고 여기는 것일까? 이유는 간단하다. 이 구절은 다윗의 삶과는 너무나 어울리지 않기 때문이다. 다윗의 삶을 특징짓는 것은 무엇인가? 바로 하나님의 자비, 하나님의 은혜, 하나님의 사랑이다. 다윗의 삶은 도덕적인 면에서나 영적인 면에서 결코 '다윗의 공덕 반, 하나님의 은혜 반'으로 균형을 이룬 삶이 아니었다. 그보다는 완전히 하나님의 은혜 쪽으로 기울어진 삶이었다. 무명이었던 다윗의 이름이 알려진 일, 아무런 준비도 없었지만 승리를 거듭한 일, 무방비 상태였지만 피난처를 발견한 일, 아무 공로 없이 그저 용서를 받은 일, 자격이 없었지만 왕위를 다시 회복한 일 등, 모두 순전히 하나님의 은혜였다.

다윗 이야기는 복음 이야기, 즉 다윗 스스로는 결코 할 수 없었을 일을 하나님이 다윗을 위해 행하시는 이야기다. 그것은 죄인이 구원받는 이야기다. 그것은 예수님 이야기에서 완성되는 이야기다. 그리고 예수님 이야기는 병든 자, 소외된 자, 잃어버린 자를 찾으시는 하나님 이야기다.

이것이 바로 도덕적으로 균형잡히고 현명한 가르침을 담은 이 2행 대구(對句)들이 여기에 어울리지 않아 보이는 이유다. 구구 절절 옳은 말이고 아무도 논박할 수 없는 말이긴 하지만 거기에는 다윗 특유의 무언가가, 기독교 특유의 무언가가 전혀 보이지 않는다. 옛 바빌로니아 혹은 이집트의 고(古)문서에서 이런 구절을 발견했다면 우리는 그다지 뜻밖이라고 여기지 않았을 것이다. 그러나 다윗의 기도문 중에서 이를 발견하는 것은 우리에게 뜻밖의 일이 되는 것이다.

그러나 여하튼 어울리지 않는 구절들이 여기에 들어 **있고** 따라서 우리는 그 이유를 알아야 한다. 그다지 어려울 것은 없다. 그런 구절이 여기에 들어 있는 것은, 그것이 우리가 살고 있는 이 세계의 여러 차원들 중 한 가지 차원만은 바르게 설명하기 때문이다. 우리가 살아가는 방식이 우리 자신에게 영향을 주는(혹은 역으로 영향을 받는) **도덕적인** 차원 말이다. 우리가 행동하고 생각하는 방식은 중요하다. 하나님이 우리에게 은혜를 주신다고 해서 우리가 일반적 예의를 지켜야 할 의무에서 면제되는 것은 아니다. 하나님이 우리 삶을 주도하신다고 해서 아침에 침대에서 일어나야 할 책임에서 벗어나는 것은 아니다. 악인은 선인이 받는 상을 받지 못한다. 악인은 참다운 삶을 살지 못한다. 어느 시대, 어느 문명권에서나 이러한 도덕적 진리를 말하는 경구와 잠언은 굉장히 많이 발견된다. 도덕적 지혜가 우리 인간됨의 심장부(heart)가 아니라고 해서 진리가 아닌 것은 아니다. 우리 인간됨의 심장부는 하나님이다. 그러나 덜 중요한 도덕적 차원을 완전히 무시할 수는 없다. 손가락과 발가락을 그것들이 심장이 아니라는 이유로 잘라 버릴 수 없는 것과 같은 이치다. 그래서 다윗의 이 기도에도, 인류에게 공통되는 값진 도덕적 지혜를 담은 경구가 포함되어 있는 것이다.

### ✣ "주께서 나에게 싸우러 나갈 용기를 북돋우어 주시고"

잠시 깊은 생각에 잠긴 듯했던 부분은 곧 끝나고 다윗은 다시 예전 모습으로 돌아간다. 자신의 삶 가운데 일어난 하나님의 활동을 굳게 붙잡고 기도하는 다윗, 그렇기에 넘치는 생명력을 가지고 휘몰아치듯 돌진하는 다윗으로 말이다.

아, 주님, 진실로 주님은
나의 등불이십니다.
주님은 어둠을 밝히십니다.
참으로, 주께서
나와 함께 계셔서 도와주시면,
나는 날쌔게 내달려서,
적군도 뒤쫓을 수 있으며,

높은 성벽이라도 뛰어넘을 수 있습니다.

하나님께서 하시는 일은 완전하며,
주께서 하시는 말씀은 신실하다.
주께로 피하여 오는 사람에게
방패가 되어 주신다.

주님 밖에 그 어느 누가 하나님이며,
우리의 하나님 밖에,
그 어느 누가 구원의 반석인가?
하나님께서 나의 견고한 요새이시다.
하나님께서는 내가 걷는 길을
안전하게 하여 주신다.
하나님께서는 나의 발을
암사슴의 발처럼 튼튼하게 만드시고,
나를 높은 곳에 안전하게 세워 주신다.
하나님께서 나에게 전투 훈련을 시키시니,
나의 팔이 놋쇠로 된 강한 활을 당긴다.
주님, 주께서 구원의 방패로 나를 막아 주시며,
주께서 안전하게 지켜 주셔서,
나의 담력을 키워 주셨습니다.
내가 발걸음을 당당하게 내딛도록

주께서 힘을 주시고,

발목이 떨려서 잘못 디디는 일이 없게 하셨습니다.

나는 원수들을 뒤쫓아가서 다 죽였으며,

그들을 전멸시키기까지

돌아서지 않았습니다.

그들이 나의 발 아래에 쓰러져서

아주 일어나지 못하도록,

그들을 내가 무찔렀습니다.

주께서 나에게

싸우러 나갈 용기를 북돋우어 주시고,

나를 치려고 일어선 자들을

나의 발 아래에서 무릎 꿇게 하셨습니다.

주께서는 나의 원수들을

내 앞에서 도망가게 하시고,

나를 미워하는 자들을

내가 진멸하게 하셨습니다.

그들이 아무리 둘러보아도

그들을 구해 줄 사람이 하나도 없고,

주님께 부르짖었지만

끝내 응답하지 않으셨습니다.

그래서 나는 그들을 산산이 부수어서,

땅의 먼지처럼 날려 보내고,

길바닥의 진흙처럼 짓밟아서 흩었습니다.

주께서는 반역하는 백성에게서

나를 구하여 주시고,

나를 지켜 주셔서

뭇 민족을 다스리게 하시니,

내가 모르는 백성들까지 나를 섬깁니다.

이방 사람이 나에게 와서 굽실거리고,

나에 대한 소문만 듣고서도

모두가 나에게 복종합니다.

이방 사람이 사기를 잃고,

그들의 요새에서 떨면서 나옵니다(29-46절).

이제 다윗은 하나님이 어떻게 자신을 하나님의 일, 즉 왕업을 하도록 구비시키셨는지에 대해 증거하는 기도를 한다. 다윗은 행동한다. 다윗은 하나님께 받은 힘을 가지고 하나님의 일을 한다. 왜냐하면 인간의 최고 영예 가운데 하나는 일을 할 수 있다는 것, 행동할 수 있다는 것이기 때문이다. 하나님의 영은 다윗 안에 생명을 불어넣어 다윗으로 하여금 일을 하게 하신다.

누구라도 인정하겠지만 다윗은 하나님과 홀로 있겠다며 인간 사회로부터 물러나지 않는다. 그는 일로 인해 더럽혀지거나 지치거나 마음이 흩어지지 않기 위해 신중하게 삶을 계획하고 꾸려 나가기는 한다. 그러나 자신의 삶 전체에 대해 회고하고 숙고한 바를 기도로 표현하는 지금, 그는 산 속이나 호수 혹은 숲 속 개울가 등지에서 가졌던 한적한 시간에 대해서가 아니라 자신이 정열적이고 활동적으로 뛰어들었던 일의 세계에 대해 말하고 있다. 일은 하나님에게서 멀어지는 것이 아니라 하나님을 동력으로 삼아 세상 속으로 뛰어드는 것이다.

그러나 다윗이 뛰어든 실제 일을 살펴볼 때 우리는 충격을 받게 된다. 왜냐하면 다윗의 주된 일은 바로 전쟁이기 때문이다. 다윗이 하나님이 주신 힘을 가지고 의기 양양하게 벌인 일의 대부분은 사람을 죽이는 것과 관련이 있었다. 그의 일의 세계는 무기를 휘두르며 전투를 벌이는 세계였다.

지금까지 살펴본 다윗 이야기 전체가 전쟁과 관련되어 있었다, 더 흥미롭고 중요한 다른 주제들—기도, 아름다움, 우정, 고통, 은혜 등—이 있었기에 거기에 우리의 관심이 집중되기는 했지만 말이다. 다윗이 행한 거의 모든 일의 배경은 전쟁이었고 다윗은 거기에 적극적으로 참여했다. 우리는 이 역설을 어떻게 다루어야 하는 것일까? 인간다운 삶의 정수로 제시되는 다윗의 삶의 여건이 전적으로 비인간적이라는 사실 그리고 다윗은 그러한 비인간적 삶—사람을 죽이는 전쟁—에 기꺼이, 아니 정열적으로 참여한다는 사실을 말이다.

삶의 여건 문제를 제대로 파악하지 못하거나 회피하면 우리는 그리스도인의 삶이 어떻게 돌아가는 것인지, 그 정확한 본질을 제대로 이해할 수 없다. 삶의 여건이란 무엇인가? 그것은 날씨, 토양, 돈, 종족 감정과 계급 적대 의식, 부족의 전통과 사회적 관습, 기술과 성(性), 들는 음악의 종류, 말하는 방식, 들은 이야기 등을 말한다. 우리들 대부분은 우리가 처한 삶의 여건을 당연한 것으로 가정한다. 우리는 그러한 삶의 여건을 어머니의 젖을 먹듯이 그대로 빨아들이며 그것에 대해 생각하는 일은 거의 없다. 그 여건들은 하나님의 형상대로 지음받은 존재로서의 인간 본질에 합당할 때도 있고 합당하지 않을 때도 있지만, 어쨌든 **엄연히 존재한다.** 우리는 사회적·문화적·정치적 진공 상태에서 그리스도인이 되는 것이 아니다.

찰스 윌리엄스(Charles Williams)는 기독교 공동체의 태동에 관해 탁월하게 설명한 저서에서, 예수님은 세 가지 삶의 여건 아래 태어나셨다고 지적했다. 로마의 권력, 헬라 문화, 인간의 죄가 바로 그것이다. 그리고 윌리엄스는, 성령님은 수세기에 걸쳐 변화하는 교회 역사의 여건 속에서 예수님의 삶을 설명해 주셨으며, 그분은 **언제나** 일정한 여건 아래서 일하신다는 것을 설득력 있게 주장한다.[4] 성령님의 일이 여건으로 인해 제한받는다는 말이 아니라, 주 성령님이 스스로 그런 제한 안에서 일하기로 선택하셨다는 말이다. 그러나 성령님이 제한 안에서 일하신다고 해서, 그 여건에 자동적으로 '기독교적'이라는 칭호가 부여되는 것은 아니다. 한 예로, 1세기 팔레스타인을 두고 기독교 황금기라고 부를 사람은 없을 것이다. 우리가 여기서 이해해야 할 것은 두 가지다. 성령님의 일하심을 막을 수 있는 여건이란 사실상 존재하지 않는다는 사실과, 성령님은 결코 그러한 여건과 동떨어져서 일하시지 않는다는 사실이다. 하나님은 그분의 나라를 만들어 가는 일에 그 어떤 여건이라도 이용하실 수 있다.

다윗이 살았던 그리고 그 이야기가 기록되었던 시대의 문화적 여건은 상당 부분 블레셋 문화와 가나안식 도덕관―다시 말해, 폭력과 난잡한 성 문화―이 지배적이었다. 고고학자들이 유적지에서 파낸 블레셋 술잔과 가나안 다산(多産) 여신상들은 이러한 두 문화를 잘 보여 준다. 나는 하나님의 영광을 위한 삶을 꾸려 나가는 데 이보다 더 부적합한 시대, 이보다 더 열악한 여건을 상상할 수 없다. 아마도 '본디오 빌라도'의 시대를 제외하고서.

그러나 이 사람을 보라. 다윗. 철기 시대의 폭력과 난잡한 성 문화 속에서 태어나 살다가 죽었던 그는 비록 그 영향에서 자유로울 수는 없었지만 그렇다고 거기에 갇히지도 않았다. 우리가 다윗의 생애 이야기를 듣다 보면 대개 그 삶의 여건에 대해서는 잊어버리게 될 정도로, 그는 놀라울 만큼 당대의 문화를 초월했다. 그러나 우리는 다윗이 어떤 여건에서 살았는지 잊지 말아야 한다. 왜냐하면 지금 우리도 마찬가지로 적합하지 않은 여건에서 살고 있기 때문이다. 폭력과 성, 전쟁과 난잡함이라는 당시의 문화 현상들은 오늘날에도 그다지 변한 것 같지 않다. 그러나 이러한 현상들 자체가 곧 인간적 여건이다. 따라서 우리가 거룩한 삶을 살아 낼 수 있는 유일한 여건이기도 하다.

### ✣ "나의 구원의 반석이신 하나님을 높여라!"

주님은 살아 계신다.
나의 반석이신 주님을 찬양하여라.

나의 구원의 반석이신 하나님을 높여라.

하나님께서 나의 원수를 갚아 주시고,
뭇 백성을 나의 발 아래에 굴복시켜 주셨습니다.
원수들에게서 나를 구하여 주셨습니다.
나를 치려고 일어서는 자들보다
나를 더욱 높이셔서,
포악한 자들에게서도 나를 건지셨습니다.

그러므로 주님,
뭇 백성이 보는 앞에서
내가 주께 감사를 드리며,
주의 이름을 찬양합니다.
주님은 손수 세우신 왕에게
큰 승리를 안겨 주시는 분이십니다.
손수 기름을 부어 세우신
다윗과 그의 자손에게
한결같은 사랑을
영원 무궁하도록 베푸시는 분이십니다(47-51절).

다윗이 탐험하고 부딪쳐 보지 않은 삶의 영역은 거의 없었다. 그리고 항상, 혹은 적어도 결국에는 그의 삶의 가장 큰 부분은 하나님이셨다. 하나님을 찬미하고 믿고 순종하지 않는다면 우리는 눈앞에 놓인 것을 대부분 놓치게 된다. 하나님을 무시하거나 부인하면 우리는 도덕적으로 나빠지기 이전에 하찮은 존재가 된다. 우리는 조각가 자코메티(Giacometti)가 하나님을 저버린 20세기 인간을 묘사하며 만든 조각상처럼 궁색하고 보잘것없어진다.

반면 다윗의 삶은 하나님을 긍정하는 삶, 하나님께 긍정을 받는 삶, 드넓고 광대한 삶이었다. 그것은 예수님이 "꿈꾸었던 것만큼 풍성하고 좋은 삶"(요 10:10, 메시지)이라고 부르셨던 삶, 바울이 말한 "[하나님이] 그리스도인들을 위해 소유하고 계신 그 엄청난 영광, 오, 하나님을 신뢰하는 사람들 안에서 활동하는 그 거대한 힘"(엡 1:19, 메시지)이 넘치는 삶이었다.

다윗에게는 더 다듬어져야 할 부분도 많았다. 그는 결코 그의 자손 예수님처럼 원수를 사랑하는 수준까지는 미치지 못했다. 그의 도덕성과 품행에는 미진한 점이 많았다. 하지만 성경은 이런 면모를 그의 오점이 아니라 우리 모두가 처해 있는 상황으로 제시한다. 이는 옳지 못한 행실을 정당화시켜 주기 위함이 아니라, 먼저 선해져야 그 보상으로 하나님을 얻는다는 잘못된 생각을 반박하기 위함이다. 우리는 일단 그저 은혜로 하나님을 얻는다. 그리고 나서 평생 동안 꾸준히 하나님의 방식으로 훈련받는다.

# 20. 죽음
## 다윗과 아비삭

열왕기상 1-2장

> 내가 진정으로 진정으로 너희에게 말한다. 밀알 하나가
> 땅에 떨어져서 죽지 않으면 한 알 그대로 있고, 죽으면 열매를 많이 맺는다.
> 자기의 목숨을 사랑하는 사람은 잃을 것이요, 이 세상에서 자기의 목숨을 미워하는 사람은,
> 영생에 이르도록 그 목숨을 보존할 것이다.
> – 요한복음 12:24-25

 이제 다윗은 죽는다. 삶은 죽음으로써 완성된다. 죽음은 한계다. 인간이란 말의 의미는 언젠가는 죽는 존재라는 뜻이다. 죽음은 우리의 인간됨을 종결시킨다기보다는 입증해 준다.

 인류 최초의 유혹은 하나님처럼 되기를 시도해 보라는 것이다(창 3:5). 인류에게 주어진 최초의 경고는 만일 그렇게 시도할 경우 우리는 반드시 죽는다는 것이다(창 3:3). 우리 모두는 그런 시도를 하고 우리 모두는 죽는다. 죽음은 우리의 인간됨을 보호하고 보장해 주는 장치다. 인간의 자리를 지키지 않고 인간 이상의 존재가 되려고 하는 우리의 시도(이것이 모든 죄의 공통된 표지다)는 결국 우리를 인간 이하의 존재로 떨

어뜨린다. 죽음은 우리가 완전히 비인간화되는 것을 차단시켜 준다.

따라서 참으로 사는 법을 배우고자 하는 사람은 반드시 죽음에 대해 깊이 묵상하고 숙고해야 한다. 죽음의 문제에 대해 충분히 주목하지 않고 그 주제를 회피하거나 완곡하게 다룬다면, 우리의 삶은 빈곤해질 수밖에 없다. 죽음을 부인하는 것은 삶을 회피하는 것이다.[1] 사복음서 기자들이 예수님 이야기—가장 생명이 넘치는 이야기—를 들려주면서, 삶의 다른 측면보다는 그분의 죽음에 대해 가장 상세하게 말하는 것은 의미 심장하다.

### ✢ 다윗의 죽음

40년 전 다윗은 사울과 요나단의 죽음에 대해 숭고한 반응을 보였다. 사울과 요나단이 블레셋과의 길보아 산 전투에서 죽자, 다윗은 참으로 훌륭한 비가를 지어 부름으로써 그들의 죽음을 영예롭게 했다. 그는 죽음을 자신의 존경과 사랑을 나타내 보이는 계기로 삼았다. 다윗은 시의 언어를 사용해 죽음을 크게 부각시켰고 거기에 존엄성을 부여했으며 거룩한 아름다움을 덧입혔다. 다윗처럼 참 삶의 길을 아는 사람들은 죽음의 문제를 회피하지 않는다.

그러나 다윗이 죽었을 때는, 숭고한 반응은 고사하고 애도하는 사람조차 없었다. 그가 죽을 당시 집안은 온통 싸움판이었다. 죽어 가는 사람을 기리는 기색은 전혀 없었다. 다윗은 아내와 자녀들에게 둘러싸여 사랑과 감사의 말을 들으며 평화롭게 죽지 못하고, 서로 반목하고 속고 속이는 집안 싸움에 휘말려 있었다. 다른 사람들만이 문제인 것은 아니었다. 다윗 자신도 이렇게 엉망인 상황에 한몫 했다. 그의 '유언'은 야비하고 무자비했다. 바로 전에는 자비를 베풀어 주었던, 오랜 숙적 시므이를 처형시키라는 명령이었다. "그의 백발에 피를 묻혀 스올로 내려가게 해야 한다"(왕상 2:9).

### ✣ 수넴 여인 아비삭

그러나 아비삭은 예외다. 아비삭은 다윗의 임종을 둘러싼 암흑과 혼란 속에서 빛나는 단 하나의 불빛이다. 그 때의 다른 모든 사람과는 달리 아비삭은 오직 섬기기 위해 그 자리에 있고 섬기는 것으로 만족한다. 그녀에게는 달성해야 할 야망이나 다윗에게서 무언가를 얻고자 하는 책략 같은 것이 없다. 그녀는 다만 비(非)기능적인 자격 곧 아름다움과 젊음 때문에 거기에 있었던 것이다.

요즘은 아비삭의 등장을 나이 든 왕의 정력을 회복시켜 보려는 충성스런 신하들의 노력의 일환 정도로 해석하면서 대수롭지 않게 여기는 경우가 흔하다. 일흔 살의 다윗은 혈액 순환이 원활하지 못하고 하인들은 밤새 다윗의 몸을 따뜻하게 유지시킬 수 없다. 삶에 대한 의욕이 심하게 저하되어 있고, 어떤 사물이나 사람도 오랫동안 그의 주의를 끌지는 못한다. 신하들은, 아름다운 처녀를 데려다가 시중을 들게 하고 같이 자게 해서 그의 정력—왕으로서의 정력과 성적인 정력—을 다시 북돋울 수 있기를 바란다. 여기서는 성적인 능력과 왕으로서의 능력이 연결되어 있는 것으로 여겨진다. 즉 왕이 성적으로 무능하면 나라와 문화 역시 영적으로 침체되고 생기를 잃게 된다는 것이다.[2] 이런 맥락에서만 볼 때, 아비삭은 정치적 목적을 위해 활용되는 성적인 기능 정도로 축소되고 만다.

나는 본문이 이런 식으로 이해될 소지가 있음을 부인하지는 않지만, 아비삭을 하나의 기능 정도로 축소시키는 것에는 반대한다. 이야기를 있는 그대로 들여다볼 때, 그녀는 그것을 훨씬 넘어서는 존재이기 때문이다. 즉 그녀는 죽음의 신성함에 대한 증거이며 죽어 가는 다윗의 옆을 지키는 신성한 임재다. 그리고 다윗의 죽음을, 해결해야 할 문제나 잡아야 할 기회나 헤쳐 가야 할 난관으로 여기는 반응을 보이는, 이야기 속 다른 사람들에 대한 조용한 꾸지람이다. 본문에는 그녀의 말에 대한 기록이 전혀 없지만, 그녀의 침묵이 오히려 우리로 하여금 다른 사람들이 보인 세 가지 반응 각각을 적나라하게 볼 수 있게 해준다. 죽음에 대한 그 비인간적인 반응들을 말이다.

지금도 우리는 흔히 죽음에 대해 이러한 세 가지 방식으로 반응한다. 죽음과 관련하여 가장 힘든 일 가운데 하나는 다음과 같은 사람들을 다루어야 한다는 것이다. 죽어 가는 이들을 대하는 법을 모르는 사람들, 인간으로서의 한계를 받아들일 줄 모르는 사람들, 죽음 앞에 분노하여 사는 법과 사랑하는 법까지 망각하는 사람들, 죽음의 신비로부터 도망침으로써 결국 죽어 가는 이를 저버리는 사람들. 죽음은 우리에게 (신이 되려고 시도하지 않는) 인간으로서 살아가는 법을 가르쳐 줄 수 있다. 그렇지 않다면 죽음은 우리가 두려워해야 할 대상, 가능한 한 회피해야 할 대상에 불과할 것이다. 그러나 죽음은 우리로 하여금 인간의 한계와 대면하게 하고 진정한 인간됨이 무엇인지를 깨닫게 해줄 수 있기에, 우리는 죽음과 한 개인이 죽어 가는 것을 받아들일 수 있고 심지어 기꺼이 맞이할 수도 있다.

다윗은 죽어 가면서 신하들, 아들 아도니야, 아내 밧세바에 의해 차례로 버림받는다. 그러나 그들이 다윗을 저버리는 와중에서도 아비삭만은 조용히 그리고 아름답게 다윗의 옆을 지키고 있다.

### ❖ 신하들: "젊은 처녀를 한 사람 구하자"

신하들은 다윗의 죽음을, 해결해야 할 문제로 취급한다. 아마도 이는 세 가지 반응 중 가장 이해할 만하고 흔한 반응일 것이다. 그들의 임무는 왕을 섬기는 것이고, 따라서 그들은 다윗을 병석에서 일으켜 세워 예전처럼 움직이도록 만드는 것이 자신들의 임무라고 생각한다. 그들은 나름대로 최선을 다한다. 그들은 우선 이불을 더 많이 덮어 주는 방법을 취한다. 정교한 의학적 치료와는 거리가 멀지만, 그들로서는 한다고 한 것이다.

그 방법이 통하지 않자 이번에는 기적적인 치유책을 찾아나선다. 아마 그들은 아름다운 처녀가 죽어 가는 노인을 소생시켰다는 일화를 어디서 들었던 것 같다. 혹은 가나안족의 오래된 다산(多産) 신화에서 그 아이디어를 얻었는지도 모른다. 어쨌든 그들은 '아름다운 처녀'를 치료법으로 선택했고 적합한 처녀를 찾아나섰다. 그러다가 그들은 이스라엘 골짜기의 수넴 마을에서 아비삭을 발견했다.[3] 그러나 이 치료법 또한 성공하지 못했다. "왕은 그녀와 성적인 관계를 맺지 않았다" (왕상 1:4, NRSV).

신하들은 죽음의 병을 치료하는 일에 두 번 모두 실패했다. 실패할 때마다 다윗은 그들이 처리해야만 하는 문젯거리로 전락한다. 그들이 죽음을 해결해야 할 문젯거리로 취급할수록 다윗은 문젯거리로 전락한 것이다. 다윗은 점점 하나의 문젯거리가 되었고 그만큼 인격체로 대접받지 못한다. 이는 통탄스러운 비인간적 대우가 아닐 수 없다. 죽음을 하나의 문제로 취급할수록 우리는 방관자로서 유능하고 '활동적인' 사람이 되어 자신의 힘과 돈으로 무언가 구하고 사들이고 처리하게 된다. 우리는 이런 일에 빠져서 죽어 가는 사람의 눈을 가만히 쳐다봐 주며 눈물을 닦아 주고 그 고백에 귀 기울여 주면서 그의 삶에 존엄성을 부여해 줄 생각은 하지 않게 된다. 많은 사람들이 이런 식이다. 그들이 다윗의 신하들과 다른 점이란, 죽어 가는 사람에게 집중하지 못하게 만드는 일거리, 기술, 자극물이 오늘날에는 더욱 많아졌다는 것뿐이다.[4]

그러나 아비삭은 치유책으로서는 실패했지만 한 사람의 인간으로서 다윗 곁에 계속 남아 있다.

### ✤ 아도니야: "내가 왕이 되리라"

아도니야는 다윗의 아들 중 가장 나이 많은 이로서 서열상 왕위 계승자다. 그러나 다윗이 오랜 기간 병석에 누워 있으면서 쉽사리 죽지 않자, 아도니야는 참을 수가 없다. 다윗이 살아 있는 한, 그는 아도니야의 미래를 막는 존재일 뿐이다. 아도니야는 왕이 되기를 원하고 왕이 될 날을 오랫동안 손꼽아 기다렸으며 왕이 되고 싶어 견딜 수가

없다. 다윗이 죽어 가자, 아도니야는 속으로 환호성을 올린다. '이제 멀지 않았다!'

그러나 다윗이 쉽사리 죽지 않자, 마침내 아도니야는 완전히 인내심을 잃어버리고 만다. 여하튼 아버지는 더 이상 왕의 직무를 감당할 수 없고 나라에는 지도자가 있어야 하므로, 가장 나이 많은 아들인 아도니야는 왕의 자리를 맡음으로써 당연하고도 책임 있는 유일한 일을 한 것이다. 탁월하고 이름난 두 인사—아비아달 제사장과 요압 장군—로부터 지원을 받자, 마침내 아도니야는 자신을 왕으로 선포한다.

그의 즉위식은 축제가 된다. 너나 할 것 없이 많은 사람을 초대해서 화려한 잔치를 열었다. 다윗의 회생이 거의 불가능해 보이자 그것이 아도니야가 결국 본색을 드러낼 기회가 된 것이다. 날개를 펴고 야망을 성취할 절호의 기회였다. 다윗이 왕으로 있는 한 아도니야는 왕일 수 **없다**. 아도니야에게는 그 사실이 해가 지날수록 점점 더 방해물과 구속과 제한으로 여겨졌다. 아도니야는 그 제한에서 벗어날 때까지 기다릴 수가 없었다.

이는 다윗이 두 번째 당하는 일이다. 처음에는 압살롬, 이번에는 아도니야. 두 아들 모두 잘생겼고 야심적이었으며 지독히 자기 중심적이었다. 그리고 둘 모두 아버지를 개인적 야망을 성취하는 길에 놓인 장애물로 취급했다. 지금은 아도니야 차례다. 그는 아버지를 높이기는커녕, 마치 다윗이 이미 죽기라도 한 것처럼 아버지를 망각하고 왕 행세를 하려 든다. 압살롬은 아버지를 죽이려 했다. 그리고 아도니야는 아예 그를 무시한다.

타인의 삶은 나의 삶에 대한 제한일 수밖에 없다. 가장 가까운 사람들이 나의 삶을 가장 많이 제한한다. 아이들도 제한이다. 배우자도 제한이다. 부모도 제한이다. 사소한 불편 정도의 제한이 아니라 인간으로서 살아가는 일에 따르는, 힘들더라도 피할 수 없는 주요 조건으로서의 제한이다. 그런데 우리에게는 인간이 아니라 신으로서 살고자 하는 경향이 있기에, 때때로 그런 제한거리들이 없다면 얼마나 좋을까 상상해 보기도 한다. 그런 제한들이 사라지면 자신이 마음껏 왕 행세를 할 수 있으리라 상상하는 것이다.

그러나 결코 그렇지 않다. 삶의 제한을 존중하고 죽음을 존엄하게 대하는 것은 우리의 삶을 깊이 있게 해준다. 삶에서 제한거리들을 제거하려 해서는 안 된다는 것을 확고하게 믿는 이들은 삶에 대해 무언가를 아는 사람들이다. 그들은, 자신의 삶을 방해하는 것처럼 보이는 불편거리들을 제거해 버릴 경우 우리의 삶이 풍성해지기는커녕 도리어 더 빈궁해진다는 사실을 안다.[5]

예술가들은 제한을 사랑하는 법을 배운다. 시인은 소네트에 부여된 열네 줄이라는 제한을 자유의 형식으로서 존중한다. 화가는 캔버스 틀의 제한을 끝없는 주관주의에 대한 제어 장치로서, 따라서 실재의 바로 이 부분을 다룰 수 있는 자유로서 존중한다. 연주자는 보표(score)의 제한을 또 다른 음악 세계, 대개 더 넓은 음악 세계에 참여할 수 있는 자유로서 존중한다. 작곡가는 다른 것에 방해받지 않고 **바로 그 조성**(tonality)을 자유롭게 탐구하기 위해 조표(key signature)의 제한을 존중한다.

그리고 참 인간은 죽음을—그들 자신의 죽음과 다른 사람의 죽음을—인간의 한계와 경계선으로서 존중하는 법을 배운다. 우리는 이러한 경계선을 벗어남으로써 인간이 되는 것이 아니라 그 **안에서** 인간이 되기 때문이다.

아도니야는 임박한 다윗의 죽음을 자신을 키울 기회로 취급함으로써 결국 자신의 죽음을 재촉했다. 아도니야는 다윗의 죽음을 존엄하게 대하지 못함으로써 결국 자신의 죽음을 앞당겼다. 아도니야의 즉위식 직후 다윗은 죽었지만, 다윗의 명령에 따라 솔로몬이 기름부음을 받아 왕으로 즉위했고 아도니야는 야비한 기회주의자로 지탄의 대상이 되었다.

의미 심장하게도 여기서 아비삭이라는 이름이 다시 등장한다. 솔로몬은 보위를 찬탈하려 한 아도니야의 죄를 용서해 주었으나, 아도니야는 여전히 욕심을 버리지 못했고 아비삭을 아내로 달라고 요청함으로써 속마음을 드러낸다. 이 부분을 읽으면서 아도니야가 아비삭을 사랑한다고 생각하는 사람은 아무도 없을 것이다. 그는 다만 그녀가 가진 상징적 의미가 탐이 난 것이다. 아비삭은 다윗과의 연결 고리, 강력한 상징적 연결 고리다. 성(性)과 왕권, '에로스'(eros)와 '타나토스'(thanatos, 죽음—편집자 주). 아비삭은 아도니야가 백성들로부터의 명성을 회복하고, 어쩌면 솔로몬의 통치권을 약화시킬 수도 있는 수단이다. 솔로몬은 그 요청 안에 담긴 이러한 기회주의적 음모를 간파했고 아도니야를 처형하라는 지시를 내렸다.

### ✤ 밧세바: "누가 보위에 오를 것인가?"

죽어 가는 다윗에 대한 세 번째 반응, 밧세바의 반응 역시 우리를 실망시킨다. 밧세바의 반응은 그 말투와 시기말고 내용상으로만 볼 때는 잘못된 것이 없다. 왜냐하면 밧세바가 한 일은 꼭 필요한 것이기 때문이다. 그녀의 임무는 솔로몬의 다윗 왕위 계승을 확실히 하는 것이었다(그녀가 상기시켜 주듯이, 다윗은 전에 그것을 엄숙히 약속한 바 있다). 다윗이 그것을 약속한 바 있다는 사실은 본문에 세 차례에 걸쳐 확인되고 있다. 처음에는 나단, 그 다음에는 밧세바, 마지막으로는 다윗 자신의 말을 통해(왕상 1:13, 17, 30).

여기에는, 한 가지 질문에 초점을 맞추며 이 이야기의 안팎에서 작용하는 강력한 이야기의 흐름이 있다. 혹자는 이것이 이야기 전체에서 가장 두드러진 요소라고 하기도 한다. 그 질문은 이것이다. "누가 다윗의 보위를 이을 것인가?" 이제 우리는 대답을 들을 준비가 되었다. 바로 솔로몬이다.

밧세바는 단지 책임을 다하는 행동을 한 것뿐이다. 여기에 무슨 잘못이 있는가? 책임과 관계되는 한 그녀에게는 잘못이 없다. 그러나 우리는 단지라는 말이 마음에 걸린다. 다윗의 죽음이 임박하자 밧세바는, 다윗이 약속을 지키게끔 해서 나라가 계속 '다윗의' 길로 가도록 하기 위해 정당하지만 염려에 가득 찬 행동을 하게 된 것이다.[6]

이 지점에서 놀랍게도 또다시 아비삭의 이름이 언급된다. 나단이 밧세바로 하여금 아도니야가 일으키는 위험에 주의하도록 한 후에 본문은 말한다. "[그래서] 밧세바는 침실에 있는 왕에게로 갔다. 왕은 매우 늙어서, 수넴 여자 아비삭이 수종을 들고 있었다"(왕상 1:15).

다윗은 죽어 가고 있다. 이 때 아비삭은 그와 함께 있지만 밧세바는 그렇지 않다. 아비삭은 다윗이 죽어 가고 있기 **때문에** 그와 함께 있지만, 밧세바는 그와 함께 있지 **않다**. 왜냐하면 그녀는 행동하는 여자인데, 그 곳은 더 이상 행동의 장소가 아니기 때문이다. 그런데 나단이 그녀에게 그녀가 다윗을 찾아가 행동을 개시하지 않으면 그녀와 나단은 영원히 행동하지 못할 것이라고 알려 준다. 밧세바가 다윗의 병상을 찾은 것은 그의 죽음 자체 때문이 아니라 그의 죽음과 관련된 그녀의 책임 때문이다. 다윗은 나랏일을 돌보는 것을 게을리하고 있고 아직 유언장도 작성해 두지 않은 상태다. 만일 다윗이 이 상태로 죽는다면, 나라가 온통 혼란의 도가니에 빠져들 것이 뻔하다.

나단의 인도하에 밧세바가 행한 개입은 다윗에게서 행동을 이끌어낸다. 그는 다시 한 번 왕답게 행동한다. 그는 해야 할 업무를 챙기고 오래 전에 밧세바에게 해주었던 약속을 지킨다. 솔로몬의 기름부음과 왕위 즉위식에 관해 지시를 내리고, 솔로몬에게 **하나님이** 세우신 왕으로서 **하나님의** 계시를 계속 이어 갈 책임을 주지시킨다. 그리고 요압과 아비아달과 시므이에 관해 남은 일을 처리하도록 지시한다. 그리고―자신의 책임을 완수한 다음에야―다윗은 죽는다.

밧세바의 책임감 있는 행동은 다윗으로 하여금 책임을 다하게 만든다. 밧세바의 관심과 관여 때문에 다윗의 왕국은 솔로몬의 왕국으로 이어질 수 있었다. 이것은, 솔로몬이 다윗의 보위를 계승하게 되었다는 정치적 이야기로서는 만족스러운 이야기다. 또 인간 죄악이 요동치는 불확실한 상황 속에서도, 때로는 인간들의 추악한 동기를 이용하시면서까지 하나님은 자신의 언약을 지키는 분이심을 말하는 신학적인 이야기로서도 이것은 더할 나위 없이 멋진 이야기다. 그러나 **다윗** 이야기로서는―하나님의 형상대로 지음받고 그리스도의 십자가로 구원받고 성령님이 주시는 복을 받은 인간으로서 우리가 무엇을 기대할 수 있는지 보여 주는 이야기로서는―실망스러운 이야기가 아닐 수 없다. 우리는 더 나은 결말을 기대했다. 애도하는 밧세바의 모습, 죽음의 신성한 신비 앞에서 경외감을 느끼며 다윗에게 그의 시편들 중 하나를 읽어 주는 밧세바의 모습을 말이다.

그러나 직시해야 할 것은, 우리 중 많은 사람이 바로 이처럼 죽음을 맞이한다는 사실이다. 많은 경우 죽음은 사람들 속에서 최악을 끄집어 낸다. 우리는 그들에 의해, 해결해야 할 문젯거리, 잡아야 할 기회, 수행하고 바로잡아야 할 책임 등으로 취급당하고 만다. 다윗처럼 말이다. 다윗 이야기는 삶에 대한 환상을 제공하거나 감상에 빠지지 않는다. 그리스도인의 삶은 결코 낭만적인 이야기가 아니다. 그렇다고 말하는 사람은 우리를 기만하는 것이다. 우리에게 다른 어떤 것보다도 절실히 필요한 것은, 참으로 그리고 철저히 인간적인 삶의 실재―죽음을 근본적인 경험과 폭넓은 은유로 삼는 삶―를 상세히 익히고 느끼는 일이다. 우리가 듣는 이 다윗 이야기가 바로 이 일을 해준다. 그리하여, 결국에 가서는 그리고 결국에 가서야 부활에 이르는 예수님의 삶을 살 준비를 갖추도록 만들어 준다.

## ✣ 예수님의 죽음

그러나 아직 끝이 아니다. 마지막 말은 예수님이, 십자가에서 기도하시는 예수님, 다윗의 기도로 기도하시는 예수님이 하신다. "'엘로이 엘로이 레마 사박다니?' 하고 부르짖으셨다. 그것은 번역하면 '나의 하나님, 나의 하나님, 어찌하여 나를 버리셨습니까?'라는 뜻이다"(막 15:34). 다윗의 자손이신 예수님은 다윗의 말로 마지막 기도를 하셨다. 시편 22편이 바로 그 기도다. 이 시편은 두 부분으로 되어 있다. 전반부는 죽음의 고통을 표현하며, 후반부는 삶에 대한 최종적인 의견을 말해 준다. 두 부분이 함께 한 시편, 한 기도, 하나의 통일성 있고 통합된 경험을 이루고 있다.

우선 전반부는 죽어 가는 과정에 대한 상세한 묘사다. 그 절망적 상실감, 육체가 당하는 고통, '어떻게 이런 일이 **나**에게 일어날 수 있는가' 하는 당혹스러움, '하나님이 대체 어디에 계신가' 하는 부재(不在) 경험 등.

나의 하나님, 나의 하나님,
어찌하여 나를 버리십니까?
어찌하여 그리 멀리 계셔서,
살려 달라고 울부짖는 나의 간구를
듣지 아니하십니까?
나의 하나님,
온종일 불러도

대답하지 않으시고,

밤새도록 부르짖어도

모르는 체하십니다.

그러나 주님은 거룩하신 분,

이스라엘의 찬양을 받으실 분이십니다.

우리 조상이 주님을 믿었습니다.

그 믿음 보시고,

주께서는 그들을 구해 주셨습니다.

주께 부르짖었으므로,

그들은 구원을 받았습니다.

주님을 믿었으므로,

그들은 수치를 당하지 않았습니다.

그러나 나는 사람도 아닌 벌레요,

사람들의 조롱거리,

백성의 멸시거리일 뿐입니다.

나를 보는 사람은 누구나

나를 빗대어서 조롱하며,

입술을 비쭉거리고

머리를 흔들면서 비아냥댑니다.

"그가 주에게 그토록 의지하였다면,

주가 그를 구하여 주겠지.
그가 그토록 주의 마음에 들었다면,
주가 그를 건져 주겠지" 합니다.

그러나 주님은 나를
모태에서 끌어 내신 분,
어머니의 젖을 빨 때부터
나에게 믿음을 주신 분이십니다.
나는 태어날 때부터
주께 맡긴 몸,
모태로부터,
나의 하나님은 주님뿐이었습니다.

나를 멀리하지 말아 주십시오.
재난이 가까이 닥쳐왔으나,
나를 도와줄 사람이 없습니다.

황소떼가 나를 둘러쌌습니다.
바산의 힘센 소들이 이 몸을 에워쌌습니다.
으르렁대며 찢어 발기는 사자처럼
입을 벌리고 나에게 달려듭니다.

나는 쏟아진 물처럼 퍼져 버렸고
뼈마디가 모두 어그러졌습니다.
나의 마음이 촛물처럼,
창자 속에서 녹아 내렸습니다.
나의 기력이 옹기처럼 말라 버렸고,
나의 혀가 입천장에 붙어 있으니,
주께서 나를 흙 속에서 죽도록
내버려 두셨기 때문입니다.

개들이 나를 둘러싸고,
악한 일을 저지르는 무리가
나를 에워싸고
내 손과 발을 찔렀습니다.
뼈마디 하나하나가
다 셀 수 있을 만큼 앙상하게 드러났으며,
원수들이 나를 끊임없이 노려봅니다.
나의 겉옷을 원수들이 나누어 가지고,
나의 속옷도
제비를 뽑아서 나누어 가집니다.

그러나 나의 주님,
멀리하지 말아 주십시오

나의 힘이신 주님,
어서 빨리 나를 도와주십시오
내 생명을 원수의 칼에서 건져 주십시오
하나뿐인 나의 목숨을
개의 입에서 빼내어 주십시오.
사자의 입에서 나를 구하여 주십시오.
들소의 뿔에서 나를 구하여 주십시오(1-21절).

이것은 죽음에 관한, 죽어 감에 관한 극도로 상세한 기술이다. 완곡한 어법은 단 한 줄도 보이지 않는다. 회피하거나 고개를 돌리거나 은폐하는 일 없이 죽음을 있는 그대로 대면하고 있다. 이것이 바로 다윗이 예기했던 바, 예수님이 죽음을 경험하셨던 방식이다. 사복음서 이야기들은 모두 우리를 죽어 가는 예수님 앞으로 인도하여, 우리가 죽을 때 직면하는 모든 것을 그분이 이미 경험하셨음을 깨닫도록 해 준다.

이 기도의 후반부는 하나님을 찬양하라는 생기 넘치는 초대다. 그것은 친구, 형제자매들과 더불어 참여하는 생명력 넘치는 삶에 대한 역동적인 증언의 외침이다.

주께서 나의 기도를 들어 주셨습니다.
주의 이름을 나의 형제 자매에게 알리고,
예배 회중 한가운데서,

주님을 찬양하렵니다.

주님을 경외하는 사람들아,
너희는 그를 찬양하여라.
야곱의 모든 자손아,
그에게 영광을 돌려라.
이스라엘의 모든 자손아,
그를 경외하여라.
그는 고통받는 사람의 고통을
가볍게 여기지 않으신다.
고통받는 사람을 외면하지도 않으신다.
부르짖는 사람에게는
언제나 응답하여 주신다.

주께서 하신 이 모든 일을,
회중이 다 모인 자리에서 찬양하겠습니다.
내가 약속한 희생 제물을
주님을 경외하는 사람들 앞에서
바치겠습니다.

가난한 사람들도
"그대들의 마음, 영원히 살리!" 하면서

축배를 들고,
배불리 먹을 수 있을 것이다.
주님을 찾는 사람은
누구나 주님을 찬양할 것이다.

온 세계가 주님을 기억하고,
주께로 올 것이며,
이 세상 모든 민족이 주님을 경배할 것이다.
나라는 주님의 것,
주님은 만국을 다스리시는 분이시다.

땅 속에서 잠자는 자가
어떻게 주님을 공경하겠는가?
무덤으로 내려가는 자가
어떻게 주님을 경배하겠는가?
그러나 나는
주님을 위하여 살리니
내 자손이 주님을 섬기고
후세의 자손도 주님이 누구신지 들어 알고,
아직 태어나지 않은 세대도
주께서 하실 일을 말하면서
"주께서 그의 백성을 구원하셨다"

하고 선포할 것이다(22-31절).

이것은 놀랍도록 생명력 넘치는 삶에 대한 증언이다. 그토록 격심한 죽음의 고통을 토로했던 사람의 입에서 이런 기도가 나올 수 있단 말인가? 그렇다. 실제로 그랬다. 다윗이 그랬다. 예수님이 그러셨다. 예수님은 다윗보다 한 걸음 더 나아가셨다. 그분은 부활하셨기 때문이다. 그런데 예수님을 따르는 자들은 이 부활을 죽기 **전에도** 부분적으로 경험할 수 있다.[7] 우리는 부활을 경험하기 위해서 굳이 죽을 때까지 기다릴 필요가 없다. 부활은 **현세** 삶의 일부다. 시인 웬델 베리(Wendell Berry)는 "부활을 연습하라"고 말한다.[8] 다윗은 부활을 연습했다.

예수님은 실제로 죽기 오래 전부터 자신이 죽게 될 것을 알고 계셨다. 예루살렘을 향해 올라가실 때, 그분은 그 곳에서 십자가 처형이 기다리고 있음을 알고 계셨다. 서서히 다가오는 죽음을 맛보는 고통ㅡ시편 22편의 고통을 당하고 계셨던 것이다. 그러나 그러면서도 그분은 여전히 그분의 말과 존재하심을 통해 놀라운 생명력과 아름다움과 신앙을 보여 주셨다. 군중이 '호산나'를 외쳤던 경축에 참여하셨고 희망과 약속으로 가득 찬 대화를 나누셨으며 고통스러운 대결들을 감내하셨고 따뜻한 사랑의 희생을 베푸셨다. 임박한 죽음이 예수님을 통해 드러나는 하나님의 계시를 상쇄시키지 못했으며, 오히려 그것에 예리함과 힘을 더했다. 그리고 부활은 그것의 최종 확증이었다.

### ✤ 부활의 씨앗

이런 변화는 어떻게 일어나는 것인가? 어떻게 다윗은 절망의 울음에서 기대에 찬 외침으로 옮겨 갔는가? 어떻게 예수님은 십자가에서 부활로 옮겨 가셨는가?

시편 22편 본문에는 이를 설명해 주는 구절이 없다. 그 변화의 과정을 묘사하거나 설명해 주는 문장도 없다. 각주도 달려 있지 않다.

그러나 다윗처럼 기도하는 사람들, 예수님의 이름으로 사는 사람들은 늘 그것을 경험한다. 깊은 슬픔의 한복판에서 갑자기 찬양이 솟구쳐 올라오는 일 말이다. 우리는 어둠 속에 갇힌 채 기도하고 있다. 한 줄기 빛도 없이 여러 날, 여러 주, 여러 달 동안. 그런데 어느 순간 우리는 자신이 찬란한 태양이 빛나는 탁 트인 곳에 있음을 발견한다. 하나님이나 삶의 의미를 알 수 없어 헤매다가 어느 순간 그 답을 알게 된다. 하나님이 함께하시지 않는다고 생각했지만, 어느 순간 그분이 바로 지금 여기에 나와 함께하고 계심을 깨닫는다. 아무 말도 들리지 않기에 아무런 일도 일어나지 않는다고 생각하고 있었지만, 어느 순간 알고 보니 고요한 가운데 은밀히 일이 이루어지고 있었다. 이것이 바로 부활이 일어나는 방식이다. 이러한 부활은 수없이 일어난다.

이런 일이 일어날 때 우리는 그에 대한 설명은 거의 얻지 못한다. 하지만 우리는 생명을 얻는다. 우리의 기도와 삶 속에 말없이 숨어 있는 이러한 선회축(旋回軸)들이야말로 바로 부활의 씨앗이기 때문이다.

■ ■ ■

다윗이 죽어 가는 동안 내내 아비삭은 말없이 끝까지 그와 함께 있었다. 죽음의 존엄성에 대한 증인으로서. 인간의 죽음이라는 신성하고 커다란 신비를 부인하고 무시하고 축소시키려는 시도들이 벌어지는 와중에서도, 그녀는 묵묵히 다윗과 함께 있었다. 아비삭은 그렇게 아무 말 없이 결정적인 말을 했던 것이다.

예수님의 죽음 이야기에서 사도들은 한 사람(요한)만 제외하고는 모두 그 자리에 있지 않았다. 그러나 모든 사복음서 기자들이 강조해서 말하듯이, 예수님이 살아 계실 때 그분을 따르고 섬겼던 여인들은 그 자리에 함께 있었다. 죽어 가는 그분 옆에서 말없이 기도하면서. 그리고 그 여인들 중 한 사람이 부활의 첫 번째 증인이 되었다.

# 주

## 1. 이야기: 다윗과 예수님

1) 시편은 사무엘상하가 보여 주는 '외면적' 이야기에 대한 '내면적' 이야기를 제공한다. 다윗이 시편 전체를 다 쓴 것은 아니지만 많은 시편을 그가 썼다. 다윗이 기도하는 사람이었음은 분명하다. 그리고 그는 우리가 생각할 수 있는 모든 경우에 다 기도했다. 이러한 내면적 차원을 보여 주기 위해 나는 유대교와 기독교의 장구한 전통에 따라 이야기 중에 때때로 해당 시편을 삽입했다. 시편 28편에 대한 주석에서 존 칼뱅은 다음과 같이 적었다. "그러므로 다윗은 마치 하나님이 우리 앞에 두신 거울과 같다는 사실을 기억하자. 그분의 계속적인 은혜의 행로를 보여 주는 거울 말이다"[Commentary on the Psalms, vol. I (Grand Rapids, MI: Eerdmans, 1949), p. 474].

2) 기독교 신학자들이 '참 하나님이요 참 인간'(very God and very man)이라고 명명한 예수 그리스도의 인격 문제와 관련하여 나온 수많은 이단 중에는, '참 인간' 측면을 축소시키거나 부인한 것들이 많다(실례로 영지주의, 아리우스파, 아폴리나리우스파 이단 등에 대해 생각해 보라).

3) 니케아 신조(Nicene Creed)에서.

4) Austin Farrer, The Triple Victory (London: Faith Press, 1965), p. 24.

5) J. I. M. Stewart, ed., Eight Modern Writers (Oxford: Oxford University Press, 1963), p. 107.
6) R. P. Blackmur, Henry Adams (New York: Harcourt Brace Jovanovich, 1980), p. 73.

### 2. 이름: 다윗과 사무엘

1) 대상 2:13-15은 그 다음 세 아들의 이름이 느다넬과 랏대와 오셈이라고 밝히고 있고, 대상 27:18은 일곱 번째 아들의 이름이 엘리후라고 밝히고 있다. 그러나 나는 어머니가 지어 낸 이름들을 훨씬 더 좋아한다.
2) 흥미롭게도, 일 자체는 천했지만 **목자** 이미지는 고대 동방 지역에서 정치 지도력, 특별히 왕의 지도력에 대한 상징으로 널리 사용되었다. 분명 멀리서 보기에는 근사해 보이는 일들 중 하나임에는 틀림없다. 북미 서부 지역의 카우보이 일처럼 말이다. Anchor Bible Dictionary, vol. 5(New York: Doubleday, 1992), p. 1187의 "Sheep, Shepherds"를 보라.
3) 초기 족장 유형이 여기서도 반복되고 있다. 즉 형 대신 어린 아우가 선택받아 족장이 되는 것이다. 이는 인간들의 기대와 계획 그리고 전통에 반(反)하여 활동하시는 하나님의 주권적인 역사를 반영한다. 다윗의 경우는 충격이 더 크다. 왜냐하면 그는 한 명이 아니라 일곱 명이나 되는 형들을 제치고 선택받았기 때문이다.
4) 룻 4:18-22; 마 1:5-6.
5) 물론 유대 사회에도 아론, 레위인, (후에는) 사독의 후예들과 같은 특정 제사장들이 제도적으로 정해져 있었다. 하지만 그들은 분명 종속적인 제사장, 즉 다른 제사장 백성들을 섬길 목적으로 세워진 제사장들이었다.
6) "'나는 일개 평신도이지 신학자가 아니다'라는 말은 겸손이 아니라 나태의 표현이다"(Karl Barth, Church Dogmatics, IV/3, p. 871).
7) Eugen Rosenstock-Hussey는 담화의 이러한 특질을 아주 뛰어나게 설명해 준다. "단어는 분류해 주지만(classify) 이름은 가리켜 준다(orient). 단어는 일

반화시키지만(generalize) 이름은 인격화시킨다(personify). 단어는 살아 있는 주체들을 대상으로 처리해 버린다. 그러나 이름은 어린아이, 꽃, 태양 등을 하나하나 포착해 그것을 하나의 의사 소통 사회 속으로 통합시킨다. 이름이 없다면 의사 소통은 불가능하다"[I Am an Impure Thinker (Norwich, VT: Argo Books, 1970), p. 44].

### 3. 일: 다윗과 사울

1) Robert Banks, God the Worker (Claremont, CA: Albatross Books, 1992)를 보라.
2) George Ernest Wright, The God Who Acts (London: SCM Press, 1963)를 보라.
3) Charles Williams, Shadows of Ecstasy (Grand Rapids, MI: Eerdmans, 1965), pp. 60-62.
4) 어떤 면에서, 목사, 사제, 선교사들은 이 점에서 수월한 입장에 있다. 왜냐하면 그들이 하는 일은 천명(天命)에 따른 것이라고 사회적 인정을 받기 때문이다. 그러나 그렇다고 평신도들이 성직자들을 부러워할 필요는 없다. 왜냐하면 그러한 역할 인정에 따르는 어려움이 그 혜택을 훨씬 초과하기 때문이다. 나는 소명의 영성의 이런 측면에 관해 Under the Unpredictable Plant (Grand Rapids, MI: Eerdmans, 1992)에서 논한 바 있다. 「성공주의 목회 신화를 포기하라」(좋은씨앗).

### 4. 상상력: 다윗과 골리앗

1) 전통적으로는 '거의 3미터 키'였다고 말한다. 2.1미터는 사해 사본(4QSam)에 따른 것이다.
2) 삼상 16:14-23에 근거한 판단이다. 17:55-58에 나오는 그와 모순되는 장면은 수수께끼다. 헬라어 번역본(70인역)에는 그 구절이 실려 있지 않기에, 많은 학자들은 그것을 본래 원문에는 없었지만 후에 첨가된 부분으로 본다. Ralph W. Klein, I Samuel, vol. 10 of Word Biblical Commentary (Wasco, TX: Word, 1983), pp. 172-175를 보라.

3) Isaac Pennington의 말, Quaker Spirituality, ed. Douglas Steere(New York: Paulist Press, 1984), p. 155에 인용됨.
4) 다윗이 달려가는 동작이 마지막 장면을 장식한다. "다윗은 재빠르게 그 블레셋 사람이 서 있는 대열 쪽으로 달려가면서"(48절), "다윗이 달려가서, 그 블레셋 사람을 밟고 서서"(51절).

## 5. 우정: 다윗과 요나단

1) Douglas Steere, Together in Solitude (New York: Crossroad, 1982), p. 31이하.
2) William Butler Yeats, "Why Should Not Old Men Be Mad?" The Poems of W. B. Yeats: A New Edition, edited by Richard J. Finneran(New York: Simon & Schuster, 1940)
3) Walter Brueggemann, I and II Samuel (Louisville: John Knox Press, 1990), p. 145. Brueggemann은 더 나아가 이 일화에 대해 다음과 같이 평한다.

> 이 장면은 10:9-10과 비교해 보는 것이 도움이 된다. 이 장면들이 보여 주는 심리적 현상들에 대해 학자들이 계속 연구하고 있긴 하지만, 우리로서는 이해할 도리가 없다. 아마도 그 두 일화와 관련해 가장 중요한 것은, 그것들의 문학적인 배치와 그것들이 더 큰 이야기 속에서 위치하고 있는 자리 문제일 것이다. 10:9-10의 일화가 사울의 왕정 초기, 즉 그가 기름부음을 받고 막 왕으로 즉위했을 즈음에 배치되어 있다는 사실은 누가 보아도 의도성이 농후하다. 다시 말해 그 때 사울에게 영이 세차게 내렸다는 사실은 사울이 참으로 하나님의 능력, 즉 자신 이상의 능력에 의해 힘과 권위를 부여받았음을 나타낸다는 것이다.
> 19-20장에서는 사울이 하나님의 선택받은 자를 죽이려는 자로 나타난다. 이 때 사울에게 두 번째 영이 세차게 내렸다는 이 일화는, 첫 번째 일화와는 정반대로 이제 사울의 왕정은 사실상 종결되었음을 알려 준다. 사울의 왕정은 서서히 몰락했지만, 이야기의 화자는 사울이 이 때 이미 사

실상 끝장났음을 알려 주고자 하는 것이다.

## 6. 성소: 다윗과 도엑

1) 이 점을 인간 체험적인 면에서 가장 잘 묘사한 것은 Rudolph Otto의 The Idea of the Holy (London: Oxford University Press, 1924)다. 「성스러움의 의미」(분도출판사).
2) Holy the Firm (New York: HarperCollins, 1977), pp. 72-73. 그녀는 최악의 고통에 직면하여, 또 가장 냉혹하고 답이 없는 질문들을 그대로 품은 채 소리친다.

> 와! 대단해! 눈에 보이는 모든 것이 활처럼 휘어 있다. 그 선을 따라 빛이 반사된다. 세찬 바람이 불어와 지면을 때려 놀라게 한다. 나는 들을 보며, 저 멀리 뻗은 길들을 보며 수없이 외쳤다. "거룩하다." 수많은 곤충이 공중에 오르락내리락 흩날리는 것이 보인다. 새들이 부르는 듣기 좋은 노래의 음표들이 조각조각 나무 위에서 떨어진다. 그 음표들이 마치 나뭇잎처럼 내 주위에 쌓인다. 왜 머리 위의 구름은 천진 난만하게 계속 모양을 바꾸면서 모든 사물 위에 짙은 그림자를 드리우고 지나가는 것일까? 들어보라! 지금 여기에는 곤충들이 있고 새들의 노랫소리가 있고 계속 모양을 바꾸는 구름이 있다. 바람은 경쾌하고 너무도 투명하다. 풀들이 바람을 닦아 준다. 그 가운데 놓인 대지는 악취를 내기도 하고 빛을 반사하기도 하고 쓰라림을 겪고 있기도 하다. 누가 주의 산에 오를 수 있으며, 누가 그 거룩한 곳에 들어설 수 있느냐? 이사야는 처음 음성을 들었다. "내가 누구를 보내며 누가 우리를 위하여 갈꼬?" 어쩌다 그 곳에 홀로 서 있게 된 가엾은 이사야는 느닷없이 외쳤다. "내가 여기 있나이다. 나를 보내소서"(사 6:8, 개역개정).

3) P. Kyle McCarter Jr., I Samuel, vol. 8 of Anchor Bible (Garden City, NY:

Doubleday, 1980), p. 350.
4) John Calvin, Commentary on the Psalms, vol. 2(Grand Rapids, MI: Eerdmans, 1949), p. 311.

## 7. 광야: 엔게디의 다윗
1) 초기 사막 영성에서 가장 알려진 이름은 St. Anthony of Egypt다. 4세기 당시의 목사요 신학자였던 친구 Athanasius가 그의 전기를 썼다. 이 영성 전통은 지금도 면면히 이어지고 있는데, 이에 대해 현대 작가가 쓴 책으로는, 시인 Kathleen Norris의 Dakota: A Spiritual Geography(New York: Ticknor & Fields, 1993)가 있다.
2) "내가 변호하고자 하는 것은 광야의 물질적 이용 가치가 아니라 광야의 정신적 가치로서, 이는 그 자체가 하나의 자원이다. 그런데 이는 손으로는 만져지지 않는 영적인 자원이기에 실용성만 따지는 사람에게는 그저 신비적으로 보일 것이다. 사실 그들에게는, 불도저로 밀어 버릴 수 없는 것은 모두 신비적으로 보일 것이다"[Wallace Stegner, The Sound of Mountain Water (Lincoln: University of Nebraska Press, 1980), p. 146].
3) John McPhee, Encounters with the Archdruid (New York: Farrar, Straus, & Giroux, 1971), p. 84에 인용됨.
4) "Inversnaid" by Gerard Manley Hopkins, in W. H. Gardner and N. H. Mackenzie, eds., The Poems of Gerard Manley Hopkins, fourth ed. (Oxford: Oxford University Press, 1970), p. 89. 「불멸의 금강석」(성바오로 출판사).
5) Johannes Botterweck and Helmer Ringgren, eds., Theological Dictionary of the Old Testament, vol. 5(Grand Rapids, MI: Eerdmans, 1986), pp. 74-75.
6) 시편 142편 역시 다윗이 '동굴'에 있었을 때와 관련 있는 시편이다. 다윗 이야기에는 두 번의 '동굴' 경험이 나온다. 첫 번째는 아둘람 동굴이고(삼상 22:1), 두 번째는 여기 엔게디 동굴이다. 두 동굴 모두 다윗처럼 살고 시편의 내용을 가지고 기도하는 우리를 묵상에 잠기게 한다.

## 8. 아름다움: 다윗과 아비가일

1) 동방 정교 영성에서 아이콘이란 기도와 예배만을 위해 만들어진, 고도로 양식화된 그림을 말한다.
2) 16:12와 17:42에서 그는 yaphah 라고 불리는데, 같은 단어가 여기서 아비가일을 묘사하는 데 사용되었다.
3) "동방 정교 신자들은 '구원을 주는 아름다움'(salvific beauty), 즉 하나님 자신으로부터 나와 그 매력으로써 우리를 끌어당기는 아름다움을 믿는다" [Anthony Ugolnik, The Illuminating Icon (Grand Rapids, MI: Eerdmans, 1989), p. 187].
4) 물론 이것은 우리가 속물적인 '유미주의적' 분리를 배양하거나 널리 퍼진 현대의 반기독교적 이단인 '예술을 위한 예술'에 참여하지 않는 경우에만 해당된다. '예술을 위한 예술'은 그것이 동경하는 척하는 대상을 모독한다.
5) Ugolnik, The Illuminating Icon, p. 188.
6) 본래 '갈렙'은 이스라엘 백성들이 명예롭게 여기는 이름이지만(특히 민 13-14장을 보라), 나발로 인해 불명예를 당한다. 25:3에서 그 이름은 말장난에 사용되어 히브리어로 '진짜 갈렙 족속의 개'를 뜻하게 된다. Hertzberg, I and II Samuel (Philadelphia: Westminster Press, 1964), p. 199를 보라.
7) 전통적으로 시편 37편도 이 이야기와 관련된 것으로 읽혀 왔다.

## 9. 공동체: 시글락의 다윗

1) Anchor Bible Dictionary, vol. 3, "Habiru/hapiru"(New York: Doubleday, 1992), pp. 6-10를 보라.
2) W. G. Blaikie, The First Book of Samuel (London: Hodder & Stoughton, 1902), p. 402를 보라.

이는 어느 모로 보나 영적인 탈선의 시기였다. 마음이 불신에 사로잡혔기에 행동이 거짓에 사로잡혔다. 기도는 형식적이었을 것이고 아무런 영적

위안도 경험하지 못했을 것이다. 만일 그가 그것을 믿었더라면, 아기스의 화려한 궁전이나 시글락에서의 군주 같은 자립 생활보다 하나님의 빛이 비치고 있는 아둘람 동굴이나 엔게디 광야에 있는 것이 훨씬 더 행복했을 것이다.

3) Brueggemann, I and II Samuel, p. 199.
4) Hans Hertzberg, I and II Samuel (Philadelphia: Westminster Press, 1964), p. 224를 보라.

> 본문이 명확히 밝히지는 않지만, 이 부분은 다윗을 다루시는 하나님을 보여 준다. 곤경에 처한 미래의 왕을 보호하시고 인도하시는 하나님을 보여 주는 여러 사건들 중에서도 이 부분은 특출하다. 이스라엘의 하나님은 심지어 다윗에 대한 블레셋인들의 불신까지도(참고. 27장-역주) 자신의 계획에 이용하신다는 사실을 보여 주기 때문이다. "여기서 다윗이 구원 받는 모습은 놀랍다. 그는 하나님의 원수들 덕분에, 자기 자신과 자신의 소명에 대한 불충성으로부터 보호받았던 것이다"(H. Asmussen).

5) 성경적 현실주의를 실천하는 한 가지 훌륭한 방법은 마음속으로 출석하는 교회를 '시글락 교회'라고 이름지어 불러 보는 것이다. 나는 기회 있을 때마다 사람들에게 그렇게 해 보라고 권한다. 시글락 성공회 교회, 시글락 감리교회, 시글락 장로교회, 시글락 천주교회 등.
6) 나는 63년 동안 총 열한 개의 기독교 공동체에서 예배와 일과 때로는 목회에 참여했다. 그 공동체들은 모두 기본적인 면에서 시글락과 같았다. 나는 그 중 한 공동체에서 30년 동안 목사로 있었는데, 어떻게든 그 곳을 에덴 동산이나 심지어 새 예루살렘 같은 곳으로 만들어 보려고 생각했던 적도 있었다. 그러나 끊임없이 죄인들이 별안간 나타나 모임에 들어와서 세례를 받으려 했고, 그럴 때마다 나의 모든 유토피아적 환상은 깨질 수밖에 없었다.

7) "Inversnaid" by Gerard Manley Hopkins, in W. H. Gardner and N. H. Mackenzie, eds., The Poems of Gerard Manley Hopkins, fourth ed. (Oxford: Oxford University Press, 1970), p. 90.

## 10. 관대함: 브솔 시내의 다윗

1) Ralph Harper, On Presence (Philadelphia: Trinity Press International, 1991), p. 62에 인용됨.
2) 전에는 지리학에서 브솔 시내를 시글락에서 40킬로미터 떨어진 곳으로 보았으나 최근의 연구는 그 거리를 19.2-24킬로미터로 바로잡았다. McCarter, I Samuel, p. 435를 보라.
3) 사실 그들에게 전혀 공로가 없었다고 볼 수는 없다. 전에 골리앗 이야기(삼상 17:23)나 나발 사건(삼상 25:13)에서 볼 수 있듯이 부대의 물자를 지키는 것도 중요한 임무 중 하나였다.
4) '브솔'은 '좋은 소식', '복음'을 뜻하는 듯하다. Hertzberg, I and II Samuel, p. 227를 보라.
5) Baron Frederick von Hugel, Letters to a Niece (London: J. M. Dent & Sons, Ltd., 1928), p. 64.
6) Monroe K. Spears의 The Poetry of W. H. Auden (New York: Oxford University Press, 1968), p. 136에 인용됨.
7) Augustine, The City of God (Garden City, NY: Image Books, 1958), p. 78. 「하나님의 도성」(크리스챤다이제스트).

## 11. 슬픔: 비가를 부르는 다윗

1) Flannery O'Connor, Mystery and Manners (New York: Farrar, Straus, & Giroux, 1979), p. 34.
2) C. S. Lewis, The Four Loves (London: Geoffrey Bles, 1960), p. 91. 「네 가지 사랑」(홍성사).

3) 루이스는 '영적'이라는 형용사를 사용함으로써 우정이 "사랑들 중에서 가장 덜 **자연적인** 것, 즉 가장 덜 본능적이고 유기물적이고 생물학적이고 군거(群居)적이고 필수적인 것"(Lewis, The Four Loves, p. 70)이라는 사실에 주의를 불러일으킨다. 그는 더 나아가 이렇게 말한다. "우정은 꼭 필요한 것은 아니다. 철학이나 예술이나 이 우주 자체처럼(하나님이 우주를 창조하실 필요가 있었던 것은 아니므로) 말이다. 우정에는 인간 생존에 필요한 가치가 없다. 오히려 우정이 인간 생존에 가치를 부여해 준다"(p. 84).
4) Gerald May는 우리로 하여금 문화적으로 용납되고 있는 여러 가지 죄의 본질을 영적인 차원에서 예리하게 들여다볼 수 있게 해준다. Addiction and Grace (San Francisco: HarperCollins, 1990)를 보라. 「중독과 은혜」(IVP).
5) 다윗처럼 비탄에 **빠짐으로써** 이야기 **안에** 머물렀던 (그래서 우리도 그렇게 할 수 있게끔 도움을 주는) 현대 작가의 작품은, Nicholas Woltersdorf, Lament for a Son(Grand Rapids, MI: William B. Eerdmans, 1987, 「아버지의 통곡」, 양무리서원)과 Luci Shaw, God in the Dark (Grand Rapids, MI: Zondervan, 1989)가 있다.

## 12. 어리석음: 다윗과 스루야의 아들들

1) T. S. Eliot, "Murder in the Cathedral", The Complete Poems and Plays (New York: Harcourt Brace & Company, 1935), p. 196.

## 13. 성장: 다윗과 예루살렘

1) P. Kyle McCarter Jr., II Samuel, vol. 9 of Anchor Bible (Garden City, NY: Doubleday, 1984), p. 138를 보라.
2) 이 난해한 구절에 대해 많은 현대 학자들이 제시하는 또 다른 해석은, 다윗은 예루살렘이 부상당한 자들이 우글대는 병원이 되기를 원하지 않았다는 것이다. McCarter는 다윗의 명령을 이렇게 풀이한다. "여부스인을 치려거든 확실히 죽여라. 그렇지 않으면 도시 전체가 부상당한 불구자들로 가득할 것이기

때문이다.…사람의 신체를 훼손하는 것은 종교적으로 꺼림칙한 일이었기에, 다윗은 육체의 신성함을 범하느니 차라리 아예 죽이는 것이 더 낫다고 여겼다"는 것이다. McCarter, II Samuel, pp. 137-140를 보라.
3) Thomas Merton은 20세기의 가장 유명한 회심자 중 하나다. 그의 삶은 철저하게 변했다. 방탕하고 사교적이며 전위적(avant garde)이었던, 뉴욕의 지성인이 켄터키 수도원의 트라피스트회의 수사(Trappist)로 변한 것이다. 예전 친구들은 그가 어떤 모습으로 변했을지 무척 궁금했다. 그의 문학 교수였던 Mark Van Doren은 13년 후 그 곳을 방문한 뒤 '바깥 세상'에 그에 관해 보고했다. "물론 그는 전보다 조금 나이 들어 보였다. 하지만 앉아서 이야기를 나누는 동안 나는 그에게서 특별히 달라진 점을 발견할 수 없었다. 한번은 내가 그의 추억담을 듣다 말고 웃으며 '톰, 자네는 전혀 변하지 않았네 그려' 하고 말하자 그는 이렇게 대답했다. '왜 변하겠습니까? 이 곳 수도원에서 우리의 의무는 우리 자신에게서 멀어지는 것이 아니라 더 우리 자신다워지는 것이랍니다.' 이 예리한 답변에 나는 미소를 지으며 내 말의 어리석음을 인정했다"[Monica Furlong, Merton: A Biography (San Francisco: HarperCollins, 1980), p. 225].

### 14. 종교: 다윗과 웃사

1) 시편 120편에서 134편까지는 성전에 올라가는 순례자의 노래들(The Psalms of Ascent)로서 예루살렘에 예배드리러 올라가는 순례자의 이미지를 이용해 신앙의 삶을 묘사한다. 나는 A Long Obedience in the Same Direction (Downers Grove, IL: InterVarsity, 1980)에서 이 시편들을 기독교 제자도 교본으로서 보고 주해한 바 있다. 「한 길 가는 순례자」(IVP).
2) 정확한 치수는, 길이가 2규빗 반(약 1.14미터), 넓이와 높이가 1규빗 반(약 68.6센티미터)이다. 출 25:10을 보라.
3) 관련 본문은 신 10:8; 출 25:13-14; 37:4-5; 대상 15:12-15이다.
4) Alexander Whyte, Bible Characters (Edinburgh: Oliphant, Anderson &

Ferrier, 1900), p. 172.

5) Hans Urs von Balthesar, The Glory of the Lord, vol. 2(San Francisco: Ignatius Press, 1984), p. 75.

### 15. 주권적 은혜: 다윗과 나단

1) 하나님이 비두니아에서 선교를 하려 했던 바울을 막으시고 그를 유럽으로 가게 하셨던 일이 있다. 이는 복음의 '예'를 위해 하나님이 '아니오'를 말씀하신 경우다. 행 16:6-10을 보라.
2) Martin Buber가 쓴 독창성이 풍부한 책 I and Thou 는, 이 사소해 보이는 문법적 문제가 우리가 하나님과 우리 자신을 이해하는 방식 그리고 우리가 삶을 살아가는 방식에서 얼마나 중요한 의미를 갖는지 보여 준다. I and Thou, trans. Walter Kauffman(New York: Scribner, 1970). 「나와 너」(대한기독교서회).
3) Walter Brueggemann, I and II Samuel (Louisville: John Knox Press, 1990), p. 253.

### 16. 사랑: 다윗과 므비보셋

1) 그의 출생 시 이름은 므립바알이었을 것이다(대상 9:40을 보라). 아마 므비보셋은 그의 비참해진 신세를 두고서 사람들이 붙여 준 별명이었는데 나중에 이름으로 고착되었을 것이다. 그러나 이것은 어디까지나 짐작이다. McCarter, II Samuel, pp. 124-125에는 실제의 이름과 그 의미를 파악하는 일의 어려움이 자세히 기술되어 있다.
2) 이에 대한 증거가 넘치도록 많음에도 불구하고, 사람들은 쉽사리 이를 인정하려 들지 않는다. 그래서 나는 나와 같은 소신을 밝히는 목소리를 곁들여 들려주고자 한다. 다음은 내가 특별히 좋아하는 글이다.

타인에게 자비를 실천할 의무에 대해서는 거의 완전히 냉담하면서, 하나님의 본질이나 영적인 삶—대단한 경건 혹은 심지어 금욕—의 본질에 대해 온갖 고상한 생각과 멋지고 난해한 사색에 빠져서 사는 이들이 심심치 않게 나타나는데, 이보다 더 당혹스러운 일도 거의 없다. 심지어 그들은 자비를 실천하는 일이 마치 수준이 떨어지고 초보적이고 지성에 걸맞지 못한 행동인 양 일종의 경멸감을 가지고 바라보기도 하는데, 이는 정말 황당한 노릇이다. 또 그들은 잘못 판단하여, 자신은 고차원적 사상을 가졌기에 [자비를 실천하라는] 그런 계명으로부터는 면제되었다고, 적어도 그것을 평범하고 통속적으로 실천하는 일로부터는 면제되었다고 여기기도 한다. 사람이 붓이나 끌을 다루어 본 적이 없어도 훌륭한 미술 비평가가 될 수 있고, 자신이라면 결코 쓸 수 없었을 책에 대해서도 평가를 할 수 있을지 모르나, 영혼의 삶에서는 그러한 특권이 존재하지 않는다. 걸맞는 행동이 없다면 지식이란 결코 존재하지 않는다. 그리고 만일 실천이 없는 지식이라면, 그것은 무지보다도 더 나쁘다.

John Baillis, A Diary of Ressling (New York: Charles Scribner's Sons, 1955), Day 9을 보라.

3) "므비보셋의 대답은 그 진위 여부를 파악하기가 무척 어렵다. 그가 정말로 다윗에게 충성했을 수도 있고, 아니면 겉으로만 그런 척했던 것일 수도 있다. 그 말 자체만 가지고는 확실하게 판단을 내릴 수 없다. 화자는 다윗이 판결을 내릴 때 느꼈던 반신 반의를 우리도 경험하도록 만든다"(Brueggemann, I and II Samuel, p. 327).

## 17. 죄: 다윗과 밧세바
1) 이 이야기에서 '보내다'가 이런 식으로 사용되고 있다는 사실은 구약학자 Walter E. Brown과 사적인 대화(1995년 12월 10일)를 나누다 알게 되었다.
2) 전통적으로 '참회'(penitential) 시편—특별히 '죄에 대한 회개 기도'를 할 때

사용되는 기도들―으로 일컬어지는 일곱 편의 시편이 있다(시 6, 32, 38, 51, 102, 130, 143편). 아우구스티누스는 죽어 가고 있을 때 방 천장에 이 일곱 편의 '참회' 시편들을 새기게 해서 그것들을 '마지막 말'로 삼았다고 한다. 이것은, 어떤 사람들이 생각하는 것처럼 병적인 행동이 아니다. 하나님이 자신에게 행하신 최고의 일―은혜롭게 죄를 용서하시고 영광스럽게 죄인을 구원하신 일―을 기쁨으로 고백하는 행동이다.

3) 영어 성경마다 이 단어들이 다르게 번역되어 있기 때문에 히브리어 본문에서 그 수를 세었다.

4) "God's Grandeur" by Gerard Manley Hopkins, in W. H. Gardner and N. H. Mackenzie, eds., The Poems of Gerard Manley Hopkins, fourth ed. (Oxford: Oxford University Press, 1970), p. 61.

### 18. 고통: 다윗과 압살롬

1) John Henry Newman, "Lead, Kindly Light", Hymnbook (Philadelphia: United Presbyterian Church, 1955) no. 331.

2) 가끔 나는 「철기 시대 최고의 설교」 모음집에 나단과 시므이의 설교가 나란히 들어가지 않을까 생각해 보기도 한다.

3) 아히도벨은 밧세바의 할아버지이기도 했다. 자신의 손녀에게 못할 짓을 한 다윗에 대한 해묵은 원한이 그런 변절의 한 이유였을 공산이 크다.

### 19. 신학: 다윗과 하나님

1) 시 18편과 삼하 22장은 사실상 동일하다. 용어나 철자법이 조금 다른 부분이 있고, 삼하 22장에는 도입 절이 있기에 절 번호 매김이 다를 뿐이다. 차이가 나는 구절이나 절 번호의 경우 사무엘서를 따랐다.

2) Irenaeus는 2세기 후반 프랑스 리용(Lyons) 지방의 목사였다. 인용된 문장의 출처는 Against Heresies다. Adolph Hamask, History of Dogma, vol. 2(New York: Dover Publications, 1961), p. 269를 보라.

3) 오늘날 북미에 사는 대부분의 사람은 시와 기도 둘 다에 대해 거북해한다. 우리는 문화에 의해 비인간화되는 것만큼—관계 맺기에는 무능한 기술자나 소비자로 전락하는 만큼—언어와 친밀한 관계를 맺고(시) 하나님과 친밀한 관계를 맺는(기도) 능력을 잃어 간다. 기도(시)의 회복이 시(기도)의 회복을 보장해 주지는 못해도 촉진시켜 주는 것만큼은 분명하다.
4) Charles Williams, Descent of the Dove (Grand Rapids, MI: William B. Eerdmans, 1939).

## 20. 죽음: 다윗과 아비삭

1) 시인 Galway Kinnell은 다음과 같이 말한다. "흔히 우리는 죽음에 대해 잊어야 한다고 생각한다. 작금의 문화가 상당 부분 그러한 망각을 도와준다. 그러나 나는 Hegel이 한 말을 좋아한다. '정신적인 삶'(the life of the spirit)은 죽음에 겁을 집어먹거나 거기서 벗어나려 하지 않는다. 그것은 죽음과 함께 살고 죽음을 통해 살아간다" [Walking Down the Stairs (Ann Arbor: University of Michigan Press, 1978), p. 24].
2) 이런 식의 사고 방식을 가장 강력하고 정교하게 보여 주는 현대 작품은 T. S. Eliot의 장시(長詩) "The Waste Land"(1922)다. 그 시에서 그는 영적·문화적·성적 불모라는 세 가지 실로 죽어 가는 현대 문명의 모습을 담은 태피스트리(tapestry, 색색의 실로 수놓은 벽걸이 혹은 실내 장식용 비단—편집자 주)를 짰다. 그의 후기 시들, 특별히 "Four Quartets"는 아비삭이 다윗에게 의미했던 바를 우리 시대에 보여 준다고 하겠다. 즉, 그것은 미(美)를 통한 생명에 대한 증언—힘의 과시를 통해 이루어진 것이 아닌 생명력(potency)의 회복—이다. T. S. Eliot, The Complete Poems and Plays (New York: Harcourt, Brace, 1958)를 보라.
3) 훗날 이 마을에서 엘리사는 한 여인의 아들을 소생시켜 준다(왕하 4:12이하). 그리고 이 곳과 매우 가까운 곳에 나인이란 성이 있는데, 그 곳에서 예수님은 한 과부의 아들을 소생시켜 주신다(눅 7:11). 두 이야기 모두 젊음과

죽음에 관한 이야기다.
4) 겨우 네 절(왕상 1:1-4)에 걸쳐 나온 일에 대한 지나친 확대 해석으로 들릴지 모르지만, 현재 우리 사회에는 이와 같은 일이 '과학'이나 '자비'라는 미명하에 터무니없을 정도로 지나치게 행해지고 있다. Ernest Becker의 The Denial of Death (New York: The Free Press 1973)는, 죽음이라는 신성한 신비를 모독하고 하찮게 대하는 우리 문화에 대한 놀랍도록 철두철미한 분석과 평가다.
5) 생명을 놓고 볼 때 한쪽 끝에 있는 낙태, 다른 쪽 끝에 있는 안락사 그리고 그 사이에 있는 살인 행위가 '제한거리들을 제거하려는' 가장 흔한 시도다. 그러나 방식만 다를 뿐 본질상 같은 행위들로서 — 노골적인 혹은 교묘한 포기, 학대, 내버림, 회피를 통해 같은 일을 행할 수 있는 방법이 매우 많은 듯하다.
6) 아도니야가 치세할 경우, 압살롬의 경우와 마찬가지로 이스라엘은 전혀 다른 나라가 될 것이라는 충분한 징후가 있었다. "하나님이 왕이시다!"라고 말하는 기도나 찬송은 설 자리를 잃었을 것이며 왕의 자아가 모든 신학을 집어삼켰을 것이다.
7) 바울은 마지막 날에 있을 최종적 부활의 중요성을 전혀 약화시키지 않고도, 부활은 현재에도 이미 우리 삶의 중심에 존재하고 있음을 역설한다. 예를 들면, 그는 이렇게 말했다. "예수를 죽은 사람들 가운데서 살리신 분의 영이 여러분 안에 살고 계시면, 그리스도 예수를 죽은 사람들 가운데서 살리신 분께서, 여러분 안에 계신 자기의 영으로 여러분의 죽을 몸도 살리실 것입니다"(롬 8:11).
8) Wendell Berry, "Manifesto: The Mad Farmer Liberation Front" in The Collected Poems (San Francisco: North Point Press, 1985), p. 152.

옮긴이 이종태는 한국외국어대학교 영어과를 졸업하고 장신대신학대학원에서 신학을 공부했다. 미국 버클리에 있는 Graduate Theological Union에서 기독교 영성학으로 박사학위를 받았다. 지금까지 「현실, 하나님의 세계」 「가르침과 배움의 영성」(이상 IVP), 「순전한 기독교」 「고통의 문제」 「시편 사색」 「네 가지 사랑」(이상 홍성사), 「당신은 무엇을 믿는가」(복있는사람) 등 다수의 책을 번역했다.

## 다윗: 현실에 뿌리박은 영성

초판 발행 1999년 6월 25일 | 초판 35쇄 2009년 4월 30일
개정판 발행 2009년 9월 10일 | 개정판 12쇄 2017년 10월 30일
반양장판 발행 2018년 11월 23일 | 반양장판 6쇄 2025년 3월 20일

지은이 유진 피터슨
옮긴이 이종태
펴낸이 정모세

편집 이종연 이성민 이혜영 심혜인 설요한 양지영 박예찬
디자인 한현아 서린나 | 마케팅 오인표 | 영업·제작 정성운 이은주 조수영
경영지원 이혜선 이은희 | 물류 박세율 김대훈 정용탁

펴낸곳 한국기독학생회출판부 | 등록번호 제2001-000198호(1978.6.1)
주소 04031 서울시 마포구 동교로 156-10
대표 전화 (02) 337-2257 | 팩스 (02) 337-2258
영업 전화 (02) 338-2282 | 팩스 080-915-1515
홈페이지 http://www.ivp.co.kr | 이메일 ivp@ivp.co.kr
ISBN 978-89-328-1661-6

ⓒ 한국기독학생회출판부 2018

책값은 뒤표지에 있습니다.
무단 전재와 복제를 금합니다.